MILITÄR
HISTORISCHES
MUSEUM

SANDSTEIN VERLAG

RECHTSEXTREME GEWALT IN DEUTSCHLAND

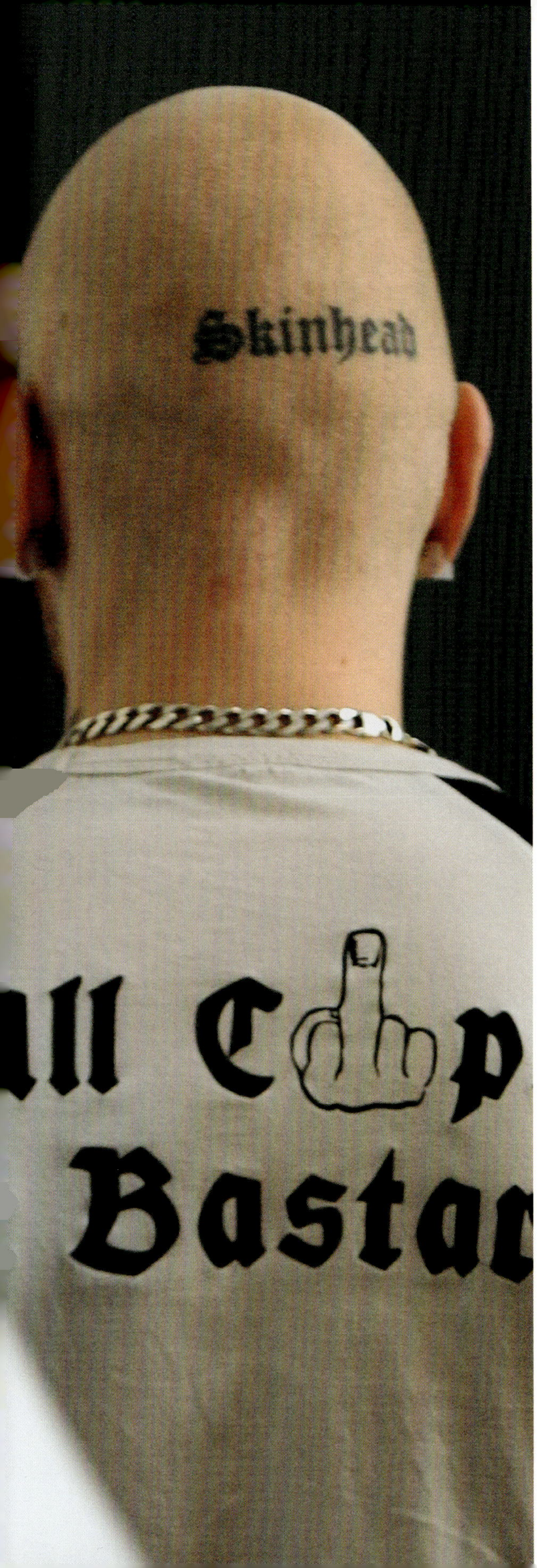

MIT FOTOGRAFIEN UND
TEXTEN VON SEAN GALLUP

HERAUSGEGEBEN VON
GORCH PIEKEN
UND MATTHIAS ROGG

Inhalt

MARKUS ULBIG
Sächsischer Staatsminister des Innern

Geleitwort

Die Geschichte des bundesdeutschen Rechtsextremismus reicht weit zurück. Die Entwicklung des Rechtsextremismus verlief seit 1945 in den beiden deutschen Gesellschaftsformen zwar unterschiedlich, jedoch existierte er in beiden Teilen des Landes gleichermaßen – auch wenn seine Existenz in der DDR immer wieder vehement bestritten wurde. Lediglich die vom Rechtsextremismus ausgehenden Gefahren unterschieden sich hinsichtlich der Intensität, der Erscheinungsformen und der Ursachen.

Seit der Wiedervereinigung der beiden deutschen Staaten am 3. Oktober 1990 haben zahlreiche Vorfälle rassistischer, fremdenfeindlicher, antisemitischer und antidemokratischer Gewalt für Erschütterung gesorgt. Insbesondere die Brandanschläge auf Asylbewerberheime in den frühen 1990er Jahren lösten große Bestürzung und Betroffenheit aus. Auch im 21. Jahrhundert bleibt das Problem bestehen: Im Zeitraum von 2001 bis 2011 wurden allein in Sachsen mehr als 20 000 Straftaten mit rechtsextremem Hintergrund verübt.

Rechtsextremisten treten für ein autoritäres politisches System ein. Eine pluralistische Demokratie wie in der BRD lehnen sie ab und postulieren stattdessen eine ethnisch homogene Volksherrschaft. Zur Durchsetzung dieser Ziele reicht das Spektrum innerhalb des rechtsextremen Umfelds von gleichsam gefährlicher »friedlicher« Agitation bis hin zu massiver Gewalt.

Besorgniserregend ist, dass rechtsextreme Straftaten häufig mit Jugendkriminalität einhergehen. Rechtsextremisten versuchen seit Jahren, vor allem Jugendliche und junge Erwachsene für ihre Sache zu gewinnen. Mit einer simplen und ebenso absoluten Vorstellung von »Richtig« und »Falsch« bieten sie scheinbar einfache Lösungen für Orientierung suchende Heranwachsende. Kameradschaften oder Fackelmärsche machen die Szene zudem attraktiv. Auch existiert mittlerweile ein breites Angebot rechtsextremer Musik, Internetseiten und Modelabels.

Ich selbst habe mich dem Kampf gegen den Rechtsextremismus nicht nur als sächsischer Innenminister, sondern auch schon in meiner Zeit als Oberbürgermeister im ostsächsischen Pirna verschrieben. Dort haben wir mit großem Erfolg ein Netzwerk aus Behörden und gesellschaftlichen Kräften gegen Extremismus ins Leben gerufen, das für kulturelle Vielfalt und gegen Rechtsextremismus eintritt. Dieser gesamtgesellschaftliche Ansatz ist und bleibt für mich der wesentliche Angriffspunkt im Kampf gegen den Rechtsextremismus.

Zudem reagierte der Freistaat Sachsen schon seit 1991 mit erhöhtem polizeilichen Verfolgungsdruck. Die Gründung der Sonderkommission Rechtsextremismus (SoKo Rex) war ein richtungsweisender, bundesweit bis dahin einmaliger Schritt. Zusätzlich entwickelte sich der Rechtsextremismus zu einem Schwerpunktthema beim Landesverfassungsschutz. Auch initiierte die sächsische Staatsregierung im Jahr 2005 das Programm »Weltoffenes Sachsen«. Es unterstützt Kommunen, freie Träger, Vereine und Verbände bei Projekten für mehr Demokratie und Toleranz in Sachsen. Seit seiner Gründung gab es mehr als 700 Projekte, die mit über 13,5 Millionen Euro gefördert werden konnten.

Wir haben viel bewegt und vorbereitet. Umso bestürzender war für mich, was sich am 4. November 2011 nach dem Brand eines Wohnmobils in Eisenach offenbarte. Über ein Jahrzehnt hat ein Trio aus dem Untergrund heraus rechtsextremistische Terrorakte verübt. Neun Mitbürger mit Migrationshintergrund und eine Polizistin starben durch die Kugeln von Uwe Böhnhardt und Uwe Mundlos. Das ganze Ausmaß der Gewalt und die zugrunde liegenden Strukturen werden noch immer durch verschiedene Untersuchungsausschüsse und Kommissionen aufgeklärt, damit künftig ausgeschlossen werden kann, dass sich Derartiges wiederholt.

Mich stimmt dabei optimistisch, dass die Gesellschaft seitdem wieder sensibler im Umgang mit Rechtsextremismus geworden ist. Im Angesicht des Schreckens müssen wir zusammenhalten und nun erst recht mit Mut, Entschlossenheit und Vehemenz den Rechtsextremismus bekämpfen.

Dem Anliegen entsprechend ist für mich der Ausbau präventiver und zivilgesellschaftlicher Maßnahmen von großer Bedeutung. Neben den noch zu verbessernden Aufklärungsmaßnahmen des Verfassungsschutzes von Bund und Ländern stellen vor allem auch die bundesweit agierenden »Demokratietrainer« ein herausragendes Beispiel in dieser Richtung dar. Weil Rechtsextremisten immer wieder ankündigen, (Sport-)Vereine unterwandern zu wollen, halte ich diesen Ansatz für besonders geeignet. »Demokratietrainer« klären über die Gefahren extremistischen Denkens auf, arbeiten intensiv mit Jugendlichen und vermitteln im Konfliktfall.

Auf staatlicher Ebene war zudem eine effektivere Vernetzung auf Bundes- und Landesebene zur Verbesserung des Informationsaustausches zwischen Polizei und Verfassungsschutz erforderlich. Neben zahlreichen Schnittstellen zwischen den Bundes- und den Landesbehörden des Verfassungsschutzes und der Polizeien, die zwischenzeitlich eingerichtet wurden, beschreitet der Freistaat Sachsen auch mit einer behördenübergreifenden Verzahnung aller mit Rechtsextremismus befassten Polizeieinheiten erneut neue Wege.

Als weiteren entscheidenden Schritt betrachte ich die Ambitionen für ein neuerliches Verbotsverfahren der rechtsextremen Nationaldemokratischen Partei Deutschlands (NPD). Die Zeit des Zögerns und Zauderns ist vorbei. Wir lassen es nicht länger zu, dass Neonazis in unserer Heimat ein Klima der Angst verbreiten und sich aus Steuermitteln finanzieren. Zugleich muss uns aber auch klar sein, dass ein Verbot allein den Rechtsextremismus nicht beseitigen wird. Rechtsextremes Gedankengut ist mittlerweile auch in der Mitte der Gesellschaft angekommen. Hier müssen wir ansetzen, indem wir demokratische Grundwerte mit Prävention und Aufklärung vermitteln.

In diesen Bereich fällt auch die Sonderausstellung »Rechtsextreme Gewalt in Deutschland 1990–2013.« Sie zeigt beeindruckende und bewegende Porträts des amerikanischen Fotografen Sean Gallup – von Opfern, aktiven Neonazis und Aussteigern. Die Fotos stimmen nachdenklich und stellen die menschliche Komponente in den Vordergrund. Denn letztlich sind es Menschen, die einer extremistischen Ideologie zum Leben verhelfen. Und Menschen, die ihre Opfer werden.

Mein besonderer Dank gilt den Initiatoren dieser Ausstellung ebenso wie allen Beteiligten im Kampf gegen Rechtsextremismus und fremdenfeindliche Gewalt.

MATTHIAS ROGG
Oberst und Direktor | Militärhistorisches Museum der Bundeswehr

Vorwort

Mit der Ausstellung »Rechtsextreme Gewalt in Deutschland 1990 – 2013« betritt das Militärhistorische Museum der Bundeswehr in Dresden Neuland. Dass die museale Auseinandersetzung mit politischem Extremismus im Allgemeinen und mit rechtsgerichteter Gewalt im Besonderen ein Thema von hoher gesellschaftspolitischer Relevanz ist, liegt auf der Hand. Warum sich aber das Militärhistorische Museum und damit auch die Bundeswehr mit diesem Thema auseinandersetzt, mag im ersten Moment überraschen.

Die moderne Militärgeschichte beschäftigt sich schon lange nicht mehr allein mit dem Verlauf von Krisen und Kriegen zwischen Staaten oder mit der Organisationsgeschichte des Militärs und seiner Protagonisten. Neben alltags-, sozial- und kulturgeschichtlichen Fragestellungen sucht die Militärgeschichte heute auch nach den Motiven und Strukturen von gewaltbereiten gesellschaftlichen Gruppen und nach den Ursachen offener und latenter Gewalt. Je mehr sich Gewalt vom relativ klar begrenzten Feld der zwischenstaatlichen Auseinandersetzung zu den komplexen, nur schwer zu fassenden und sich wechselseitig überlagernden Rändern mit diffusen Gewaltakteuren bewegt, umso stärker geraten Fragen nichtstaatlicher Gewalt in den Fokus der Militärgeschichte. Viele Gewaltakteure in nichtstaatlichen Gruppen greifen auf militärische Ausbildungen und Erfahrungen zurück, und vor allem binden sie ihre Identität an militärische Vorbilder und pseudomilitärische Ordnungsvorstellungen. Ohne ein gerüttelt Maß an militärischer und militärhistorischer Expertise ist es kaum möglich, die Hintergründe und Zusammenhänge dieser unreflektiert, militäraffin bestimmten Gruppen und ihr Verhältnis zur Gewalt zu verstehen und zu dekonstruieren. Umgekehrt interessiert die Militärgeschichtsforschung, wie sich Gewalt in diesen Gruppen manifestiert und nach welchen Kriterien militärische Ordnungs- und Identitätsmuster ausgewählt und übernommen werden.

Die Beschäftigung mit rechtsextremer Gewalt in Deutschland bietet mithin eine Reihe von Anknüpfungspunkten für die Militärgeschichtsforschung, zum Beispiel wenn es darum geht, die Verdrehung und Vereinnahmung der NS- und Insonderheit der Wehrmachtsgeschichte durch rechte »Kampfgruppen« und »Kameradschaften« aufzuzeigen.

Aber auch für die Bundeswehr selbst ist das Thema Rechtsextremismus von Bedeutung, weil es das Themenfeld der politischen Bildung berührt, die wiederum zu den zentralen Aufgaben der Streitkräfte gehört. Politische Bildung und historische Bildung sind eng miteinander verknüpft und sind Grundpfeiler der Inneren Führung. Sie helfen, die Werte und Normen des Grundgesetztes zu vertiefen und den Sinn und die Notwendigkeit des Dienstes für die Bundeswehr, für Frieden, Recht und Freiheit anzuerkennen. Im Gesetz über die Rechtsstellung des Soldaten (»Soldatengesetz«) gehört die politische Bildung sogar zu den verpflichtenden Aufgaben für jede Soldatin und jeden Soldaten – mit dem Ziel, dem »Staatsbürger in Uniform« durch historisches und politisches Orientierungswissen das verfassungsmäßige Fundament seines Auftrags zu vermitteln und die Bindung an die Werte des Grundgesetzes aus innerer Überzeugung zu festigen. Dazu gehört die klare Absage an jede Form von politischem Extremismus. Gerade weil die Geschichte der Wehrmacht, ihre taktischen und operativen Leistungen bis heute viele Soldaten faszinieren, die Wehrmacht zugleich aber eine der wichtigsten Stützen des NS-Herrschaftssystems und Träger eines rasseideologisch motivierten Eroberungs- und Vernichtungskriegs war, ist eine Abgrenzung zwingend erforderlich. Historische und politische Bildung haben dabei die wichtige Aufgabe, die Zusammenhänge und das Wechselspiel von Politik und Geschichte zu verdeutlichen.

Das Militärhistorische Museum der Bundeswehr zeigt parallel zur Fotoausstellung Rechtsextremismus in Deutschland eine große Sonderausstellung zum 70. Jahrestag der Schlacht von Stalingrad. Trotz des vordergründig großen zeitlichen und thematischen Abstands nehmen beide Ausstellungen indirekt aufeinander Bezug. Während bei Stalingrad der aggressive Charakter von Hitlers Außenpolitik, die Rolle der Wehrmacht als wichtigstem Gewaltinstrument der NS-Herrschaft und ihre strukturelle Verstrickung in Verbrechen deutlich wird, zeigen die Bilder von Sean Gallup, dass der ideologische Rückbezug auf die Zeit des Nationalsozialismus und ganz besonders auf die Geschichte der Wehrmacht für rechtsextreme Gruppierungen weiterhin von elementarer Bedeutung ist. Gerade weil rechtsextreme Gruppen in diesem historischen Brückenschlag einen ideologischen Ankerpunkt suchen, sind Aufklärung und Wissen über die historischen Zusammenhänge so wichtig. Gerade weil sich die Bundeswehr so deutlich von jeder Form politischen Extremismus abgrenzt, müssen Soldaten wissen, worin das rechtsextreme Gedankengut besteht, wie Rechtsextreme »ticken« und wie man ihnen energisch entgegentritt. In diesem Zusammenhang stellt sich zwangsläufig die Frage, in welchem Umfang rechtsextreme Orientierungen bei Soldaten der Bundeswehr eine Rolle spielen. Ist die Bundeswehr ein »Spiegelbild der Gesellschaft«, handelt es sich bei rechtsextremen Vorfällen nur um Einzelfälle oder gibt es doch Anzeichen für ein strukturelles Problem? Auch diesen, zugegeben heiklen Fragen weicht der Ausstellungskatalog nicht aus.

Die Ausstellung »Rechtsextreme Gewalt in Deutschland 1990–2013« konnte nur durch die konstruktive Gestaltung und Mithilfe Vieler realisiert werden. Mein erster Dank geht an den wissenschaftlichen Direktor des Militärhistorischen Museums, Gorch Pieken, er hatte die Idee zu dieser Ausstellung und übernahm persönlich die Kuratierung und Projektleitung. Für wissenschaftliche Recherchen danke ich Steffen Liebscher, Tillmann Neusser und Oberleutnant Jakub Szczepanski und für das Ausstellungsmanagement Sven Birke und Katja Senf. Elke Schüler sorgte, mit Unterstützung von Katrin Korritter und Katrin Micklich, als Gestalterin dafür, dass die Ideen der Wissenschaftler und Museologen auch an der richtigen Stelle ins rechte Licht gerückt wurden. Andreas Stasiak, Jens Wohllebe, Hartmut Bork, Jan Schäfer und Norbert Fehlhaber halfen tatkräftig beim Aufbau. Caroline Wintermann übernahm die Rahmung und restauratorische Betreuung der Fotografien von Sean Gallup, bei der Hängung unterstützte Sebastian Neubert. Almut Hoffmann und Jutta Schäfer waren für Bildrecherchen, Lizenzierungen und für die Bildredaktion des Ausstellungskataloges verantwortlich. Zusammen mit Tillmann Neusser unter Leitung von Jan Kindler stellten sie unter großem Zeitdruck ein umfangreiches und vielseitiges Begleitprogramm zusammen. Unter Leitung von Avgi Stilidis ergänzte die Abteilung Museumspädagogik des Militärhistorischen Museums die Ausstellung um weitere wichtige Zugänge. Für das Marketing der Ausstellung war Christoph Lehmann zuständig, genauso wie für die Zusammenarbeit mit unserem Kooperationspartner, dem Landespräventionsrat Sachsen, für dessen Unterstützung ich mich sehr bedanke. Oberstleutnant Alexander Georgi und Hauptmann Martin Nagel betreuten wie immer professionell die Presse. Ihnen allen gilt mein Dank. Schließlich möchte ich mich ganz herzlich bei Sean Gallup bedanken. Ohne seine Intuition, seine Empathie und seine Fähigkeit, uns hinter die Bilder seiner Bilder blicken zu lassen, wäre diese Ausstellung nicht möglich gewesen.

Ich wünsche der Ausstellung »Rechtsextreme Gewalt in Deutschland 1990–2013« nicht nur viele Besucherinnen und Besucher sowie dem Begleitkatalog eine breite Leserschaft. Vor allem wünsche ich mir eine breite öffentliche Debatte, in der klar wird, dass wir alle, Bürger und Institutionen dieses Landes, in der Verantwortung stehen, der rechtsextremen Gewalt unmissverständlich, aktiv und mutig die Stirn zu bieten.

GORCH PIEKEN
Wissenschaftlicher Direktor und Wissenschaftlicher Leiter Ausstellung, Sammlung, Forschung
Militärhistorisches Museum der Bundeswehr

Einleitung

Als Thomas Mann den Nationalsozialismus 1936 einen »Sumpf aus Dummheit und Niedertracht«[1] nannte, war das Ausmaß von Hass und Gewalt noch nicht voraussehbar, mit dem das nationalsozialistische Deutschland im Zweiten Weltkrieg Europa und die Welt überziehen sollte. In diesem verheerenden Krieg mit seinen unvorstellbaren Verbrechen wurden Millionen Menschen getötet und ermordet. Die menschenverachtende Gewalt des NS-Regimes richtete sich gegen jeden, am Ende auch gegen die eigene Bevölkerung. Zu dem Zeitpunkt, als Hitler auch den Deutschen das Lebensrecht absprach, waren bereits zentrale Zeugnisse ihrer archivierten und in Städten erbauten Geschichte unwiederbringlich zerstört und mit ihnen das kulturelle Erbe zahlloser Generationen. Der Krieg endete nicht nur in einer militärischen und politischen Niederlage, sondern in einer moralischen und menschlichen Katastrophe, denn er hatte das Band zu den geistig-humanistischen Wurzeln und zur jüdisch-christlichen Tradition der Deutschen zerschnitten. Die von den Kriegsgenerationen 1949 gegründete und in den folgenden Jahrzehnten aufgebaute Bundesrepublik Deutschland ist die Antwort auf die Lehren der Geschichte. Als Gegenentwurf zum NS-System ist der demokratische Verfassungsstaat der Menschenwürde, den Freiheitsrechten und dem Solidaritätsprinzip verpflichtet und verbietet das Vorbereiten oder Führen von Angriffskriegen.

Und doch gibt es heute wieder Menschen in Deutschland, die nicht nur gedanklich und rhetorisch an den Nationalsozialismus anknüpfen, sondern seine Gewalttätigkeit und Gesetzlosigkeit gar als Handlungsmaxime verstehen und andere Menschen lebensgefährlich verletzen oder töten. Ihre Gewalt kann jeden treffen, da jeder zum Ziel ihrer Angriffe erklärt werden kann. Ihr diffuses, oft widersprüchliches Weltbild beruht auf nur einer Konstanten: dem Faustrecht.

Die Ausstellung, aus deren Anlass der vorliegende Band erschienen ist, setzt sich mit dieser Problematik in Bild und Wort auseinander. So zeigt er Fotos des amerikanischen Fotografen Sean Gallup, der alte und neue Bundesländer bereiste. Gallup dokumentiert mit seiner Kamera rechtsextreme Gewalt als ein gesamtdeutsches Phänomen. Seine Arbeiten zeigen Opfer rechtsextremer Gewalttaten, Aussteiger aus der NS-Szene und couragierte Bürger, die sich gegen den neuen Nazismus in Deutschland zur Wehr setzen. Im Zentrum ihrer Lebensläufe steht eine Gewalterfahrung oder ein Gewaltumfeld. Sean Gallup begegnete aber auch Deutschen, von denen solche Gewalt ausgeht, Menschen, die noch heute in der mentalen Endlosschleife des Verlierers gefangen zu sein scheinen, die sich mit dem Ende des »Dritten Reichs« nicht abfinden möchten und nur aufrecht gehen können, wenn sie andere ausgrenzen und unterdrücken.

In den Arbeiten von Sean Gallup scheinen Menschen direkt aus den Bildern zu schauen und sich an ihr Gegenüber zu wenden. Dieses Gegenüber sind wir: diejenigen, die diese Porträts betrachten. Die Bilder beziehen uns ein als Teil der Gesellschaft und als politisches Subjekt. Sie provozieren die Frage, warum Menschen andere hassen und was sie dazu bringt, sie schwer zu verletzen oder gar töten zu wollen.

Rechtsextremismus gilt vielerorts als das Abgespaltene von Gesellschaft, dabei ist er in ihr fest verankert. In einigen strukturschwachen städtischen und ländlichen Regionen sind nicht die Rechtsextremisten Außenseiter, sondern jene, die sich gegen sie engagieren. Rechtsextremen Gruppen und Parteien geht es zusehends auch um sozialräumliche Geländegewinne, um die Bildung sogenannter Angstzonen, in denen rohe Gewalt herrscht.

Rechtsextreme denken in Begriffen der Ausgrenzung und sehen in dem Anderen den Fremden und Gegner. »Anders« kann dabei jeder sein, gleichgültig, ob es Überzeugungen, Lebensstil, Kleidung oder Hautfarbe sind, die ihren Vorstellungen entgegenstehen. In den Fotografien von Sean Gallup geht es aber nicht nur darum, die Bösartigkeit in der Gesellschaft aufzuspüren, sondern auch um die Suche nach Auswegen aus der Gewalt, um Ermutigung zur Zivilcourage und zu zivilbürgerlichem Engagement, dessen Kern Empathie und Mitgefühl für andere ist. Rechte Gewaltkriminalität betrifft nicht nur das einzelne Opfer, sondern auch immer die ganze Gesellschaft. Mit jeder rechtsextremen Gewalttat zielen die Täter auf den demokratischen Verfassungsstaat und die Wertebasis des Grundgesetzes, die Menschenwürde.

Um diesen Kernbereich der wertgebundenen Normen einer Demokratie in ihrer Gegenüberstellung zum Rechtsextremismus geht es im Beitrag von Hans-Jochen Vogel, der den Essayteil des Kataloges einleitet. Neben strafrechtlichen Bestimmungen stehen dem demokratischen Verfassungsstaat im Verwaltungsrecht Mittel zur Verfügung, gegen rechtsextremistische Parteien und Aktivitäten vorzugehen. Gleichzeitig sind Vereine, Gewerkschaften, Wirtschaftsverbände, die Kirchen und alle Bürgerinnen und Bürger aufgerufen, sich aktiv für den Schutz der Republik einzusetzen – die trotz mancher Unzulänglichkeiten der beste Schutz für die Freiheitsrechte jedes Einzelnen gegen Willkür und einen Fundamentalismus ist, der eine Gesellschaft ohne Maßstäbe anstrebt, genährt von Hass und Grausamkeit.

Aber was verstehen wir unter Rechtsextremismus? Welche Formen des organisierten Rechtsextremismus gibt es aktuell, von den Parteien über »freie Kameradschaften« bis hin zu »Autonomen Nationalisten«? Welche soziale Basis hat der Rechtsextremismus im Jahr 2012 in Deutschland?

Auf diese Fragen gibt Oliver Decker zusammen mit Johannes Kiess und Elmar Brähler in ihrem Aufsatz Antworten, die auf empirisch erhobenem Datenmaterial basieren. Dabei stellen sie beunruhigende Schnittmengen zwischen Einstellungsmustern von Rechtsextremen und der politischen Mitte unserer Gesellschaft fest. Die Täter rechtsextremer Gewalttaten sind zumeist junge Männer. Jedoch wird häufig übersehen, dass nicht die jungen Altersgruppen, sondern vorwiegend die über 60-jährigen in verschiedenen Schattierungen der »Gruppenbezogenen Menschenfeindlichkeit« (W. Heitmeyer) die größten Vorbehalte gegenüber anderen sozialen Gruppen pflegen.

Nicht mit dem »Warum«, sondern dem »Wie« der Gewalt setzt sich Lutz Körner in seinem Beitrag auseinander, in dem er »schwere« und »gefährliche Körperverletzung« als Rechtsbegriffe definiert und mit Beispielen aus der Gerichtsmedizin illustriert. Die »Grammatik rechtsextremer Gewalttaten« veranschaulichen Fallbeispiele aus Gerichtsakten, in denen den Tätern menschenverachtende Brutalität und Tötungsabsichten bescheinigt werden. Ihre Opfer wurden schwer verletzt und erlitten zum Teil erhebliche Spätfolgen. Dabei mag den Nicht-Fachmann erstaunen, dass vor Gericht ein gebrochenes Nasen- oder Jochbein in der Regel als Bagatellverletzung eingestuft wird und psychische Folgeschäden nur selten Beachtung finden.

In den Essays anderer Autoren spiegeln sich sehr persönliche Erfahrungen der Konfrontation mit rechtsextremer Gewalt, so etwa bei Mo Asumang. Mit der Liedzeile »Die Kugel ist für Dich, Mo Asumang« einer Nazi-Rockband änderte sich im Jahr 2001 das Leben der bekannten Regisseurin und Schauspielerin. Die Zeit-Online-Datenbank zu Todesopfern rechtsextremer Gewalt zählt 148 Menschen für den Zeitraum 1990 bis 2011, ohne dabei den Anspruch auf Vollständigkeit zu erheben. Mo Asumang ließ sich nicht einschüchtern und wehrte sich, die gesungene Morddrohung wurde zum Ausgangspunkt einer Spurensuche nach dem Liedsänger und seinen Motiven. So interviewte sie für ihren Film »Roots Germania« auch den Rechtsanwalt und NPD-Funktionär Jürgen Rieger. Das kurze Gespräch mit ihm, das bis Ende 2012 auf YouTube mehr als 300 000 Mal angeklickt wurde, gewährt einen Blick auf die bizarre Rassenlehre der rechten Szene und ihr Bild vom »Urgermanen«, dem die überwiegende Zahl der Deutschen und der Angehörigen der rechten Szene nicht entspricht.

In zwei Essays werden die Militanz und Gewaltbereitschaft der rechtsextremen Szene und die daraus resultierenden gesellschaftlichen Folgen an zwei konkreten städtischen Beispielen verdeutlicht: Dortmund-Dorstfeld und Limbach-Oberfrohna. In der kleinen, rund 25 000 Einwohner zählenden Stadt nordwestlich von Chemnitz ist ein »gewaltoffener Raum« entstanden, in dem jeder bedroht ist, der sich anders kleidet oder anders denkt, als es Rechtsextreme wollen. Harald Lamprecht beschreibt in seinem Beitrag sehr einfühlsam, wie Jugendliche, die im Fadenkreuz von Rechtsextremen leben, versuchen, mit den täglichen Unerträglichkeiten umzugehen und sich ihre verfassungsmäßig garantierten Grundrechte selbst zurückzuerobern. Dabei finden sie beim Bürgermeister keine Unterstützung, im Gegenteil, plötzlich sehen sie sich mit dem Vorwurf konfrontiert, die eigentlichen Unruhestifter zu sein. Vor dem Hintergrund dieses Beispiels mahnt der Autor zu einem »Umdenken hinsichtlich stereotypischer politischer Lagerzuordnungen«, um den Widerstand gegen den neuen Nazismus auf eine möglichst breite soziale Basis zu stellen.

Ganz anders stellt sich dagegen die Situation in Dortmund dar. Seit Jahren versuchten sogenannte freie Kameradschaften, die 580 000 Einwohner große Stadt in Westfalen zu einem Zentrum ihrer Szene zu machen. Im Stadtteil Dorstfeld beherrschten sie lange Zeit Plätze und Straßen, die sie zu »national befreiten Zonen« erklärten und deren Zugang sie kontrollierten wie eine Staatsgrenze. Fernsehteams mussten sich ausweisen und damit rechnen, gewaltsam des Platzes verwiesen zu werden. Nach einem Wechsel im Amt des Polizeipräsidenten und des Innenministers in Nordrhein-Westfalen erhöhte die Polizei im Sommer 2012 den Verfolgungsdruck auf die Szene – mit merklichem Erfolg. Claudia Luzar beschreibt in ihrem Essay den »Raumkampf in der Herzkammer« des Ruhrgebietes, den die Neonazis verloren haben.

Johannes Radke schildert, wie sich Teile der rechtsextremen Szene wandeln, ihr Außenbild modernisieren und professionalisieren. Dabei werden alte Kameraden, die auf tobsüchtige Weise die rassistische Gesinnung ihrer Glaubensgemeinschaften verkündigen, gegen junge, selbstbewusste Männer und Frauen ausgewechselt, die Turnschuhe statt Springerstiefel tragen und nicht zufällig in die Szene geraten sind. Den Strategien eines zeitgemäßen Marketings entsprechen auch die Flashmobs der Fackeln tragenden nächtlichen Geisterdemonstrationen von bis zu 300 Maskierten, die in Städten an zentralen Plätzen so spukhaft erscheinen, wie sie wieder verschwinden.

Während die des Mordes angeklagte Beate Zschäpe schweigt, hat der wegen der Ermordung von 77 Menschen verurteilte norwegische Rechtsextremist Anders Breivik in einem Brief für sie das Wort ergriffen und sich und sie mit Regentropfen verglichen, »die den gewaltigen, reinigenden Sturm ankündigen, der auf Europa zuzieht«. Er und Zschäpe seien »Märtyrer der konservativen Revolution und sollten extrem stolz auf unser Opfer und unsere Mühen sein«.[2] Andrea Röpke beschreibt in ihrem Beitrag den schockartigen Einbruch des deutschen Rechtsterrorismus in das öffentliche Bewusstsein und das Versagen wichtiger Ämter des Staatsschutzes bei der Aufklärung der zehn Morde, die dem »Nationalsozialistischen Untergrund« zur Last gelegt werden. Diese Taten belegen eine alarmierende Radikalisierung von Teilen der rechtsextremen Szene und die erschreckende Schutzlosigkeit der Opfer, denen jahrelang Anerkennung und Anteilnahme von Behördenseite versagt blieb.

Winfried Nachtwei befasst sich mit rechtsextremen Einstellungen und Vorfällen in der und im Umfeld der Bundeswehr, die es seit ihrer Gründung immer wieder gab. Sind die nationalen Streitkräfte der Bundesrepublik Deutschland diesbezüglich ein Spiegelbild der Gesellschaft? Oder sollte die Vorbildfunktion des Staatsbürgers in Uniform nicht größer sein als die von Angehörigen anderer Berufsgruppen? »Die Bundeswehr ist eine demokratische Institution, doch das ändert nichts daran, dass sie bei Rechtsextremisten besondere Begehrlichkeiten auslöst«, sagte der ehemalige Wehrbeauftragte Willfried Penner. »Die straffe Organisation der Bundeswehr ist faszinierend für Menschen solcher politischer Überzeugungen.« Doch das Verhältnis rechtsextremer Parteien und Gruppierungen zur Armee des demokratischen Verfassungsstaates ist äußerst ambivalent. Auf der anderen Seite reagiert die Bundeswehr heute auf rechtsextreme Tendenzen oder Aktivitäten sehr sensibel und in der Regel mit der ganzen Härte des Dienst- und Arbeitsrechts.

Vorangestellt ist dem Katalog eine persönliche Grußadresse des Innenministers des Freistaates Sachsen, Markus Ulbig. Als Oberbürgermeister der Stadt Pirna und Familienvater war er bereits in den 1990er Jahren mit rechtsextremer Gewalt konfrontiert. Seit dieser Zeit ist er nicht nur eine der vernehmlichsten Stimmen gegen den neuen Nazismus in Deutschland, sondern unterstützt zahlreiche Projekte und Bürgerinitiativen, die sich gegen rechte Gewalt engagieren. Markus Ulbig hat nicht nur die Schirmherrschaft zu dieser Ausstellung übernommen, er hat auch viel dazu beigetragen, sie im gesamten Bundesland Sachsen und darüber hinaus bekannt zu machen. Dafür danken wir ihm sehr, genauso wie den Mitarbeiterinnen und Mitarbeitern des Landespräventionsrates Sachsen.

Für die rechtsextremen Schlägercliquen sind Gewalt und Machtausübung die konstitutiven Momente ihrer sozialen Gruppe und der Gesellschaftsordnung, die sie anstreben. Zivilcourage und zivilbürgerliches Engagement sind der »vitalste Verfassungsschutz« der Demokratie gegen diese Bestrebungen, wenn auch dadurch die Arbeit des Staatsschutzes nicht ersetzt werden kann. Denn umgekehrt müssen die verfassungsmäßigen Grundrechte, darunter die körperliche Unversehrtheit, jeder Bürgerin und jedes Bürgers sowie aller Menschen, die in unserem Land zu Gast sind oder Schutz suchen, geschützt werden. Dies gilt vor allem dort, wo »No-go-Areas« zu entstehen scheinen und das Gewaltmonopol des Staates provokant infrage gestellt wird, wie dies etwa am Abend des 17. Oktober 2012 in der rund 36 000 Einwohner zählenden sächsischen Kreisstadt Hoyerswerda geschah. Dort versuchten 15 Neonazis die Wohnung eines jungen Pärchens zunächst zu stürmen und belagerten sie dann. Die Polizeibeamten, die in einem Streifenwagen vor dem Haus Posten bezogen hatten, schritten nicht wirksam ein. Das Paar war den Neonazis aufgefallen, als es in der Stadt rechte Aufkleber abriss. Nachdem die Rechtsextremen unbehelligt abgezogen waren, riet die Polizei den beiden, sich einen neuen Wohnort zu suchen, da der Aufwand zu groß sei, sie und ihr Zuhause zu schützen.[3] Die jungen Leute hatten in ihrer Wohnung Todesangst ausgestanden und verstecken sich heute in einer Gemeinde weit entfernt von ihrem Geburtsort Hoyerswerda.

Zu den elementaren Bestandteilen des Gemeinwohls gehört die Sicherheit, und Sicherheit bedeutet Schutz gegen unrechtmäßigen gewaltsamen Übergriff. Der moderne Rechtsstaat hat das Monopol der Gewaltanwendung und überträgt deren Ausübung ausschließlich auf diejenigen, die als »Vollzugsgewalt des Staates legitimiert« sind. Im Gegensatz dazu ist »Gewaltherrschaft« die Herrschaft von Personen, nicht von Gesetzen. Nur durch Gesetze und ihre Anwendung lässt sich jener Grad von Rechtsstaatlichkeit erreichen, der schon nach Augustinus den Staat von einer Bande von Seeräubern unterscheidet.

Der freiheitlich demokratischen Grundordnung der Bundesrepublik Deutschland liegt die Überzeugung zugrunde, »dass der Mensch in der Schöpfungsordnung einen eigenen selbständigen Wert besitzt und Freiheit und Gleichheit dauernde Grundwerte der staatlichen Einheit sind«.[4] Ausstellung und Katalog möchten einen kleinen Beitrag dazu leisten, diese wertgebundene Ordnung zu verteidigen und sie nicht preiszugeben an eine Minderheit, die Menschenwürde, Freiheit und Gleichheit ablehnt.

1 Thomas Mann: Tagebuch 1935–1936, hrsg. von Peter de Mendelssohn, Frankfurt a. M. 1978, S. 158. **2** Zit. in: Der Spiegel, 47 (2012), S. 40. **3** Thomas Knaup, Sprecher der Polizeidirektion Oberlausitz/Niederschlesien, in der Sendung FAKT, ARD, vom 27.11.2012. **4** Urteil des Ersten Senats des Bundesverfassungsgerichts vom 23.10.1952 – 1 BvB 1/51.

WIE SOLL EINE WEHRHAFTE DEMOKRATIE MIT DEM RECHTS-EXTREMISMUS UMGEHEN?

Hans-Jochen Vogel

Wer sich mit dem Thema der rechten Gewalt und ihrer Bekämpfung in der Gegenwart auseinandersetzen will, muss zunächst einmal den Blick in die Vergangenheit lenken. Er muss sich an die monströsen Verbrechen des NS-Gewaltregimes erinnern und der Frage nachgehen, wie es möglich war, dass dieses Regime in unserem Lande an die Macht gelangte und diese zwölf Jahre lang bis zuletzt behaupten konnte. Denn die heutige Situation kann nur derjenige richtig einschätzen, der eine ausreichende Vorstellung von dem besitzt, was in Deutschland schon einmal geschah. Nur derjenige wird sich auch von der historischen Mahnung »Nicht noch einmal! Nicht wieder!« immer aufs Neue aufwecken und motivieren lassen.

Die Verbrechen des NS-Gewaltregimes können hier nicht im Einzelnen aufgeführt werden. Jede Dimension sprengt jedenfalls die Ermordung von sechs Millionen Juden – eine Million von ihnen waren Kinder unter 14 Jahren! Und die Entfesselung des Zweiten Weltkrieges, dem nach belastbaren Schätzungen in Europa rund 40 Millionen Menschen zum Opfer fielen. Eine Folge dieses Krieges war auch, dass über zwölf Millionen Deutsche ihre Heimat verloren und unser Land über vier Jahrzehnte geteilt blieb. Die Verbrechen schlugen also auch auf unser Land zurück. Die Zerstörung Dresdens im Februar 1945 ist dafür ein anschauliches Beispiel. Sie war aber nur möglich, weil das Regime, das selbst mit der Bombardierung britischer Städte begonnen hatte, einen längst verlorenen Krieg nur deshalb noch fortsetzte, um das Leben des Tyrannen und seiner engsten Gefolgsleute zuerst um Monate, dann um Wochen und schließlich um einige Tage zu verlängern.

Grundlage der Verbrechen war eine Ideologie, die Menschen nach ihrer Rasse als Herrenmenschen und als Untermenschen einordnete, von lebensunwertem Leben sprach, die Gewalt als alltägliches Mittel der Politik praktizierte, die die unumschränkte Herrschaft in Europa anstrebte und einem sogenannten Führer Allmacht und Allwissenheit zuerkannte. Das alles umkleidete sie mit der Parole von der Wiederherstellung der deutschen Ehre und dem Versprechen der Überwindung der Massenarbeitslosigkeit.

Manche sehen in den beiden zuletzt angesprochenen Zusammenhängen auch maßgebende Ursachen dafür, dass das NS-Gewaltregime die Macht ergreifen konnte. Sie verweisen auf den Versailler Vertrag, auf die damalige Weltwirtschaftskrise und die Massenarbeitslosigkeit oder auch auf den Vorwurf, dass die westlichen Demokratien Adolf Hitler zu spät entgegengetreten seien und ihm zu lange freie Hand gelassen hätten.

Jeder dieser Punkte hat sicherlich für den Aufstieg Hitlers eine Rolle gespielt. Für die Erklärung des Ganzen, vor allem dessen, was nach der Machtübernahme geschah, reichen sie keinesfalls aus. Im Gegenteil: Sie führen für sich allein genommen in die Irre, weil sie das Spezifische der Entwicklung, insbesondere das Spezifische des geistig-moralischen Nährbodens für diese Entwicklung, außer Acht lassen und übersehen, dass wesentliche Wurzeln viel weiter zurückreichen. Von diesen seien genannt:

- der gerade auch auf christlichen Traditionen beruhende teils latente, teils ganz offene Antisemitismus, den es schon im Mittelalter und dann auch im späten 19. und zu Beginn des 20. Jahrhunderts gab und der in bestimmten Gebieten und in bestimmten Schichten lange vor den Anfängen des Nationalsozialismus wirksam wurde. Aus ihnen erwuchs dann die nationalsozialistische Rassenlehre, die mit dem fundamentalen Prinzip der gleichen Würde aller Menschen brach;

- die ablehnende Haltung gegenüber der Demokratie und der Republik von Weimar vor allem im Lager der deutschen Rechten. Eine Ablehnung, die bald in offene Feindseligkeit überging und sich gegenüber der Republik und der sie vor allem tragenden Sozialdemokratie auch in der bezeichnenden Schmähung als »Judenrepublik« und als »verjudete Partei der Novemberverbrecher« äußerte.
- die Verherrlichung des Krieges als eine Bedingung, ja als eine Notwendigkeit »existentieller Menschheitsverwirklichung«, wie sie beileibe nicht erst nach 1933 von nicht wenigen renommierten Philosophen und Erziehungswissenschaftlern propagiert wurde. Und schließlich
- die obrigkeitsstaatliche Tradition aus der Zeit des Kaiserreichs, der Gehorsam als eine absolute Tugend und Zivilcourage eher als etwas Undeutsches erschien.

Entscheidend war letzten Endes, dass es 1933 nicht mehr genug Deutsche gab, die sich für die Demokratie und die Menschenrechte engagierten. Dass nur noch eine Minderheit für die Republik kämpfte. Die Abstimmung über das sogenannte Ermächtigungsgesetz im Reichstag machte dies am 23. März 1933 besonders anschaulich. 444 Abgeordnete – und eben nicht nur die Nationalsozialisten und die Deutsch-Nationalen, sondern auch die Abgeordneten des Zentrums und der Bayerischen Volkspartei – stimmten dafür. Und nur noch 94 Abgeordnete – es waren ausschließlich Sozialdemokraten – stimmten dagegen. Zwölf Jahre später endete das Gewaltregime am 8. Mai 1945 mit der Unterzeichnung der bedingungslosen Kapitulation.

In den über sechs Jahrzehnten, die seitdem vergangen sind, hat die Demokratie in unserem Land Wurzeln geschlagen. Sie beruht auf der Wertordnung des Grundgesetzes, das schon vier Jahre nach dem Kriegsende in Kraft trat. Diese Wertordnung war eine eindeutige Antwort auf die NS-Ideologie.

Der zentrale Wert dieser Ordnung ist die Menschenwürde. Sie steht gleich im ersten Satz des ersten Artikels des Grundgesetzes: »Die Würde des Menschen ist unantastbar«, heißt es dort. Und der zweite Absatz des Artikels fährt fort: »Das Deutsche Volk bekennt sich darum zu unverletzlichen und unveräußerlichen Menschenrechten als Grundlage jeder menschlichen Gemeinschaft, des Friedens und der Gerechtigkeit in der Welt«. Auch andere Werte haben im Grundgesetz ihren Niederschlag gefunden. So die Freiheit der Person und ihre Handlungsfreiheit, soweit sie nicht die Rechte anderer verletzt und nicht gegen die verfassungsmäßige Ordnung verstößt, in Artikel 2. Die Gerechtigkeit in Gestalt des Rechtsstaatsprinzips und die Solidarität in Gestalt des Sozialstaatsprinzips in Artikel 20. Die Bedeutung dieser wertgebundenen Normen wird noch dadurch unterstrichen, dass Artikel 79, Absatz 3 eine Änderung der in den Artikeln 1 und 20 niedergelegten Grundsätze und damit auch des Demokratieprinzips für unzulässig erklärt.

Im Rahmen dieser Ordnung hat das Grundgesetz konkrete Zuständigkeits-, Organisations- und Verfahrensregelungen getroffen und unsere Republik als einen föderalen Bundesstaat konstituiert. Insgesamt hat es die in eine bundesdeutsche Verfassung gesetzten Erwartungen nicht nur erfüllt, sondern übertroffen. Und es hat unserem Land ungeachtet mancher kritischer Situation, mancher Fehlentscheidungen und mancher Herausforderungen eine Entwicklung ermöglicht, die so bei Kriegsende niemand vorausgesehen hat. Dabei denke ich insbesondere auch an das Zustandekommen der deutschen Einheit und an den europäischen Einigungsprozess, dem wir es verdanken, dass Friede in Europa heute als eine Selbstverständlichkeit erscheint. Und ich erlaube mir auch die Feststellung, dass die heute so oft geschmähten demokratischen Parteien dazu entscheidende Beiträge geleistet haben.

Ich sprach von Herausforderungen unserer demokratischen Ordnung. Eine solche Herausforderung stellt schon seit Beginn der Bundesrepublik und vor allem gegenwärtig der Rechtsextremismus dar, der in Gestalt der NPD als politische Partei, aber auch in Form einer Vielzahl mehr oder weniger fester Zusammenschlüsse von Personen und Gemeinschaften agiert. Gemeinsam sind beiden Erscheinungsformen Anknüpfungen an die und Übereinstimmungen mit der NS-Ideologie. Sie finden sich beispielsweise in einem ausgeprägten Antisemitismus, der häufig auch mit der Leugnung des Holocaust einhergeht, und in einer ganz offenen Ausländerfeindlichkeit. Damit wird immer wieder die gleiche Würde aller Menschen missachtet. Auch wird Gewalt bei der politischen Auseinandersetzung keineswegs generell abgelehnt, sondern kontinuierlich angewandt. Die aktuelle Sonderausstellung des Militärhistorischen Museums zeigt das sehr anschaulich. In erschreckendem Ausmaß ist das auch jüngst durch die Aufdeckung der sogenannten NSU-Morde bewusst geworden, wobei die Abkürzung bezeichnenderweise für »Nationalsozialistischer Untergrund« steht. Insgesamt wurde die Zahl der gewaltbereiten Rechtsextremisten im Jahr 2011 auf 9800 Personen geschätzt. Laut Verfassungsschutzbericht 2011 wurden im Bereich »Politisch motivierte Kriminalität – rechts« für das Jahr 2011 insgesamt 16 142 (2010: 15 905) Straftaten mit extremistischem Hintergrund erfasst, darunter 755 (2010: 762) Gewalttaten. Für das Jahr 2012 liegen noch keine entsprechenden Zahlen vor. Im Übrigen häufen sich Fälle, in denen angebliche Leistungen und auch Persönlichkeiten des Nationalsozialismus – darunter selbst Hitler – gelobt und zur Nachahmung empfohlen werden.

In ihrer Breite bieten rechtsextremistische Aktivitäten ein vielfältiges Bild. Zu ihnen gehören die häufigen Aufmärsche etwa an NS-bezogenen Gedenktagen. Die NPD bemüht sich außerdem um Sitze in den Parlamenten und den kommunalen Körperschaften. Zu diesem Zweck gibt sie sich neuerdings in manchen Gebieten auch den Anschein gutbürgerlichen Benehmens und sozialer Hilfstätigkeit. Ebenso versucht sie, in den Schulen präsent zu sein und – etwa durch Rock-Musikgruppen mit entsprechenden Liedtexten – auf junge Menschen Einfluss zu gewinnen. Einige Untersuchungen meinen, dass extremistische Gedankengänge schon die Mitte unserer Gesellschaft erreicht hätten. Das mag in einzelnen Zusammenhängen – beispielsweise in Bezug auf die negative Beurteilung der Parteien und der Politik insgesamt – zutreffen. In den Wahlergebnissen findet das aber bislang keinen Niederschlag. Jedenfalls ist die NPD bislang nur in zwei Landtagen – nämlich in Sachsen und in Mecklenburg-Vorpommern – vertreten und hat auch dort bei den letzten Wahlen an Stimmen verloren. An der Gefährlichkeit des Rechtsextremismus ändert das jedoch nichts. Sollte die gegenwärtige Eurokrise in unserem Land zu einer schweren wirtschaftlichen Erschütterung führen, würde sie sogar noch zunehmen.

Wie kann und soll mit dieser Herausforderung umgegangen werden? Gefordert ist da zunächst einmal der Staat. Er ist schon durch das Grundgesetz verpflichtet, die freiheitlich-demokratische Ordnung zu verteidigen und den Extremismus zu bekämpfen. Dafür stehen ihm eine ganze Reihe rechtsstaatlicher Mittel zur Verfügung. Etwa die Anwendung strafrechtlicher Bestimmungen wie Paragraf 130 Strafgesetzbuch (StGB) (Volksverhetzung), Paragraf 86 und 86a StGB (Propaganda und Kennzeichen verfassungswidriger Organisationen). Oder die im Verwaltungsrecht verankerten Möglichkeiten, extremistische Zusammenschlüsse und Vereinigungen zu verbieten. Soweit es sich um Aktivitäten einer Partei, also der NPD, handelt, stehen dieser – solange sie nicht vom Bundesverfassungsgericht verboten ist – dieselben Rechte zu wie allen übrigen Parteien. Das kann etwa bei Demonstrationen und der Verpflichtung, sie notfalls polizeilich zu schützen, zu schwierigen Situationen führen. Manche gerichtliche Entscheidung stößt da auf Unverständnis.

Nicht nur Unverständnis, sondern geradezu Entsetzen hat zuletzt das Verhalten bestimmter staatlicher Stellen bei der Verfolgung und Aufklärung der sogenannten NSU-Morde ausgelöst. Sowohl Verfassungsschutzämter als auch Polizeidienststellen haben hier, was die gegenseitige Information und den Umgang mit sogenannten V-Leuten angeht, in schlimmer Weise versagt. Auch verwundert sehr, dass den meisten der beteiligten Stellen offenbar der Gedanke, es könne sich bei der Mordserie um eine rechtsextremistische Aktion handeln, überhaupt nicht in den Sinn kam. Das zeigt, dass in diesen Einrichtungen die Nähe rechtsextremistischer ideologischer Vorstellungen wie der Ausländerfeindlichkeit zur Anwendung unmittelbarer Gewalt offenbar wesentlich unterschätzt wurde. Es bleibt zu hoffen, dass sich das unter dem Eindruck der öffentlichen Reaktion auf die Vorgänge und der Arbeit des vom Bundestag zu deren Aufklärung eingesetzten Untersuchungsausschusses nachhaltig ändert und dass auch die Zusammenarbeit der beteiligten Behörden grundlegend verbessert wird.

Entschieden werden muss möglichst bald auch darüber, ob gegen die NPD abermals ein Verbotsverfahren beim Bundesverfassungsgericht eingeleitet wird. Das Gericht hat bislang zweimal ein Parteienverbot ausgesprochen. Im Jahr 1952 gegen die rechtsextreme Sozialistische Reichspartei (SRP) und 1956 gegen die Kommunistische Partei Deutschlands (KPD). Gegen die NPD hat die Bundesregierung 2001 einen Verbotsantrag gestellt, der aus Verfahrensgründen erfolglos blieb. Die Bundesregierung wollte oder konnte dem Gericht nicht darlegen, bei welchen zur Begründung des Antrags zitierten verfassungsfeindlichen Äußerungen aus dem Bereich der NPD es sich um Äußerungen von sogenannten V-Leuten handelte. Nunmehr wird an einer aktualisierten Fassung des Antrags gearbeitet, die sich nicht auf solche Äußerungen stützt. Es ist dringend zu wünschen, dass diese Arbeiten bald abgeschlossen werden und der Antrag dann erneut gestellt wird.

Daran, dass die in Artikel 21 Absatz 2 Grundgesetz normierten Voraussetzungen für ein Verbot erfüllt sind, sollten auch diesmal keine Zweifel bestehen. Denn wie schon ausgeführt, ist die NPD nach ihren Zielen und dem Verhalten ihrer Anhänger zumindest darauf aus, die freiheitlich-demokratische Grundordnung zu beeinträchtigen. Für den Nachweis dieser Tatsache können jetzt auch die Kontakte zwischen NPD-Funktionären und der NSU-Gruppe herangezogen werden. Ein Verbot wird das ideologische Gedankengut, das dem Handeln dieser Partei zugrunde liegt, nicht austilgen. Einzelne Personen und Gruppen werden auch dann weiterhin im Sinne dieser Ideologie aktiv werden. Dennoch ist das Verbot notwendig. Es erscheint nämlich unerträglich, dass dem Rechtsextremismus weiterhin die Strukturen einer Partei mit all ihren besonderen Rechten zur Verfügung stehen. Ebenso unerträglich ist es, dass dem Rechtsextremismus aus Steuergeldern Mittel für Wahlkämpfe und – soweit die Partei in Parlamente gelangt – für die Fraktionstätigkeit zufließen.

Gefordert ist aber nicht nur der Staat. Gefordert ist ebenso die Zivilgesellschaft, insbesondere alle zivilen Organisationen und Verbände wie etwa die Gewerkschaften, die Wirtschaftsvereinigungen und die Sportverbände und nicht zuletzt die kirchlichen Gemeinschaften. Gefordert sind aber auch alle Bürgerinnen und Bürger. Das ist ja gerade eine zentrale Folgerung aus den Lehren der Vergangenheit. Was heißt das im Einzelnen?

Notwendig ist zunächst einmal, die Vergangenheit vor dem Vergessen zu bewahren. Für die heutige junge Generation liegen die Ereignisse Jahrzehnte zurück und sind deshalb nicht mehr präsent. Darum sind die Pflege der Gedenkkultur und eine ausreichende Behandlung des Themas in den Schulen wichtig. Darauf muss die Zivilgesellschaft immer wieder dringen.

Dann bedarf es einer ständigen Auseinandersetzung mit den jeweiligen Erscheinungsformen des Rechtsextremismus und auch mit seiner Ideologie. Da sind örtliche und überörtliche Zusammenschlüsse erforderlich, die alle demokratischen Kräfte und sozialen Schichten umfassen. Als Beispiele für solche Zusammenschlüsse nenne ich die an nicht wenigen Orten bereits bestehenden Bündnisse für Toleranz und die bundesweit mit regionalen Arbeitsgruppen tätige Vereinigung »Gegen Vergessen – Für Demokratie«. Wie ihr Name besagt, widmet sie sich gerade auch der Erinnerungsarbeit. Schätzungsweise gibt es heute mehr als 90 überregionale und etwa 80 örtliche Initiativen dieser Art.

Eine wichtige Aufgabe dieser Initiativen ist es, dafür zu sorgen, dass der NPD und ihrem Umfeld die Straße und die Öffentlichkeit nicht allein überlassen werden. So sollten deren Demonstrationen möglichst oft von Gegendemonstrationen begleitet werden, die deutlich machen, dass man extremistische Aktivitäten nicht schweigend hinnimmt. Wichtig sind dabei die Geschlossenheit aller Demokraten und die klare Distanz gegenüber gewalttätigen Gruppen wie beispielsweise den »Autonomen Nationalisten«. Wichtig ist auch, wie die Polizei in solchen Fällen auftritt. Sie muss das geltende Recht durchsetzen, aber auch die nach diesem bestehenden Spielräume vernünftig ausnutzen und vor allem den Grundsatz der Verhältnismäßigkeit beachten.

Weiter muss sich die Zivilgesellschaft um Menschen kümmern, die sich aus ihrer extremistischen Verstrickung lösen wollen, und dabei auch deren Angehörige unterstützen. Gleiches gilt, wenn es darum geht, Menschen vor dem Abgleiten in diese Szene zu bewahren. Die bereits genannte Vereinigung »Gegen Vergessen – Für Demokratie« unterhält – um nur ein Beispiel zu nennen – zu diesem Zweck ein Internet-Portal, das Ratsuchenden mit konkreten Hinweisen hilft.

Schließlich ist es Sache jedes Bürgers und jeder Bürgerin, die Demokratie und ihre Wertordnung zu verteidigen. Das beginnt damit, dass extremistischen Äußerungen, wo immer sie fallen, widersprochen wird. Dass man nicht wegschaut, wenn Menschen angegriffen werden, sondern ihnen im Rahmen des Möglichen hilft und zumindest die Polizei verständigt. Und das erfordert auch, dass man Initiativen gegen den Extremismus unterstützt. Noch etwas: Wer es ernst meint mit der Demokratie, der sollte sie auch nicht kontinuierlich schlecht reden. Kritik, ja selbst Empörung und Wut im konkreten Fall: Ja! Aber verallgemeinernde Verurteilung der demokratischen Parteien und der Politik insgesamt: Nein! Wer so urteilt, ist blind gegenüber unserer Geschichte und gegenüber dem, was heute wahrlich wert ist, geschützt zu werden.

Es ist ein weiter Bogen, den ich hier gespannt habe, und er geht durchaus über die als Überschrift formulierte Frage hinaus. Aber das Thema lässt sich eben nicht auf den Umgang des Rechtsstaates mit der rechten Gewalt beschränken. Wer den Rechtsextremismus, also eine wiedererwachende NS-Ideologie, ansieht, der muss die Gesamtverantwortung des Gemeinwesens für die Überwindung dieser Herausforderung dartun und rechte Bestrebungen kritisieren. Darum habe ich mich bemüht.

ASPEKTE DES RECHTS-EXTREMISMUS

ERSCHEINUNGSFORMEN

UND VERBREITUNG

Der Verfassungsschutzbericht des Bundes weist seit Jahren eine hohe – und lange Zeit auch stetig zunehmende – Anzahl politisch motivierter Straftaten mit rechtsextremem Hintergrund aus. Auch ein gegenwärtig leicht rückläufiger Trend kann darüber nicht hinwegtäuschen. Die hohen, aber dennoch abstrakten Zahlen im Verfassungsschutzbericht werden jedem Bürger und jeder Bürgerin spätestens durch die Berichte etwa zu fremdenfeindlicher Gewalt erfahrbar. Aber auch sogenannte »Angsträume«, Stadtteile, in denen eine rechte Szene die Bewegungsfreiheit von »Fremden« bestimmt, betreffen lange schon nicht mehr nur Migrantinnen und Migranten.

Neben diesen rechtsextremen Handlungen zeigt sich in Deutschland eine weite Verbreitung rechtsextremer Einstellungen. Besonders Ausländerfeindlichkeit hat eine hohe Akzeptanz und bietet Rechtsextremisten einen Anknüpfungspunkt für ihre Propaganda.

BEGRIFFKLÄRUNG RECHTSEXTREMISMUS

Der Begriff »Rechtsextremismus« findet sich seit 1974 in den Berichten des Verfassungsschutzes als Bezeichnung für verfassungsfeindliche Bestrebungen von »rechts«, definiert als »nationalistische und rassistische Anschauungen«. »Dabei herrscht die Auffassung vor, die Zugehörigkeit zu einer Ethnie, Nation oder Rasse entscheide über den Wert eines Menschen. Dieses rechtsextremistische Werteverständnis steht in einem fundamentalen Widerspruch zum Grundgesetz.«[1] Bis dahin hatte das Bundesamt für Verfassungsschutz den Begriff »Rechtsradikalismus« verwendet.[2] Mit dem Austausch der Begriffe wurde eine »radikale« Haltung gewissermaßen rehabilitiert: »Politische Radikalität« – im Sinne von: politische Probleme bis zu den »Wurzeln« zu diskutieren – wurde nicht mehr als verfassungsfeindlich eingestuft.

Wichtig ist allerdings, dass der Begriff »Rechtsextremismus« damit nicht aus der Wissenschaft, sondern aus der verfassungsrechtlichen Praxis kommt; er ist geprägt durch die Staatsrechtslehre, das Grundgesetz sowie einschlägige Gerichtsurteile, etwa die Urteile des Bundesverfassungsgerichts zum Verbot der Sozialistischen Reichspartei (SRP) oder der Kommunistischen Partei Deutschlands (KPD) in den 1950er Jahren. In dieser Tradition basiert die Vorstellung von »Rechtsextremismus« auf dem politischen Konzept der »wehrhaften Demokratie«, auf der Abwehr einer Bedrohung der freiheitlichen demokratischen Grundordnung.

Aus dieser politischen Praxis fand der Rechtsextremismusbegriff seinen Weg in die Sozialwissenschaften – und blieb dort ungeachtet seiner verbreiteten Verwendung umstritten. Insbesondere ein Aspekt wird dabei als problematisch diskutiert. Der Begriff birgt eine Sprachproblematik: »›Extremismus‹ verweist sprachlogisch auf einen Gegenbegriff, also etwa auf ›Normalität‹, so wie ›Rand‹ nur in Relation zu einer ›Mitte‹ sinnvoll verwendet werden kann.«[3] Diese Konstruktion hat nicht nur zur Folge, dass eine Mitte und ihr monopolisiertes Demokratieverständnis[4] idealisiert werden können. Weitaus problematischer ist für eine Situationsanalyse, dass immer eine normative Kraft des Faktischen droht, also auch antidemokratische Positionen im Sinne einer Normalisierung durch ihre Verbreitung bereits Legitimität erhalten. Ist die Mitte »als bundesdeutsche Konstante«[5] immer das Gegenteil der Extreme, ist es schwierig, die antidemokratischen Entwicklungen zu benennen und ihnen vorzubeugen.

Der Rand beziehungsweise die »Extreme« erscheinen gleichermaßen als Bedrohung der Demokratie, während die Mitte als Hort und Schutz derselben imaginiert wird. Indem »Extremismus« als allgemeiner Oberbegriff für Demokratiefeindlichkeit fungiert, wird suggeriert, dass die Demokratie ausschließlich von den Extremen bedroht wird – und nicht aus der Mitte der Gesellschaft heraus. Die Gefahr besteht, dass das Phänomen »Rechtsextremismus« diskursiv »entsorgt«[6] und kontinuierlich zum Randphänomen er-

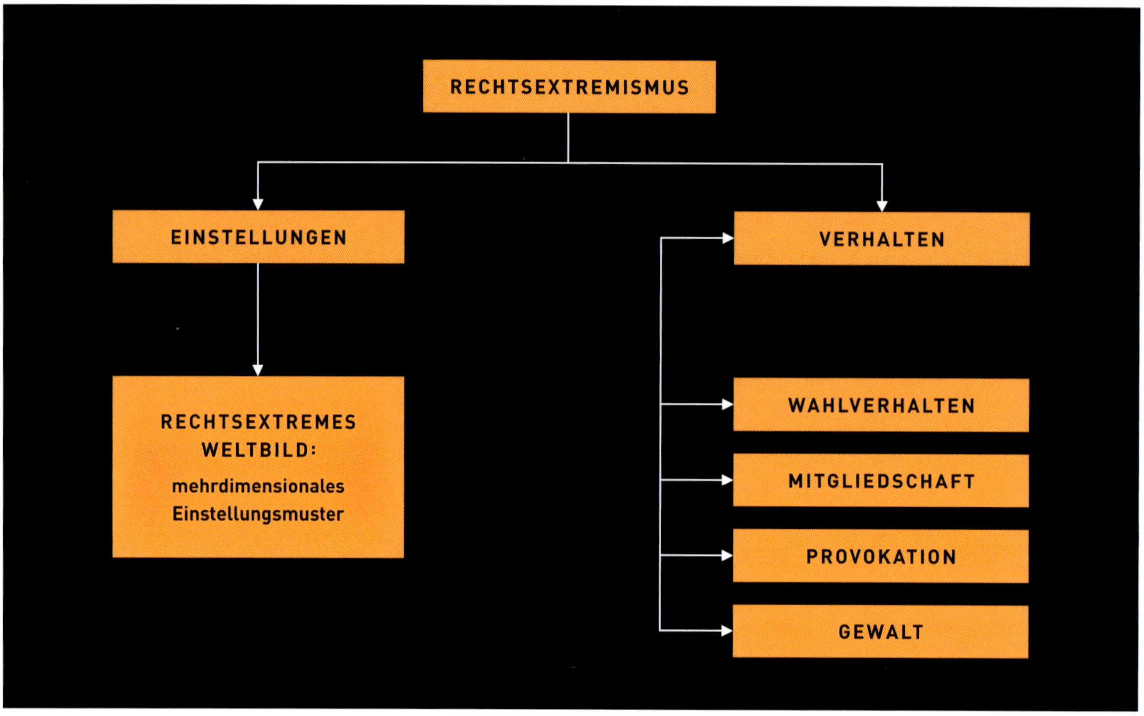

Unterscheidung von rechtsextremer Einstellung und rechtsextremem Verhalten, nach Stöss 2010, S. 21 (wie Anm. 21).

klärt wird. Weiterhin wird eine Trennung behauptet, wo keine ist, wenn sich nämlich »die Themen der Rechten mit den Themen der Mitte überschneiden« und »von Rechts*extremismus* eigentlich gar nicht (mehr) die Rede sein« kann.[7]

Darüber hinaus erweist sich der Rechtsextremismusbegriff auch in der »politischen Praxis« als problematisch. Mit politischer Praxis soll hier allgemein der öffentliche Diskurs über »Rechtsextremismus«, aber auch die konkrete Arbeit gegen rassistische Strukturen, Präventionsarbeit mit Jugendlichen usw., gemeint sein. Hier treten die mit dem Extremismuskonzept verbundenen Probleme des Begriffs wieder auf. Das verdeutlicht zum Beispiel ein Erlebnis aus der konkreten Jugendarbeit in Sachsen: Bei der Eröffnung eines neuen Jugendklubs sollte angesichts der Probleme vor Ort (etwa die enge Verknüpfung von neonazistischer Jugendszene und NPD, die Wahlergebnisse um 25 Prozent erzielt) in der Hausordnung festgehalten werden, dass rechtsextreme Erscheinungen in Form von Kleidung, Sprüchen, Musik nicht geduldet werden. In der anschließenden Diskussion plädierte ein NPD-Gemeinderat dafür, »rechtsextremistisch« durch »extremistisch« zu ersetzen: »Dann hätte das ›Tote-Hosen-T-Shirt‹, welches der junge Mann trug, auch nichts im Club zu suchen, das wäre schließlich, ich zitiere, ›das Gegenstück zu unserem Thor Steinar‹. Eine weitere Diskussion beziehungsweise Stellungnahme demokratischer Vertreter/innen im Gemeinderat kam nicht zustande.«[8]

Das Beispiel zeigt nicht nur, dass das problematische Extremismuskonzept eine breite Akzeptanz erfährt, sondern auch, dass die Gleichsetzung von »Linksextremismus« und »Rechtsextremismus« von rechter Seite instrumentalisiert wird. Diese Einsicht macht es notwendig, den Rechtsextremismusbegriff immer wieder neu zu konkretisieren[9] und zu begründen. Dabei geht es nicht nur um das Verhältnis des politischen Randes zur gesellschaftlichen Mitte, sondern ganz eindeutig um die Zukunftsfähigkeit einer demokratisch verfassten Gesellschaft. Dem gilt hier die Aufmerksamkeit.

Trotzdem findet in den »Mitte«-Studien zur rechtsextremen Einstellung in Deutschland, welche im Zwei-Jahres-Rhythmus seit 2002 durchgeführt werden, der Begriff »Rechtsextremismus« Verwendung. Dabei orientieren wir uns konzeptionell zum einen am Ansatz des Politologen Seymour Martin Lipset, der »Extremismus« als Antithese zum Pluralismus auffasst und den Extremismusbegriff nicht an die Pole des Links-Rechts-Spektrums gebunden sieht[10], zum anderen an der Studie »The Authoritarian Personality« (1950, dt. Studien zum autoritären Charakter), die im Umfeld des Frankfurter Instituts für Sozialforschung entstanden ist und dem autoritären/faschistischen den demokratischen Charakter gegenüberstellt.[11]

Zur Operationalisierung des Begriffs wird an die Rechtsextremismusdefinition von Wilhelm Heitmeyer angeschlossen, der zwischen rechtsextremer Handlung (insbesondere Gewalt) und Einstellung differenziert.[12] Dieser »duale Rechtsextremismusbegriff«[13] wird zu Recht kritisiert, solange Rechtsextremismus durch das gleichzeitige Vorliegen von Einstellungs- und Verhaltenskomponenten definiert wird. Der Nutzen einer dualen Definition liegt aber gerade in der Unterscheidbarkeit von Einstellung und Handlungen. In der vorliegenden Situationsanalyse wird auf beide Aspekte eingegangen. So soll auch für die Situationsanalyse das Augenmerk nicht nur auf rechtsextrem organisierte Gruppen, also scheinbare Randphänomene, gelegt werden. Diese werden zumeist als Handlungen besonders wahrnehmbar. Auch das Vorhandensein von rechtsextremen Einstellungselementen und gegebenenfalls auch entsprechenden Handlungen in der Mitte der Gesellschaft soll untersucht werden.

Damit kommen wir mit der empirischen Evidenz des Vorkommens von antidemokratischen Einstellungen gleichzeitig zur inhaltlichen Definition, was unter Rechtsextremismus zu fassen ist. Die rechtsextreme Einstellung wird für die Situationsanalyse in Anlehnung an vorangegangene Veröffentlichungen wie folgt definiert:[14] »Der Rechtsextremismus ist ein Einstellungsmuster, dessen verbindendes Kennzeichen Ungleichwertigkeitsvorstellungen darstellen. Diese äußern sich im politischen Bereich in der Affinität zu diktatorischen Regierungsformen, chauvinistischen Einstellungen und einer Verharmlosung beziehungsweise Rechtfertigung des Nationalsozialismus. Im sozialen Bereich sind sie gekennzeichnet durch antisemitische, fremdenfeindliche und sozialdarwinistische Einstellungen.«

RECHTSEXTREME EINSTELLUNG

Wird zwischen der rechtsextremen Einstellung und dem tatsächlich gezeigten Verhalten unterschieden,[15] so fällt die Verbreitung und Stärke der Ausprägung rechtsextremer Einstellung in Deutschland ins Auge. Daher wird für die Situationsanalyse nicht nur der Versuch unternommen, die rechtsextrem motivierte Handlung, sondern auch die Einstellung in der Bevölkerung zu erfassen. Hierfür wird – wie in der oben genannten Definition vorgeschlagen – nach sechs Dimensionen der rechtsextremen Einstellung unterschieden: Befürwortung einer Diktatur, Chauvinismus, Ausländerfeindlichkeit, Antisemitismus, Sozialdarwinismus und Verharmlosung des Nationalsozialismus.

Die Zustimmungswerte zu diesen Dimensionen sind hier einleitend und exemplarisch für die bevölkerungsrepräsentative Stichprobe aus dem Jahr 2012 wiedergegeben. Die Prozentangaben beziehen sich auf jene Befragten, die allen drei Statements einer Dimension durchschnittlich zugestimmt haben.

	Gesamt	West (N = 1929)	Ost (N = 486)
Befürwortung einer Diktatur	3,5	3,0	5,4
Chauvinismus	19,4	18,4	23,5
Ausländerfeindlichkeit	25,1	21,7	38,7
Antisemitismus	8,6	8,2	10,4
Sozialdarwinismus	4,3	3,4	7,8
Verharmlosung des Nationalsozialismus	3,1	3,0	3,5

Rechtsextreme Einstellungen in West- und Ostdeutschland 2012 (in Prozent), nach Decker/Kiess/Brähler 2012 (wie Anm. 16).

Antisemitische Einstellungen in %

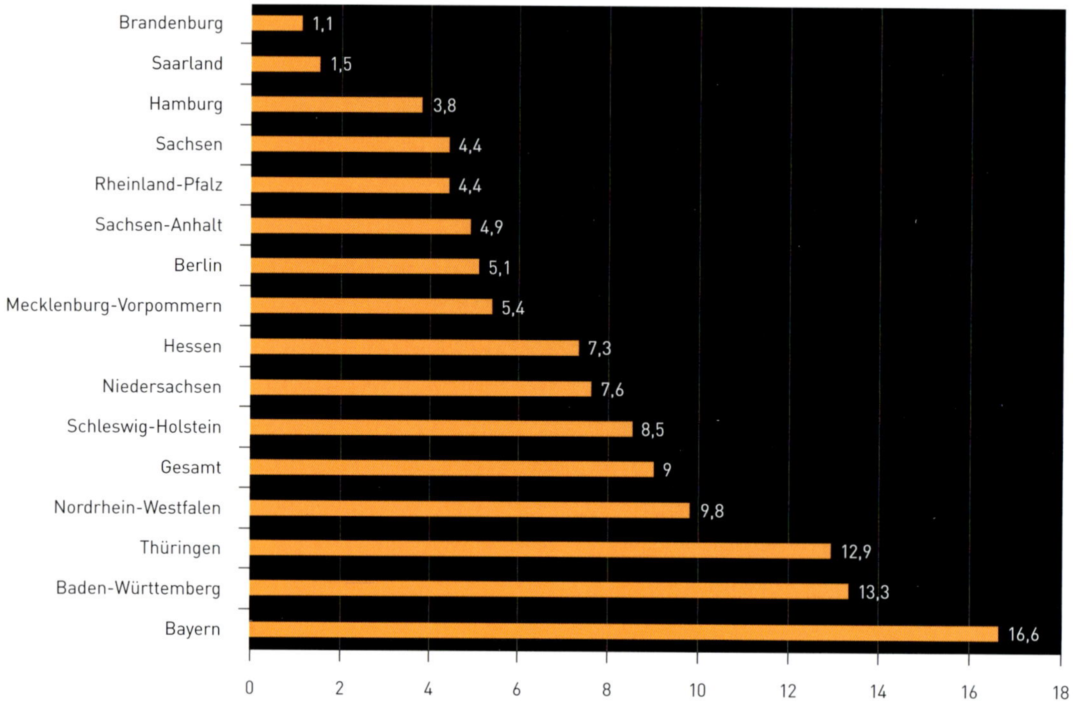

Antisemitische Einstellung in den Bundesländern, kumulierte Werte 2002 bis 2008.

Ausländerfeindliche Einstellungen in %

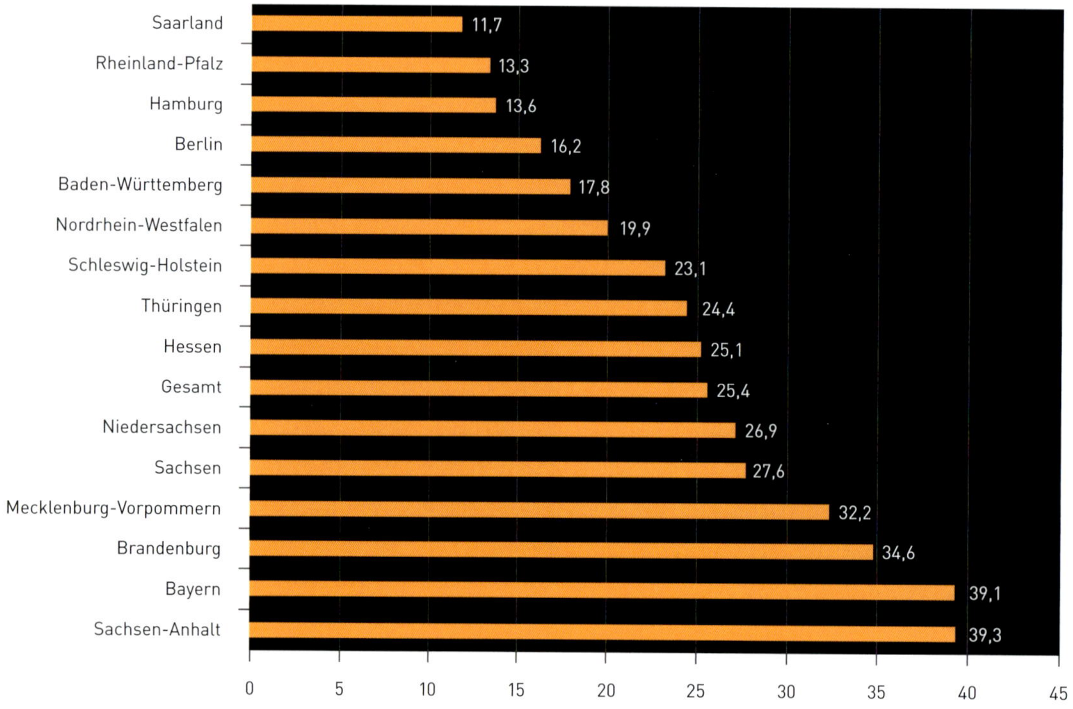

Ausländerfeindliche Einstellung in den Bundesländern, kumulierte Werte 2002 bis 2008.

Als Ergebnis eines – hier nicht vorgestellten – Zeitvergleichs von 2002 bis 2010 soll vor allem darauf hingewiesen werden, dass unabhängig von Schwankungen in einzelnen Dimensionen bei einem großen Anteil der deutschen Bevölkerung von einem verfestigten rechtsextremen Denken ausgegangen werden muss, welches von tagesaktuellen Einflüssen unabhängig ist. Die Ergebnisse zeigen zudem die unterschiedlich starke Verbreitung der rechtsextremen Einstellungsdimensionen. Die höchsten Zustimmungswerte erhalten bundesweit ausländerfeindliche, chauvinistische und antisemitische Aussagen. Während 2006 nur etwa jede/r 20ste Deutsche eine Diktatur befürwortete beziehungsweise den Nationalsozialismus verherrlichte oder sozialdarwinistischen Aussagen zustimmte, fanden ausländerfeindliche Aussagen die Zustimmung von mehr als einem Viertel der Bevölkerung. Bezogen auf die Ausländerfeindlichkeit fielen die auf allen Skalen unterschiedlichen Werte für Ost- und Westdeutschland am deutlichsten ins Auge: Im Osten stimmte fast jede/r dritte Befragte (30,6 Prozent) ausländerfeindlichen Aussagen zu, im Westen etwa jede/r Vierte (25,7 Prozent). Dagegen ist der klassische Antisemitismus in Westdeutschland stärker ausgeprägt, wenn auch in relativ geringer Höhe: 2006 waren im Westen knapp zehn Prozent der Bevölkerung antisemitisch (Ost: 4,2 Prozent) und etwa 20 Prozent chauvinistisch eingestellt (Ost: 16,1 Prozent), das heißt, die Ergebnisse zeigen eindeutig, dass rechtsextreme Einstellungen kein rein ostdeutsches Phänomen sind.

Im Gegenteil: Für die »Mitte«-Studie im Jahr 2008 führten wir die Stichproben der Jahre 2002 bis 2008 zusammen. In den Tabellen auf S. 24 sind die Ergebnisse der so kumulierten Stichproben der Repräsentativerhebungen aus den Jahren 2002, 2004, 2006 und 2008 enthalten. Die Zustimmungswerte des kumulierten Datensatzes können als langjähriger Mittelwert Auskunft über die Ausprägung der jeweiligen Einstellungsdimension geben. Bei der Interpretation muss Beachtung finden, dass die Daten insbesondere in bevölkerungsreichen Flächenländern wie Bayern und Nordrhein-Westfalen als belastbar gelten können, die Stichproben in den kleinen Bundesländern und Stadtstaaten aber in Folge der geringen Größe der Stichprobe nicht im selben Maße aussagekräftig sind. Diese kumulierte Stichprobe machte den hohen Sockel antidemokratischer Einstellung ebenfalls sichtbar. Im Mittel erzielten antisemitische und ausländerfeindliche Aussagen etwa in Bayern (Ausländerfeindlichkeit: 39,1 Prozent; Antisemitismus: 16,6 Prozent) oder Baden-Württemberg (Ausländerfeindlichkeit: 17,6 Prozent; Antisemitismus: 13,3 Prozent) von 2002 bis 2010 relativ hohe Werte. Auch diese Ergebnisse machen deutlich, dass es sich bei der rechtsextremen Einstellung um ein gesamtdeutsches Phänomen handelt und neben dem Ost-West-Gefälle auch ein Nord-Süd-Gefälle besteht.[17]

Über die Bundesländer hinweg ergeben sich hinsichtlich relevanter soziodemografischer Merkmale unterschiedliche starke Ausprägungen der Einstellungen. Deutliche Unterschiede bestehen hinsichtlich der Faktoren »Bildung« und »Geschlecht«: Rechtsextremen Aussagen stimmen Befragte mit hohem Bildungsabschluss in der Regel seltener zu als Personen mit niedrigem Bildungsabschluss, und weniger Frauen als Männer. Auch der Erwerbsstatus hat einen Einfluss: Erwartungskonform konnten wir in unserer Untersuchung eine auf allen Skalen stärker rechtsextreme Einstellung bei Arbeitslosen feststellen. Allerdings ist Rechtsextremismus kein »Arbeitslosen-Phänomen«, wie die ebenfalls hohen Werte bei Erwerbstätigen oder Rentner/innen zeigen. Die Betrachtung verschiedener Altersgruppen führt vor Augen, dass die über 60-jährigen durchgängig die höchsten Werte erreichten.

	Männer (N = 1115)	Frauen (N = 1300)
Befürwortung Diktatur	4,0	3,0
Chauvinismus	21,6	17,6
Ausländerfeindlichkeit	27,8	22,8
Antisemitismus	10,1	7,4
Sozialdarwinismus	4,1	4,4
Verharmlosung des Nationalsozialismus	3,9	2,5

Rechtsextreme Einstellungen in Abhängigkeit vom Geschlecht (in Prozent), aus: Decker/Kiess/Brähler 2012 (wie Anm. 16).

	Ausbildung/ Wehrdienst (N = 204)	Erwerbs-tätige (N = 1295)	Arbeitslose (N = 90)	Hausfrau/ Hausmann (N = 106)	Ruhestand (N = 720)
Befürwortung einer Diktatur	2,0	2,6	5,6	2,8	5,3
Chauvinismus	12,9	17,5	26,7	23,8	23,3
Ausländerfeindlichkeit	16,2	21,9	36,7	24,5	32.0
Antisemitismus	6,4	6,4	4,4	10,5	13,5
Sozialdarwinismus	2,0	3,1	5,6	6,6	6,5
Verharmlosung des Nationalsozialismus	2,0	2,2	4,4	2,8	4,9

Rechtsextreme Einstellungen in Abhängigkeit vom Erwerbsstatus (in Prozent), nach: Decker/Kiess/Brähler 2012 (wie Anm. 16).

	evangelisch N = 968	katholisch N = 823	keine Religion N = 550
Befürwortung einer Diktatur**	5,0	6,2	3,8
Chauvinismus**	21,1	19,8	16,1
Ausländerfeindlichkeit**	25,8	24,8	22,9
Antisemitismus**	7,7	11,3	6,4
Sozialdarwinismus**	3,9	4,3	3,5
Verharmlosung des Nationalsozialismus	3,0	4,3	2,4

Rechtsextreme Einstellungen in Abhängigkeit von der Religionszugehörigkeit (Erhebung 2010/in Prozent; Signifikante Unterschiede, Chi-Quadrat nach Pearson, ** < ,01; * < ,05), nach: Decker et al. 2012, S. 88 (wie Anm. 16).

	14 bis 30 Jahre (N = 470)		31 bis 60 Jahre (N = 1180)		älter 60 Jahre (N = 765)	
	West (N = 405)	Ost (N = 65)	West (N = 945)	Ost (N = 235)	West (N = 579)	Ost (N = 186)
Befürwortung Diktatur	2,5	7,7	2,0	6,0	5,0	3,8
Chauvinismus	11,7	28,1	16,7	26,4	25,9	18,3
Ausländerfeindlichkeit	14,3	38,5	20,7	38,3	28,4	39,3
Antisemitismus	5,5	6,4	5,5	12,0	14,5	9,7
Sozialdarwinismus	2,2	10,8	2,4	8,1	5,7	6,5
Verharmlosung des Nationalsozialismus	2,5	6,2	2,0	3,0	5,0	3,2

Rechtsextreme Einstellungen in Abhängigkeit vom Alter in West- und Ostdeutschland (in Prozent), nach: Decker/Kiess/Brähler 2012 (wie Anm. 16).

Zusammenfassend ergaben die »Mitte«-Studien, dass die rechtsextreme Einstellung in allen gesellschaftlichen Gruppen, in allen Altersgruppen sowie im Westen und Osten zu finden ist – eben bis in die Mitte der Gesellschaft hinein. Diese Ergebnisse machen deutlich, dass die rechtsextreme Einstellung in der Mitte der Gesellschaft eine dauerhafte Herausforderung ist. Dass Rechtsextremismus nicht nur ein Problem an den Randlagen der Gesellschaft ist, kann entlang einer Bevölkerungsgruppe illustriert werden, welche auch dem eigenen Selbstverständnis nach in der Mitte der Gesellschaft verortet ist. Interessant ist, dass insbesondere im christlichen Milieu eigene Einstellungsmerkmale anzutreffen sind.

Es muss festgestellt werden, dass erstaunlicherweise unter den Angehörigen der großen christlichen Konfessionen die Elemente der rechtsextremen Einstellung deutlich stärker ausgeprägt sind als bei den konfessionslosen Deutschen.

Mit Blick auf den Wechsel der Organisationsformen innerhalb der rechtsextremen Szene ist der Befund bezüglich des Alters besonders interessant. Anders als in den Vorjahren weisen die jüngeren Altersgruppen zum Teil höhere Zustimmungswerte auf als über 60-Jährige. Dieses Phänomen macht sich nur in Ostdeutschland bemerkbar, ist aber begleitet von einer parallelen Entwicklung in ganz Deutschland.

FREI UND NATIONAL: KONSTANTEN UND VERÄNDERUNGEN IN DER ORGANISATION

Der Bericht des Bundesamtes für Verfassungsschutz weist für das Jahr 2010 einen Rückgang der als politisch motiviert qualifizierten Gewalttaten von 18 750 im Jahr 2009 auf 15 143 im vergangenen Jahr aus (Tabelle S. 28). Dem Bericht nach ging die Zahl der dokumentierten Handlungen beziehungsweise derjenigen, die als politisch rechts motivierte Straftaten mit extremistischem Hintergrund qualifiziert wurden, um 15,2 Prozent, die Zahl der Gewalttaten um 14,5 Prozent zurück. Nicht nur das weiterhin hohe Niveau macht aber nachdenklich. Spätestens nach dem Bekanntwerden der NSU-Morde wurde auch in der breiteren Öffentlichkeit die Kritik an der Entpolitisierung rechtsextremer Gewalt wahrgenommen. Tatsächlich scheint der vom Bundesamt dokumentierte Rückgang eher den Wunsch als Vater zu haben, als die Realität auf seiner Seite.[19] Hierfür sei auf die im gleichen Zeitraum vom Bundesamt dokumentierten Zahlen für linksextrem motivierte Gewalt- und Straftaten verwiesen. Im Jahr 2009 wurden 4734, im Jahr 2010 3747 Straf- und Gewalttaten registriert. Stellt man mit dem Landesamt für Verfassungsschutz in Rechnung, dass ein Gutteil der als linksextrem qualifizierten Straftaten im Kontext der Aktion gegen Rechtsextreme verübt wurden, wird die Bedrohung der Demokratie durch den Rechtsextremismus deutlich.[20]

Der Rechtsextremismus in Deutschland weist unterschiedliche Etappen auf, die sich anhand von strategischen Optionen, Kampagnenthemen und von Organisationsformen differenzieren lassen. Es lassen sich zwei ideologische Traditionslinien des Rechtsextremismus ausmachen – deutsch-national und neonazistisch –, die beide jeweils über eigene populistische Themen verfügen.[21] Neben diesen beiden Linien existiert noch eine Fülle von deskriptiven Kennzeichen. Für die Beschreibung der rechtsextremen Gruppierungen in der aktuellen politischen Situation sollen hier nur einige Punkte herausgegriffen werden.

Straftaten mit extremistischem Hintergrund aus dem Bereich »Politisch motivierte Kriminalität – rechts« *

Gewalttaten	2009	2010
Tötungsdelikte	1	0
Versuchte Tötungsdelikte	5	6
Körperverletzungen	738	638
Brandstiftungen	18	29
Herbeiführen einer Sprengstoffexplosion	0	2
Landfriedensbruch	44	25
Gefährliche Eingriffe in den Bahn-, Luft-, Schiffs- und Straßenverkehr	4	4
Freiheitsberaubung	3	0
Raub	16	7
Erpressung	5	3
Widerstandsdelikte	57	48
Sexualdelikte	0	0
gesamt	**891**	**762**
Sonstige Straftaten		
Sachbeschädigungen	1 453	1 335
Nötigung/Bedrohung	146	127
Propagandadelikte	13 280	11 384
Störung der Totenruhe	24	18
Andere Straftaten, insbesondere Volksverhetzung	2 956	2 279
gesamt	**17 859**	**15 143**
Straftaten insgesamt	**18 750**	**15 905**

* Die Zahlen basieren auf Angaben des BKA.
Die Übersicht enthält – mit Ausnahme der Tötungsdelikte – vollendete und versuchte Straftaten. Jede Tat wurde nur einmal gezählt. Sind z. B. während eines Landfriedensbruchs zugleich Körperverletzungen begangen worden, so erscheint nur die Körperverletzung als das Delikt mit der höheren Strafandrohung in der Statistik. Wurden mehrere Straftaten verübt, wurde ausschließlich der schwerer wiegende Straftatbestand gezählt.

Von den strategischen Optionen des Rechtsextremismus fallen in jüngerer Zeit vor allem zwei ins Auge, eine politische Opposition innerhalb des »Systems« und eine gegen das »System«. Mit der politischen Opposition innerhalb des Systems versuchen rechtsextreme Parteien mit legalen Mitteln eine Machtstellung innerhalb der parlamentarischen Demokratie zu erringen. In den letzten Jahren sind hierbei die Nationaldemokratische Partei Deutschlands (NPD) oder die Deutsche Volksunion (DVU) erfolgreich gewesen, die zeit- und ortsgebundene Bündnisse eingingen und seit Ende 2010 auch eine Fusionierung anstreben.[22] Sichtbare Folge dieser zunächst gerichtlich verhinderten Fusion ist die Änderung des Namenszusatzes der NPD von »Die Nationalen« in »Die Volksunion«.

Wohl vor allem wegen des erfolgreichen Themenwechsels – weg von revisionistischen hin zu sozialpolitischen Themen – gelang beiden Parteien der Einzug in zahlreiche Parlamente, der DVU zunächst in west-, der NPD dann auch in ostdeutsche Landtage.[23] Hierbei fiel der Wechsel in der Wählergunst vor allem mit einen Wechsel der Themen zusammen. Themen, die als »Brückenthemen«[24] zwischen Rechtsextremismus und Konservatismus innerhalb der rechten Flügel in demokratischen Parteien fungieren konnten, wurden verstärkt angesprochen. Hierzu gehören neben sozialpolitischen Themen auch islamfeindliche Kampagnen und sogenannte »ethnopluralistische Positionen«. Diese moderne Spielart des Rassismus findet ihre Begründung weniger in einer biologistischen Kategorie der »Rasse« beziehungsweise der Annahme der Höher- und Minderwertigkeit einzelner »Rassen«. Diese biologistische Begründung wurde abgelöst durch eine kulturalistische, welche die Höher- und eben wieder Minderwertigkeit jeweiliger Kulturen annimmt und – entsprechend zum biologistischen Rassenbegriff – zum anderen davon ausgeht, dass eine Vermischung der Kulturen zu Lasten beider geht.

NPD-Demonstration gegen den Euro in Frankfurt (Oder) am 10. November 2012 unter dem Motto »Grenzen dicht«.

Die Anschluss- und damit auch Brückenfunktion dieser kulturalistischen Argumentation wird in der bis in demokratische Parteien geteilten Ansicht einer kulturellen Differenz zum Islam und einer Bedrohung durch ihn deutlich. Mittlerweile gilt ein von Frauen getragenes Kopftuch bundesweit als stark mit Ressentiments aufgeladenes Symbol für die scheinbare Rückständigkeit der Menschen aus einem islamisch geprägten Kulturkreis. Als Gewinner einer solchen Verschiebung im rassistischen Diskurs können rechtspopulistische Parteien gewertet werden, wie etwa »Pro Köln« oder »Pro NRW«. Beide Parteien weisen rechtsextreme Strömungen auf und werden vom Verfassungsschutz beobachtet. Dabei können auch hier Bündnisbildungen beobachtet werden, etwa zu den Republikanern.

Allerdings: Auch bei der politischen Opposition gegen das System galt die NPD als das »Gravitationszentrum« des Rechtsextremismus in Deutschland, wie es das Bundesamt für Verfassungsschutz bezeichnete. Nicht nur die Hegemonie im rechtsextremen Parteienspektrum rechtfertigt eine solche Einordnung. Der NPD gelang es vor allem durch ihre Jugendorganisation der Jungen Nationaldemokraten (JN), offen antidemokratische und gewaltbereite Kräfte an die Partei zu binden und so auch in diese Richtung zeitweilig eine Brückenfunktion wahrzunehmen. Diese Brücke führte zu neonazistischen Gruppierungen, welche sich dezentral organisierten und durch Personen, die in beiden Gruppierungen aktiv sind, Anschluss an die NPD gefunden haben. Dadurch wurde diese Partei auch für gewaltorientierte Personen attraktiv. Zumeist aus der rechtsextremen Subkultur stammende Gruppierungen, wie etwa »Kameradschaften«, »freie Nationalisten«, »Autonome Nationalisten« oder andere dezentrale Organisationen, gingen auf diesem Weg Bündnisse mit der NPD ein, welche vor allem die lokale Verankerung der NPD verbesserten. Die derzeit bundesweit etwa 1000 »Autonomen Nationalisten« rekrutieren sich vor allem aus dem Altersspektrum von 16 bis 26 Jahren, ihre Hochburg liegt in Westdeutschland, hier vor allem im Ruhrgebiet und im Rheinland.[25]

Die durch die Bündnispolitik der NPD in Richtung der »Autonomen« oder »freien Nationalisten« gewonnene Handlungsoption und der erweiterte Wirkungskreis führten aber von Anfang an zu Konflikten. Denn die beiden Optionen standen und stehen in einem Spannungsverhältnis, welches deutlich wird in Machtkämpfen innerhalb der JN. Die unterschiedlichen Ziele der Gruppierungen kollidierten offensichtlich in der von der NPD verfolgten Dreifach-Strategie: »Kampf um die Straße«, »Kampf um die Köpfe« und »Kampf um die Parlamente«.[26] Beim »Kampf um die Parlamente« begann die NPD, unter Rücksichtnahme auf die angepeilte Wählerschaft im rechtskonservativen Lager, Aufmärsche und Straßenaktionen zu unterbinden.

Rechtsextreme mit Marken und Logos neonazistischer Modelabels und Gruppen, 18. Oktober 2008.

Damit geriet sie aber mit dem großen gewaltorientierten Anteil der »freien Kräfte« in Konflikt[27]. Die Bündnisse zwischen den neonazistischen Zusammenschlüssen und der NPD sind zumeist von und durch Personen getragene Bündnisse, die relativ fragile Gebilde bleiben. Durch Austritte dieser Personen aus der NPD kam es immer wieder zu einem Verlust der lokalen Verankerung der Partei.

Allerdings bedeutet dies einzig, dass die NPD als eine bundesweite Plattform für rechtsextreme Organisationen an Integrationskraft verlor, keinesfalls, dass die lokalen Kräfte dadurch substanziell geschwächt wurden. Im Gegenteil scheinen sich diese zu stabilisieren. Durch die dezentrale und nicht-institutionalisierte Organisationsform weisen sie eine deutlich höhere Resistenz gegen staatliche Repressionen auf, und mit den gegen Einrichtungen und Personen gerichteten Gewalttaten gewinnen sie offensichtlich eine gewisse Attraktivität.[28] Mit und neben der NPD bilden sie so mittlerweile ein landesweites Netzwerk,[29] und nicht nur die intensive Nutzung des Web 2.0 macht einen großen Einfluss dieser Gruppen in der rechtsextremen Szene sehr wahrscheinlich. Es scheint, dass die »freien Kräfte« zwar in zyklisch unterschiedlich starker Ausprägung, aber nicht nur in Ostdeutschland, sondern auch beispielsweise in NRW dauerhaft in der Lage sind, auch überregionale Bündnisse einzugehen und damit für Aktionen einen hohen Mobilisierungsgrad zu erreichen.[30]

Kopie der Ästhetik antifaschistischer Gruppen durch den »Schwarzen Block« der »Autonomen Nationalisten« in Dortmund, 2. September 2011.

Insgesamt scheint die rechtsextreme Szene und Parteienlandschaft bundesweit noch in einer Phase der Neuorganisation begriffen. Die Bündelung der antidemokratischen Kräfte durch und in einer rechtsextremen oder rechtspopulistischen Partei ist im Gegensatz zu den meisten europäischen Nachbarländern noch nicht gelungen.[31] Da dort mit ähnlich gelagerten Themen[32] dauerhaft große Wähleranteile gebunden werden konnten, kann die derzeitige Lage in Deutschland auch als Konsolidierungsphase der rechtsextremen Szene aufgefasst werden. Dabei verliert die NPD

Bildschirmfoto des Web-Auftritts
der »Freien Nationalisten Siegerland«.

bereits ohne Verbotsantrag offensichtlich an Zustimmung in der Szene. Wie fast alle Parteien, so hat auch sie mit Akzeptanzverlust bei ihren potenziellen Anhängern zu kämpfen. Die offensiv geführte Auseinandersetzung um ein NPD-Verbot droht, trotz guter Intention, eine Entwicklung zu verdecken, welche die Auseinandersetzung mit dem Rechtsextremismus in näherer Zukunft herausfordern wird: die Organisierung ohne Organisation. Diese tritt vor allem über Gewalttaten und Straftaten in Erscheinung und weniger durch Wahlerfolge bei Parlamentswahlen. Die Gruppierungen sind zumeist durch ein durchschnittlich niedriges Alter geprägt, und sie weisen bei zunehmendem Bezug auf den Nationalsozialismus gleichzeitig eine Übernahme von Chiffren der linken politischen Bewegungen auf. Das neonazistische Gedankengut findet seinen nicht immer deutlichen Ausdruck in der Verwendung von Zahlenkombinationen, wie etwa die mittlerweile bekannte »18« zur Kennzeichnung des ersten und achten Buchstaben des Alphabetes als Bezug auf Adolf Hitler oder die Verwendung der »88« als Grußformel, zur Entrichtung des »Hitler-« oder »Deutschen Grußes«.

Mit dem zunehmenden positiven Rückbezug auf Nazideutschland und der Verjüngung der Akteure scheint auch eine Radikalisierung und zunehmende Gewaltbereitschaft einherzugehen. Die Integrationskraft von Organisierungsformen wie etwa »Die Unsterblichen« bleibt abzuwarten. Die im Internet betriebene Propaganda, etwa ein eingestelltes Video der Gruppe in Bautzen, fand aber sofort ein bundesweites Echo, etwa durch die »Freien Nationalisten Siegerland« (www.werde-unsterblich.info). In diesem Clip wird ein aggressiver Nationalismus sichtbar, der sich mit völkisch-neonazistischer Ideologie paart. Letztere findet ihren Ausdruck in der Betonung des Wertes des Volkes, welches auch das in ihm aufgehende Individuum unsterblich macht (unsterblich sein, weil man Deutscher ist statt »Du bist nichts, Dein Volk ist alles«). Einprägsam ist auch die faschistische Ästhetik von Fackelumzügen in Verbindung mit der Verwendung von Masken, welche unter anderem der Occupy-Bewegung entlehnt sind.

Diese Kombination scheint eine höhere Attraktivität für Jugendliche und junge Erwachsene zu haben als etwa die Parteienstruktur der NPD. Die Netzauftritte der »freien Kräfte« sind dementsprechend auch nicht mehr an der Ästhetik der NPD orientiert, sondern weisen jugendkulturelle Chiffren auf – weil sie von jungen Menschen entworfen werden. Als Beispiel kann hier der Web-Auftritt der »Freien Nationalisten Siegerland« angeführt werden. Dabei findet dann am linken Bildrand mit der aus dem Kreis herausragenden Flagge ein Kennzeichen der Antifa Eingang, genauso

Bildschirmfoto der Werbung eines neonazistischen Versandhandels.

wie stilisierte Blumenornamente in der Mitte des Bildes. Interessanterweise begrüßte lange Zeit ein »Autorenkollektiv« die Besucher dieser Webseite, womit auch sprachlich Anleihen bei linken und antiautoritären Bewegungen genommen wurden.

Als überregionale Bindeglieder dieser neonazistischen Gruppierungen fungieren weniger Organisationsstrukturen, sondern Markennamen und Musik- wie auch Kleiderlabels, die bei Versandhändlern ihre gewissermaßen ortlose Präsenz ebenfalls im Internet haben. Dabei zeigen sich die neonazistischen Jugendbewegungen insofern konsumistisch orientiert, als die Gruppenkohäsion nicht allein über eine geteilte Ideologie, sondern zusätzlich über Identifikation stiftende Konsumgüter erreicht wird. Beispielhaft ist ein Werbebanner eines Internetversandhandels: Neben Elementen, die an heidnische Religionen erinnern sollen, findet sich auch der Zahnradkranz der »Deutschen Arbeitsfront« wieder. Insgesamt erscheinen die »freien Kräfte« in ihrer Selbstdarstellung durch die Anleihen bei der Symbolik Nazideutschlands als neonazistisch orientiert.

Ausgrenzung, Stigmatisierung und Ungleichwertigkeitsdiskurse

Aus dem Fehlen einer gut organisierten und damit täglich sichtbaren rechtsextremen Partei kann nicht auf die Abwesenheit des Rechtsextremismus geschlossen werden. Rechtsextreme Einstellungen finden sich, je nach Dimension, bei fünf bis 30 Prozent der Bevölkerung. Die diesen Zahlen zugrunde liegenden »Mitte«-Studien haben aber neben der Ausprägung rechtsextremer Einstellung auch ein anderes, hier relevantes Ergebnis erbracht: Der manifeste und insbesondere der organisierte Rechtsextremismus sind in ein breites Umfeld von latentem Rechtsextremismus eingebunden. Dies ist genauso zu beachten, wie ein wachsender allgemeiner Stigmatisierungsdruck.

Dass einzelnen Menschen bei Abweichung Stigmatisierung droht, wurde in verschiedenen Studien festgestellt.[33] Das betrifft nicht nur Randgruppen, sondern wurde auch als eine Erfahrung beschrieben, mit der sich fast alle Mitglieder einer Gesellschaft konfrontiert sahen, beziehungsweise die sie befürchteten. Neben den »äußeren Fremden« (Migrant/innen, Nationen) gab es auch »innere Fremde«,[34] die stigmatisiert wurden.

Es ist die zu beobachtende paradoxe Wirkung des Stigmas, die Beachtung verdient: Die Stigmatisierung wird vonseiten der Ausgegrenzten nicht befürchtet, weil sie Desintegration zur Folge hätte. Im Gegenteil lässt sich zugespitzt formulieren, dass ein Stigma sie erst recht dem vollen Zugriff der Gemeinschaft ausliefert. Dieser Zugriff ist gewaltvoll und kann bis hin zur körperlichen Schädigung oder Vernichtung reichen. Damit wurde auch deutlich, dass der Begriff der Desintegration nur einen Teil des Prozesses korrekt beschreibt, und zwar gerade nicht den sozialen Aspekt: Goffman[35] und auch Pettigrew und Meertens[36] beschrieben zwar den Ausschluss aus einer »In-Group« als sozialen Prozess, und die Desintegrationsforschung schließt beim Versuch, rechtsextreme Einstellung mit solcher befürchteter Desintegration zu begründen, an solche Überlegungen an.[37] Da aber dieser Prozess mit einer Aggression auf den Ausgeschlossenen und einem immer möglichen und daher totalen Zugriff auf diesen einhergeht, bedeutet er im sozialen Sinne keinen Ausschluss und kann auf diesem Weg nicht verstanden werden. Es ist eher ein weitreichender Einschluss: Die Stigmatisierung geht mit konkreter oder »symbolischer Gewalt«[38] einher, der sich der/die Betreffende durch den Verlust von Schutzrechten nicht oder nur sehr schwer entziehen kann. Betrachten wir das soziale Geschehen, ist treffender von einem Einschluss der Stigmatisierten zu reden. Im sozialen Raum gibt es kein Drinnen und Draußen, daher kann es im Sinne des Wortes keinen Ausschluss geben: »alles ist drin im Raum«.[39]

Der allgemeine Stigmatisierungsdruck zeigt sich etwa in der Ghettoisierung von Bevölkerungsgruppen. Auch wenn diese Ghettobildung nur als Effekt einer Dynamik von Leistungszuteilung staatlicher Stellen und privatwirtschaftlich agierender Vermieter und nicht intentional erfolgt, so handelt es sich doch um einen Prozess der Diskriminierung.

So bleibt festzustellen, dass die »negativen sozialräumlichen Verdichtungen«[40] nicht nur zwischen ökonomisch aufwärtsstrebenden, relativ gleichbleibenden und abwärtsdriftenden Regionen zu verzeichnen sind, sondern auch innerhalb derer. Soll heißen: Auch in sozioökonomisch stabilen oder aufwärtsstrebenden Regionen entwickeln sich soziale Räume relativer Deprivation und des Ausschlusses beziehungsweise der Prekarisierung. Diese Entwicklung ist nicht nur wegen des engen Zusammenhangs von relativer Deprivation, Desintegration oder Prekarisierung und antidemokratischer Einstellung problematisch. Zugespitzt lässt sich eine Legimitationskrise der Demokratie selbst feststellen, wenn ganze Bevölkerungsgruppen von der gleichberechtigten Teilhabe am sozialen Leben ausgeschlossen werden. Im Grunde werden damit nicht nur sozialdarwinistische Einstellungsmuster legitimiert, sondern sie kommen bereits selbst in diesen Exklusionsprozessen zum Ausdruck.

1 Vgl. http://verfassungsschutz.de/de/arbeitsfelder/af_rechtsextremismus/ (27.10.2011). **2** Richard Stöss: Die extreme Rechte in der Bundesrepublik: Entwicklung – Ursachen – Gegenmaßnahmen, Opladen 1989; Hans-Gerd Jaschke: Rechtsextremismus und Fremdenfeindlichkeit: Begriffe, Positionen, Praxisfelder, Wiesbaden 2001. **3** Andreas Klärner/Michael Kohlstruck: Rechtsextremismus – Thema der Öffentlichkeit und Gegenstand der Forschung, in: Andreas Klärner/Michael Kohlstruck (Hrsg.): Moderner Rechtsextremismus in Deutschland, Hamburg 2006, S. 7–41, hier S. 16. **4** Christoph Kopke/Lars Rensmann: Die Extremismus-Formel. Zur politischen Karriere einer wissenschaftlichen Ideologie, in: Blätter für deutsche und internationale Politik 45, S. 1451–1462, hier S. 1451. **5** Jürgen Link: Links/Rechts, Mitte/Extreme – Metamorphosen einer politischen Landschaft, in: kultuRRevolution 26 (1991), S. 19–24, hier S. 19. **6** Christoph Butterwegge: Mittlere Irrtümer. Entgegnung auf Mathias Brodkorb: Warum die Theorie des Extremismus selbst und nicht deren vermeintlicher »Missbrauch« das Problem ist, in: Der Freitag 23 (9.6.2010), www.freitag.de/datenbank/freitag/2010/23/mittlere-irrt-mer/print (14.6.2010). **7** Christoph Butterwegge: Rechtsextremismus, Freiburg im Breisgau 2002, S. 19, Hervorhebung im Original. **8** Petra Schickert: Der Fächer des Bösen – Anmerkungen aus Sicht der Zivilgesellschaft, in: Stefan Schönfelder (Hrsg.), Gibt es Extremismus? Extremismusansatz und Extremismusbegriff in der Auseinandersetzung zwischen Neonazismus und (anti-)demokratischen Einstellungen, Dresden 2010, S. 19–21, hier S. 20 f. **9** Andreas Klärner/Michael Kohlstruck: Rechtsextremismus 2006, S. 13. **10** Seymour Martin Lipset: Der »Faschismus«, die Linke, die Rechte und die Mitte, in: Ernst Nolte (Hrsg.): Theorien über den Faschismus, Köln 1967, S. 449–491. **11** Theodor W. Adorno/Else Frenkel-Brunswik/Daniel J. Levinson/R. Nevitt Sandford (Hrsg.): The Authoritarian Personality, New York 1950. **12** Vgl. auch Wilhelm Heitmeyer: Rechtsextremistische Orientierungen bei Jugendlichen. Empirische Ergebnisse und Erklärungsmuster einer Untersuchung zur politischen Sozialisation, Weinheim 1987. **13** Christoph Butterwegge: Rechtsextremismus 2002, S. 21. **14** Oliver Decker/Marliese Weißmann/Johannes Kiess/Elmar Brähler: Die Mitte in der Krise. Rechtsextreme Einstellungen in Deutschland, Springe 2012. **15** Oliver Decker/Oskar Niedermayer/Elmar Brähler: Rechtsextreme Einstellungen in Deutschland. Ergebnisse einer repräsentativen Erhebung im April 2002, in: Zeitschrift für Psychotraumatologie und Psychologische Medizin 1 (2003), S. 65–77; Oliver Decker/Elmar Brähler: Rechtsextreme Einstellungen in Deutschland, in: Aus Politik und Zeitgeschehen 42 (2005), S. 8–17; Oliver Decker/Elmar Brähler/Norman Geißler: Vom Rand zur Mitte. Rechtsextreme Einstellung und ihre Einflussfaktoren in Deutschland (hrsg. von der Friedrich Ebert Stiftung), Berlin 2006; Oliver Decker/Elmar Brähler: Bewegung in der Mitte. Rechtsextreme Einstellung in Deutschland 2008, Berlin 2008; Oliver Decker/Marliese Weißmann/Johannes Kiess/Elmar Brähler: Die Mitte, 2012. **16** Oliver Decker/Johannes Kiess/Elmar Brähler: Die Mitte im Umbruch: Rechtsextreme Einstellungen in Deutschland 2012, Bonn 2012. **17** Beschreibung der Stichproben vgl. Oliver Decker/Elmar Brähler: Bewegung, 2008. **18** Oliver Decker/Marliese Weißmann/Johannes Kiess/Elmar Brähler: Die Mitte, 2012. **19** Marion Kraske: Das Kartell der Verharmloser. Wie deutsche Behörden systematisch rechtsextremen Alltagsterror bagatellisieren, Berlin 2012. **20** Verfassungsschutzbericht 2010 des Landesamtes für Verfassungsschutz Nordrhein-Westfalen (NRW), S. 20 (www.mik.nrw.de/fileadmin/user_upload/Redakteure/Verfassungsschutz/Dokumente/Verfassungsschutzbericht_2010.pdf). **21** Richard Stöss: Rechtsextremismus im Wandel, 3. Aufl., Berlin 2010, S. 29. **22** Verfassungsschutzbericht 2010 des Landesamtes für Verfassungsschutz NRW, S. 16 (www.mik.nrw.de/fileadmin/user_upload/Redakteure/Verfassungsschutz/Dokumente/Verfassungsschutzbericht_2010.pdf). **23** Richard Stöss: Rechtsextremismus, 2010, S. 86. **24** Richard Stöss: Rechtsextremismus, 2010, S. 30. **25** Jürgen Peters/Christoph Schulze (Hrsg.): »Autonome Nationalisten«. Die Modernisierung neofaschistischer Jugendkultur, Münster 2009, S. 11. **26** Richard Stöss: Rechtsextremismus, 2010, S. 123. **27** Jürgen Peters/Christoph Schulze (Hrsg.): »Autonome Nationalisten«, 2009, S. 12. **28** Verfassungsschutzbericht 2010 des Landesamtes für Verfassungsschutz NRW, S. 15–16 (www.mik.nrw.de/fileadmin/user_upload/Redakteure/Verfassungsschutz/Dokumente/Verfassungsschutzbericht_2010.pdf) und Verfassungsschutzbericht 2010 des Bundes, S. 65 f. (www.verfassungsschutz.de/de/publikationen/verfassungsschutzbericht. **29** Jürgen Peters/Christoph Schulze (Hrsg.): »Autonome Nationalisten«, 2009, S. 15. **30** Alexander Hoffmann (Hrsg.): Flächenbrand. Extrem rechte Strukturen in der Grenzregion von Westerwald, Mittelhessen und Siegerland, Berlin 2010. **31** Claudia Globisch/Agnieszka Pufelska/Volker Weiß (Hrsg.): Die Dynamik der europäischen Rechten. Geschichte, Kontinuitäten und Wandel, Wiesbaden 2011. **32** Andreas Zick/Beate Küpper/Hinna Wolf: Europäische Zustände. Ergebnisse einer Studie über gruppenbezogene Menschenfeindlichkeit in Europa. Material für die Pressekonferenz am 13.11.2009, Berlin 2009. **33** Oliver Decker/Katharina Rothe/Marliese Weißmann/Norman Geißler/Elmar Brähler: Ein Blick in die Mitte. Zur Entstehung rechtsextremer und demokratischer Einstellungen (hrsg. von der Friedrich Ebert Stiftung), Berlin 2008. **34** Mario Erdheim: Zur Ethnopsychoanalyse von Exotismus und Xenophobie, in: Mario Erdheim (Hrsg.): Psychoanalyse und Unbewußtheit in der Kultur, Frankfurt a. M. 1988, S. 258–267, hier S. 263. **35** Erving Goffman: Stigma. Über Techniken der Bewältigung beschädigter Identität, Frankfurt a. M. 1967. **36** Thomas F. Pettigrew/Roel W. Meertens: Subtle and blatant prejudice in Western Europe, in: European Journal of Social Psychology 25 (1995), S. 57–75. **37** Wilhelm Heitmeyer/Jürgen Mansel: Gesellschaftliche Entwicklung und Gruppenbezogene Menschenfeindlichkeit: Unübersichtliche Perspektiven, in: Wilhelm Heitmeyer: Deutsche Zustände, Folge 6, Frankfurt a. M. 2008, S. 13–35. **38** Pierre Bourdieu: Sozialer Sinn. Kritik der theoretischen Vernunft, Frankfurt a. M. 1987. **39** Bernhard Waldenfels: Der Stachel des Fremden, Frankfurt a. M. 1990, S. 29. **40** Sandra Hüpping/Jost Reinecke: Abwärtsdriftende Regionen. Die Bedeutung sozioökonomischer Entwicklungen für Orientierungslosigkeit und Gruppenbezogene Menschenfeindlichkeit, in: Wilhelm Heitmeyer (Hrsg.): Deutsche Zustände, Folge 5, Frankfurt a. M. 2007, S. 77–101, hier S. 78.

Lutz Körner

GEFÄHRLICHE ODER SCHWERE KÖRPER-VERLETZUNG?

EINE DIFFERENZIERTE BEGRIFFSBESTIMMUNG

IRGENDWO IN DEUTSCHLAND …

Junge Männer mit kurzgeschorenen Haaren und wütenden, hassverzerrten Gesichtern prügeln, schlagen mit Baseballschlägern, Knüppeln und Schlagringen oder treten, meist in Überzahl, wahllos auf Menschen ein, deren einzige »Schuld« an dem gegen sie gerichteten Gewaltexzess darin besteht, dass sie anders sind als ihre Peiniger – sie sehen anders aus, sprechen eine andere Sprache, denken oder handeln anders.

Eine Horrorvision, die einer kranken Fantasie entsprungen ist? Übertreibung? Schwarzmalerei? Leider nein. Der schlichte Fakt des »Andersseins« kann überall in Deutschland Grund genug sein, dass ein Mensch mit Fäusten, bestiefelten Füßen, mit allen zur Verletzung eines menschlichen Körpers geeigneten Werkzeugen so lange traktiert wird, bis er keiner körperlichen Regung mehr fähig ist, das Bewusstsein oder im schlimmsten Fall sein Leben verloren hat. Die Hemmschwelle der Täter ist dabei meist gesenkt durch größere Mengen von Alkohol, zunehmend auch synthetische Drogen wie Crack sowie durch das Gefühl, in der Menge Gleichgesinnter besonders stark zu sein.

Die polizeiliche Praxis zeigt, dass die anschließende Reaktion der Schläger sehr unterschiedlich ist. Mancher ist, ernüchtert nach seinem Blutrausch, völlig überrascht, am Vorabend derartig »entgleist« zu sein; ein anderer zeigt keinerlei Einsicht in die Verwerflichkeit der Gewaltorgie, an der er beteiligt war, und ist bar jeder Reue. Es gab und gibt Fälle, in denen sich die Täter während des Gewaltaktes gegenseitig anfeuerten, zu noch mehr Brutalität animierten und die hemmungslose Gewalt mit Handys filmten, um sich später am Biertisch damit zu brüsten. Solche selbst gefertigten Bild- und Tondokumente erleichtern den Ermittlern später die Aufklärungsarbeit erheblich und ersetzen vor Gericht viele Seiten Ermittlungs- und Vernehmungsprotokolle.

Die Lagebilder der Ermittler in den Kommissariaten oder Dezernaten für Delikte gegen höchstpersönliche Rechtsgüter oder die der Diensteinheiten des polizeilichen Staatsschutzes, die ihr Aufgabenfeld vordergründig in der Bekämpfung rechter und linker Gewaltkriminalität haben, sind überall in Deutschland ähnlich: Es sind Bilder von Hass und Gewalt gegen andere im Allgemeinen und der zunehmenden Ausschreitungen rechter Gewalttäter gegen politisch Andersdenkende oder Nichtdeutsche im Besonderen. Der folgende Beitrag soll anhand authentischer, vor Gericht verhandelter Fälle aus ganz Deutschland einen Einblick in die Situation geben.

VON DER »EINFACHEN« ZUR GEFÄHRLICHEN KÖRPERVERLETZUNG

Was geschah in jedem der im Folgenden aufgeführten Fälle? Gemäß Artikel 2 des Grundgesetzes (GG)[1] hat jeder das »Recht auf körperliche Unversehrtheit«. In den beschriebenen Fällen haben Menschen, meist Gruppen von Schlägern, dieses verfassungsmäßig garantierte Jedermannsrecht der jeweiligen Opfer verletzt. Dies erfüllt zunächst den Tatbestand der Körperverletzung im Sinne von Paragraf 223 des Strafgesetzbuches (StGB) der Bundesrepublik Deutschland, der »körperliche Misshandlung […], die […] Schädigung der Gesundheit einer anderen Person […] mit […] Freiheitsstrafe bis zu 5 Jahren«[2] bedroht und schon den Versuch als strafbar verurteilt.

Aufgrund der gemeinschaftlich begangenen Tat und der verwendeten Tatmittel wird der urteilende Richter gezwungen sein, den Grundtatbestand der Körperverletzung (§ 223 StGB) weiterführend als gefährliche Körperverletzung (§ 224 StGB), als »potentielles Gefährdungsdelikt«[3] zu bewerten und die qualifizierenden Merkmale dieser Spezialnorm für seine Urteilsfindung heranzuziehen.

Diese Bewertung ist nach Lage der Tatsachen in jedem der zitierten Fälle angebracht, da die Handelnden mehrere Tatbestandsmerkmale des Paragrafen 224 StGB erfüllten. Sie begingen die ihnen zur Last gelegten Taten zum Beispiel:

Waffenfunde bei Rechtsextremen in Niedersachsen, 2009.

- »mittels einer Waffe oder einem anderen gefährlichen Werkzeug«[4] (§ 224 Nr. 2 StGB – hier u. a. Baseballschläger, Knüppel, Schlagringe, Zwillen, volle Bierflaschen als potenziell gefährliche Tatmittel, aber auch mit verschiedenen Waffen wie Messern oder Schusswaffen);
- »mit einem anderen [oder wie in den meisten zitierten Fällen mehreren – Anm. d. Verf.] Beteiligten gemeinschaftlich«[5] (§ 224 Nr. 4 StGB – die Schläger fielen meist in Überzahl über ihre Opfer her);

■ »mittels einer das Leben gefährdenden Behandlung«[6] (§ 224 Nr. 5 StGB – mit Tritten und Schlägen, mit Baseballschlägern, Flaschen usw. gegen den Kopf).

Diesen Umständen, die die Körperverletzung zur gefährlichen Körperverletzung erheben, trägt auch die Strafandrohung Rechnung, indem sie für solche Handlungen eine »Freiheitsstrafe von 6 Monaten bis 10 Jahren«[7] vorsieht (vgl. § 223 StGB: maximal 5 Jahre Strafandrohung).

Ferner ist der Tatbestand der gefährlichen Körperverletzung (§ 224 StGB) – im Gegensatz zur »einfachen« Körperverletzung (§ 223 StGB), die nur auf Antrag des Geschädigten verfolgt wird – ein Delikt, das zwangsläufig Ermittlungen von Staatsanwaltschaft und Polizei nach dem Legalitätsprinzip (Verfolgungszwang)[8] im Sinne von Paragraf 152 Strafprozessordnung (StPO) auslöst. Die Intensität der Schädigung der körperlichen Unversehrtheit der Opfer durch den qualifizierten Eingriff der/des Täter/s in das geschützte Rechtsgut des Artikels 2 des Grundgesetzes der Bundesrepublik Deutschland begründet das staatliche Interesse an der Verfolgung und Aufklärung dieser Straftaten.

BEISPIELE FÜR GEFÄHRLICHE KÖRPERVERLETZUNG AUS DEUTSCHEN ERMITTLUNGSAKTEN

Am 2. März 2003 nachts gegen ein Uhr griff eine rechte Clique in einer Dresdner Straßenbahn einen Tunesier brutal an. Im Verlauf des Angriffs wurde dem Mann eine volle Bierflasche auf den Kopf geschlagen. Nach der Tat sang die Gruppe den eliminatorischen Titel »Blut muss fließen« (Tonstörung, 1992). Vier Monate zuvor, im November 2002, hatte dieselbe Clique einen ungarischen Obdachlosen brutal angegriffen (versuchtes Tötungsdelikt, s. Landgericht [LG] Dresden 205 Js 12966/03).[9]

Am 25. Juli 2003 überfiel in Hohburg eine mit Baseballschlägern und Knüppeln bewaffnete Tätergruppe – darunter ein der Wurzener Szene zugehöriger Intensivtäter – einen Jugendclub. Die Anwesenden wurden unter anderem mit »rote Socke« und »Zecke« beschimpft. Die Täter gingen sieben Mal mit Springerstiefeltritten und Kopfschlägen vor, wodurch vier Menschen zum Teil erheblich verletzt wurden (s. Amtsgericht [AG] Grimma 165 Js 91264/03).[10]

Baseballschläger, durch Dresdner Kriminalbeamte bei Rechtsextremisten sichergestellt.

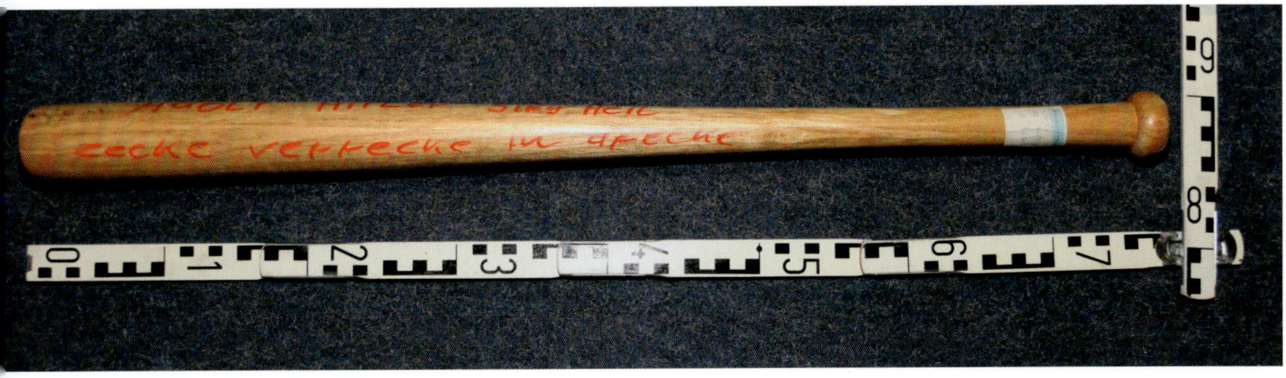

Am 20. und 27. April 2004 fuhren vier Täter im PKW durch Mülheim und Essen. Sie waren mit Zwille und Stahlkugeln ausgerüstet und schossen während der Fahrt auf Passanten. In zwei Fällen wurden Menschen mit Migrationshintergrund getroffen und verletzt, einer von ihnen war ein spielender Junge (s. Staatsanwaltschaft [StA] Duisburg 116 Js 200/04).[11]

Am 14. März 2005 beschimpfte in Bochum ein bereits mehrfach wegen Delikten politisch motivierter Kriminalität (PMK) vorgeahndeter alkoholisierter 18-Jähriger einen mit Palästinensertuch bekleideten Mann als »Scheiß-Zecke«, griff ihn mit Schlägen und Tritten an und brachte ihn damit zu Boden. Der Täter schlug und trat weiter auf den am Boden Liegenden ein und traf mit einem Tritt auch den Kopf. Danach versuchte der Täter zunächst, das Opfer unter der Aufforderung, »in den Bordstein zu beißen«, zum Bordstein zu zerren. Als dies aufgrund von Gegenwehr misslang, versuchte der Täter, dem Opfer die Haare anzuzünden, was der Malträtierte aber ebenfalls abwehren konnte. Die Gewalttätigkeiten des Angreifers, der zum Tatzeitpunkt der rechten Szene zugehörte, zogen sich über einen längeren Zeitraum hin und trafen auch eine weitere Person, die dem Opfer zu Hilfe kommen wollte. Die Urteilsschrift bilanziert ein Verhalten ohne jeglichen Respekt vor der körperlichen Unversehrtheit (s. AG Bochum 33Js 151/05-75/05).[12]

Am 19. März 2005 fand unter dem Motto »Linken Terror dort bekämpfen, wo er entsteht« in der Dresdner Neustadt eine NPD-Kundgebung statt. Anschließend geriet eine linke Gegendemonstrantin im Zug an 33 schwarz gekleidete, teilweise vermummte Demonstrationsteilnehmer, die aus Brandenburg und Berlin angereist und in Coswig zugestiegen waren. Die Frau wurde durch den Zug gejagt und von einem Unbekannten in den Rücken getreten. In einigen Abteilen entstand Panik (s. StA Dresden 168 UJs 105102/05).[13]

Am 16. Februar 2006 überfiel in Mittweida eine Gruppe um Tom W. (Angehöriger der Gruppierung »Sturm 34«) auf der Straße drei 17-Jährige. Durch Flaschenschläge auf den Kopf wurde einer der Überfallenen erheblich, ein weiterer leicht verletzt. Die Gruppe rückte unter dem Kommando »Los, zurück in die Autos! Der Auftrag ist erledigt« ab. Unter Begehung schwerer Gewalttaten folgten weitere Überfälle der Clique auf Gruppen Andersgesinnter am 12. Mai 2006 in der »Torfgrube« nahe Mittweida und am 3./4. Juni 2006 anlässlich eines Dorffestes in Breitenborn (s. StA Chemnitz 473 Js 43815/07).[14]

Am 3./4. Juni 2006 fand in Breitenborn ein Dorffest statt. Von dort aus riefen Angehörige der rechten Szene den »Sturm 34«-Anführer Tom W. an und meldeten, es gebe »Stress« mit »Zecken«. Anlass waren kritische Bemerkungen einer politisch links orientierten Frau. Daraufhin sammelten sich an einer Tankstelle in Mittweida 20 bis 30 Personen in sechs PKW, die im Konvoi und mit Funkkontakt nach Breitenborn fuhren. Dort angekommen, näherte sich der Trupp in Marschordnung – dunkel und einheitlich gekleidet und mit präparierten Handschuhen ausgestattet – dem Festzelt und ging gezielt zu einem Tisch, an dem drei Punker saßen. Diese Punker hatten sich friedlich und unauffällig verhalten. Die Angreifer verletzten sowohl sie als auch zu Hilfe kommende Festbesucher, insgesamt acht Personen, durch Springerstiefeltritte und Schläge mit Gläsern und Flaschen teilweise erheblich. Angriff und Rückzug des »Sturm 34«-Trupps erfolgten auf Kommando (s. StA Dresden 201 Js 29405/06).[15]

unten: Chirurgische Entfernung des Schädeldachs nach Schlägen und Tritten gegen den Kopf.

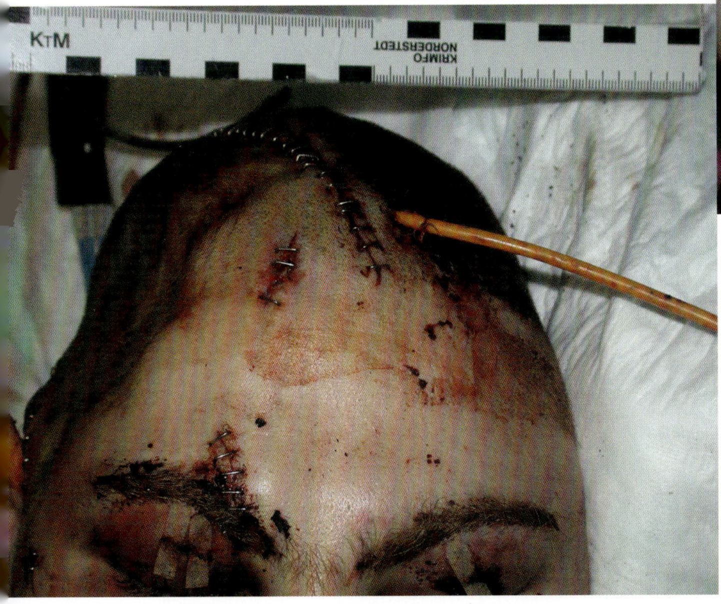

VON DER GEFÄHRLICHEN ZUR SCHWEREN KÖRPERVERLETZUNG

Während gefährliche Körperverletzung als Ahndungsnorm für den Einsatz besonders gefährlicher Mittel und/oder brutaler Methoden zur Verletzung der geschädigten Person gilt (oder der Beantwortung der Frage: Wie und womit habe ich einem anderen seine erlittenen Verletzungen zugefügt?), befasst sich die Spezialnorm der schweren Körperverletzung – § 226 StGB – mit dem Ergebnis beziehungsweise dem »Erfolg« der Tathandlung einer (gefährlichen) Körperverletzung im Sinne der Paragrafen 223 beziehungsweise 224 StGB. Dabei geht es darum, wie schwer die verletzte Person in ihrer Gesundheit geschädigt wurde und welche dauerhaften Schäden zurückbleiben. Es handelt sich hier um ein sogenanntes Erfolgsdelikt[16], bei dem Ausmaß und Schwere der Verletzungen eines Opfers bei der Strafzumessung besondere

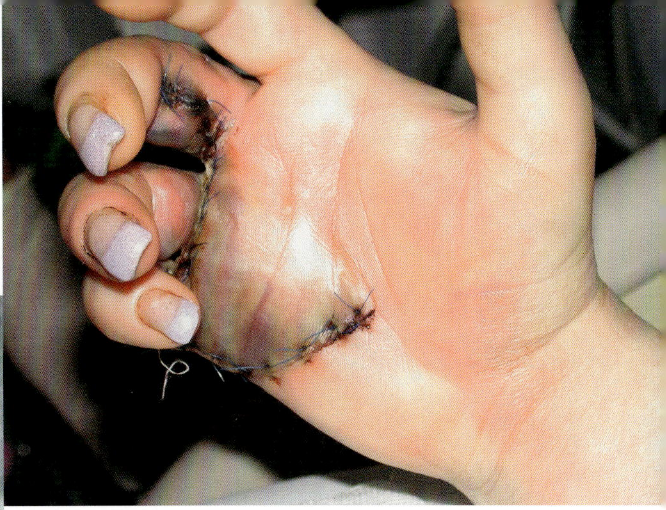

oben: Abwehrverletzung an einer Hand nach einem Messerangriff mit dauerhafter Gebrauchsunfähigkeit.

Beachtung finden. Den Tatbestand der Körperverletzung qualifiziert das StGB weiter hinsichtlich der zukünftigen Einschränkung bestimmter körperlicher Funktionen und damit der Lebensqualität des Opfers der Straftat. So führt § 226 Abs. 1 eine Liste von Verletzungsfolgen auf, die eine Körperverletzung/gefährliche Körperverletzung zur schweren Körperverletzung eines Opfers erhebt:

- **Verlust des Sehvermögens auf einem oder beiden Augen, des Gehörs, des Sprechvermögens oder der Fortpflanzungsfähigkeit;[17]**
- **Verlust eines wichtigen Gliedes oder dessen dauerhafte Unbrauchbarkeit[18] – dies könnte zum Beispiel die dauerhafte Versteifung eines Gelenks als Folge von Schlägen sein[19];**
- **Eine dauerhafte erhebliche Entstellung oder Siechtum, Lähmung, geistige Krankheit oder Behinderung[20] – hier liegt die besondere Bedeutung auf den Merkmalen »dauerhaft« und »erheblich«, die eine Abgrenzung zur Körperverletzung nach Paragraf 223 StGB erlauben. So könnte eine bei einer Schlägerei gebrochene Nase, die wieder gerichtet werden kann, in der Regel keine schwere Körperverletzung darstellen, der Verlust mehrerer Vorderzähne aber schon.[21]**

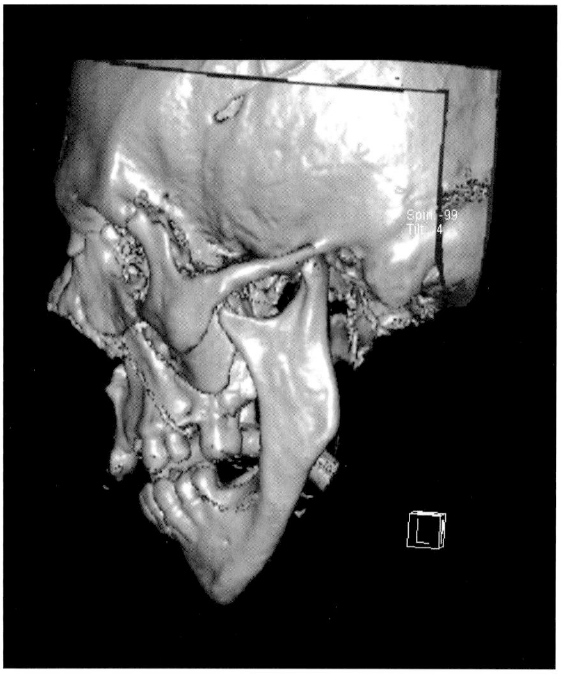

3D-Rekonstruktion eines Schädel-CTs
mit Brüchen des Mittelgesichts nach Schlägen
und Tritten.

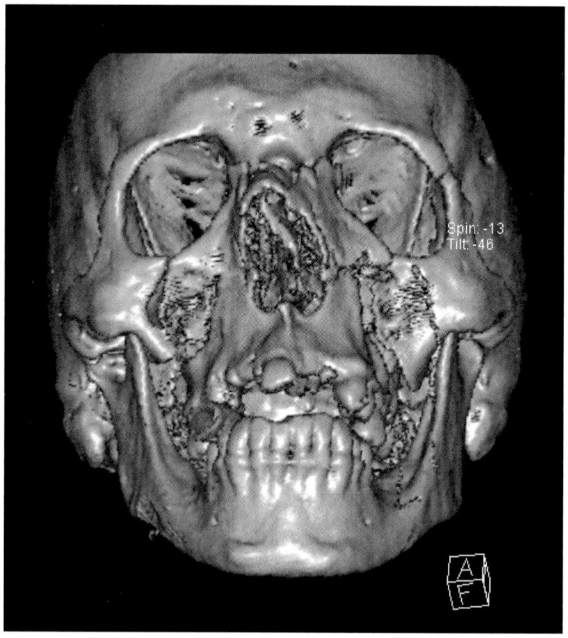

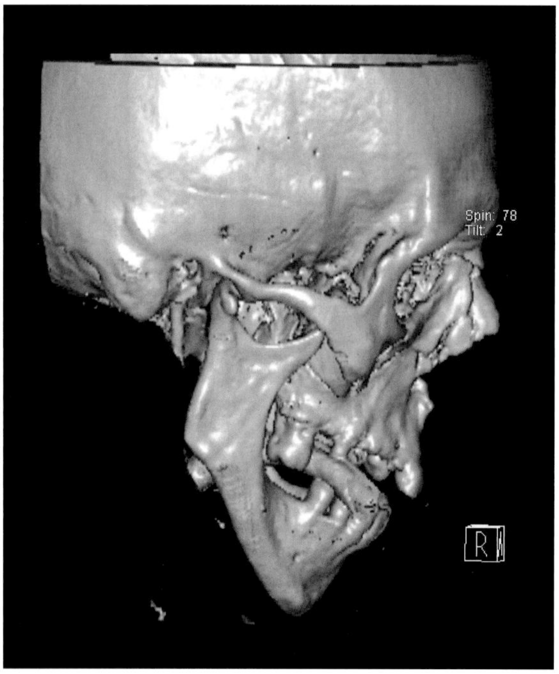

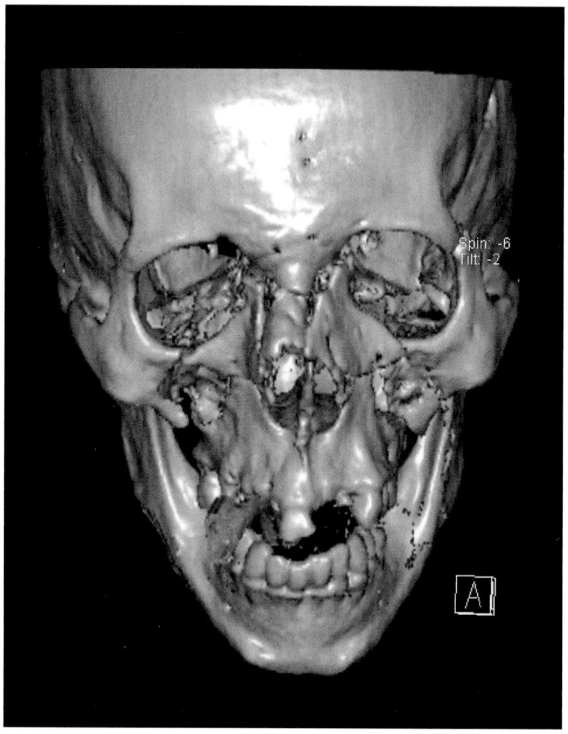

Der Gesetzgeber trägt der im Absatz 1 aufgeführten Schwere der Tatfolgen Rechnung, indem er die Tathandlung als Verbrechenstatbestand[22] einstuft und das Strafmaß mit Freiheitsstrafe von einem Jahr bis zu zehn Jahren festlegt.[23] § 226 Abs. 2 StGB verschärft die Strafandrohung für die in Absatz 1 bezeichneten Folgen, indem die Freiheitsstrafe »für die absichtliche oder wissentliche« Verursachung (Vorsatz zur Verursachung schwerer Verletzungen im Sinne des Absatzes 1) »nicht unter 3 Jahren«[24] beträgt.

BEISPIELE FÜR SCHWERE KÖRPERVERLETZUNG AUS DEUTSCHEN ERMITTLUNGSAKTEN

Zur Vorgeschichte einer sich der Dresdner rechten Szene zugehörig fühlenden, ausländerfeindlichen und antisemitisch eingestellten Clique, die mit einer schweren Gewalttat am 2. März 2003 auffällig wurde, gehörte eine am 3. November 2002 verübte Exzesstat gegen einen ungarischen Obdachlosen: Nach einer längeren Zechtour und vorangegangenen Gewalttätigkeiten traf die fünfköpfige Clique gegen 2.30 Uhr im Bereich des Dresdner Rudolf-Harbig-Stadions auf den stark alkoholisierten Mann, den sie zunächst nach Zigaretten fragte. Nachdem der Ungar einige Zigaretten herausgegeben hatte, wurde ihm die Packung entrissen. Bereits kurz danach wurde er mit Faustschlägen und Tritten bedacht. Sodann zerrten die Täter das Opfer auf die andere Straßenseite in Richtung des Großen Gartens. Dabei versuchte sich der ins Taumeln geratene Mann an der Jacke des Täters S. festzuhalten, woraufhin dieser ihm mit einem 14 Zentimeter langen Butterflymesser mehrere 2 bis 2,5 Zentimeter tiefe Stiche in Brustkorbbereich und Rücken versetzte. In einem Gebüsch des Großen Gartens wurde der Mann auf den Boden geworfen und von allen Cliquenmitgliedern getreten, unter anderem ins Gesicht und in die Genitalien. Zwei Täter sprangen auf dem Brustkorb des Mannes herum. Nach Aufforderung an S., weiter auf das Opfer einzustechen, stach dieser dem Opfer weitere zwei Mal in den Oberschenkel.

Die Clique leerte zwei volle Dosen Bier über dem Mann aus und ließ ihn dann, obwohl er nur noch röchelte und erkennbar schwerstverletzt war, im Gebüsch liegend zurück. Danach beschloss die Clique auf dem Biereinkaufsweg zur nahe gelegenen Tankstelle aus der Besorgnis heraus, das Opfer könne seine Peiniger womöglich wiedererkennen und identifizieren, zum Tatort zurückzukehren. Der Misshandelte sollte in einen nahe gelegenen Bach geworfen und dort ertränkt werden. Als die Täter wieder am Gebüsch ankamen, lag der Mann dort nicht mehr. Sie trafen ihn aber wenig später in der Nähe einer Haltestelle und stellten fest, dass hinsichtlich seiner Wahrnehmungsfähigkeiten keine Gefahr für sie bestand. Sie riefen dann über Handy einen Krankenwagen. Aufgrund dieses Zufallstreffens überlebte der malträtierte Mann. Hätte er das Gebüsch nicht verlassen, wäre er wegen eines durch beidseitige Rippenserienbrüche verursachten Pneumothorax (daneben hatte er unter anderem noch Gesichtsfrakturen des Siebbeins, Nasenbeins und der Stirnhöhle erlitten) gestorben (LG Dresden 205 Js 12966/03: 725-28). Zu der Clique gehörten zwei Mehrfachtäter und die Mutter eines dieser Mehrfachtäter, die auch an der weiter oben beschriebenen Gewalttat vom 2. März 2003 beteiligt war.[25]

Am 3. Januar 2003 durchstreifte in Kamenz eine fünfköpfige Gruppe um D. in zwei PKW die Stadt. Sie waren auf der Suche nach Ausländern, die sie misshandeln könnten. Nachdem ein erster Anlauf fehlgeschlagen war, weil das potenzielle Opfer entkommen konnte, trafen die Täter in der Nähe eines Kebab-Hauses auf zwei Türken, von denen sie einen zu Boden schlugen. Der Mann erhielt sodann unter Inkaufnahme der Tötung einen gezielten und wuchtigen Schlag mit dem Baseballschläger mitten ins Gesicht und wurde dadurch lebensgefährlich verletzt, dann aber, weiter am Boden liegend, mit Füßen getreten.

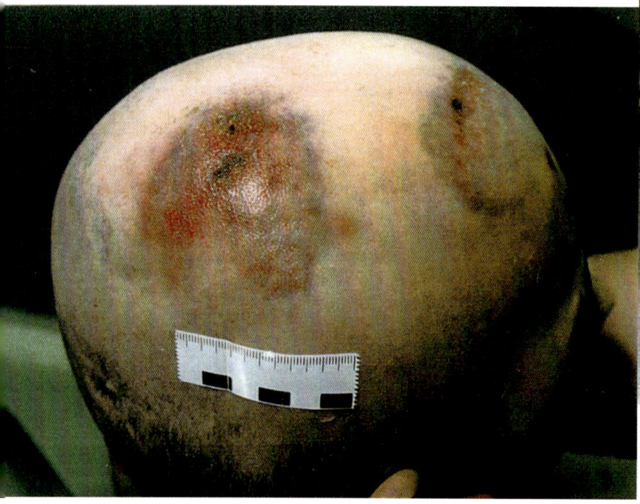

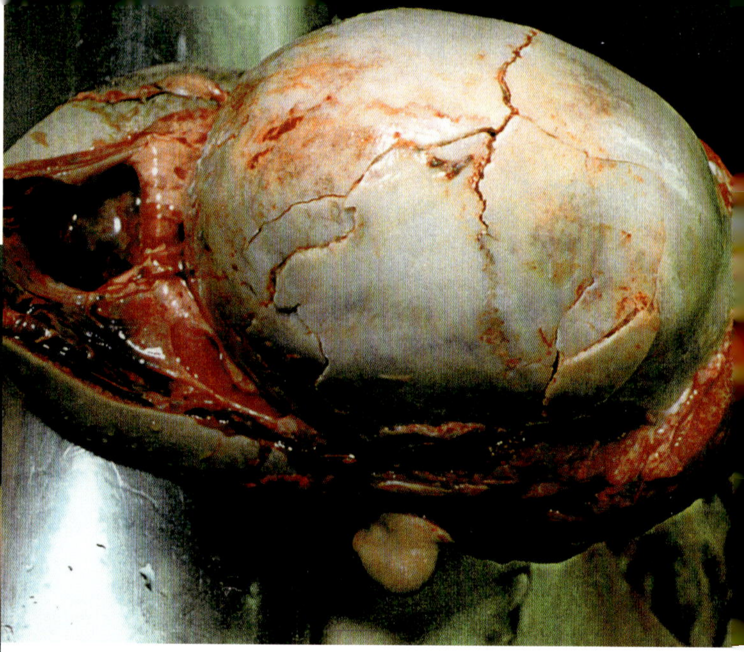

links: Durch Baseballschläger verursachte Weichteilverletzungen am Schädel eines jungen Mannes, der infolge seiner Verletzungen im Rettungswagen verstarb.

rechts: Derselbe Schädel ohne Kopfhaut mit den sichtbaren Vielfachbrüchen des Schädeldaches.

Ungerührt von dem lauten Knall, den der brutale Schlag des Angeschuldigten D. gegen den Schädel des Opfers A. verursacht hatte, traten anschließend der hinzugekommene Angeschuldigte R., der Turnschuhe trug, sowie der Angeschuldigte J. dem blutend und nahezu ohnmächtig am Boden liegenden Mann in Bauch und Rücken. Der Angeschuldigte J., der ebenso wie der Angeschuldigte D. schwere, mit Stahlkappen besetzte Halbschuhe trug, trat dabei aus vollem Lauf und mit so großer Wucht zu, dass er selbst ins Straucheln geriet. Die drei Angreifer hörten dann auf zu prügeln und ließen ihr lebensgefährlich verletztes Opfer hilflos am Tatort zurück. Nur zwei Wochen zuvor hatte D. zusammen mit zwei anderen Cliquenmitgliedern eine Tat mit fast identischem Ablauf begangen, bei der das Opfer ebenfalls lebensgefährlich verletzt wurde (s. StA Bautzen 170 Js 728/03).[26]

Am 1. Juni 2003 verübte in Essen der Intensivtäter S. ein herausragend brutales Gewaltdelikt. S. war der rechtsextremistischen Szene zugeneigt. Zunächst wollte er eine Gruppe Türken vor einer Dönerbude angreifen, wurde aber von seinen Kumpanen wegen Überlegenheit des Gegenübers zurückgehalten. Darüber erregt, ging S. auf einen zufällig des Weges kommenden Mann aus Sri Lanka los, indem er ihm mit der Faust, in der er ein geöffnetes Klappmesser führte, mehrmals in das Gesicht schlug und danach dem bereits mit schweren Gesichtsverletzungen auf dem Boden Liegenden mehrere wuchtige Gesichtstritte versetzte. Das schwer verletzte Opfer ließen die drei Täter liegen. Nach eigener Aussage sei S. nach der Tat losgerannt und habe »wie ein Indianer gegrölt«, weil er sich »gut gefühlt habe, aus Sieg oder so«. In der Vernehmung gab S. auch an, keiner Partei oder Organisation anzugehören, aber schon einige Male auf NPD- oder DVU-Demos gewesen zu sein. Während einer früheren Haftstrafe habe er sich mit der deutschen Geschichte und dem »Dritten Reich« beschäftigt (s. StA Essen 29 Js 490/03).[27]

FREIHEIT, RECHTSRÄUME UND ZIVILCOURAGE – EIN FAZIT

Wir leben in einem freiheitlichen Rechtsstaat, der den Umgang miteinander im Grundgesetz regelt. Die Freiheit des Einzelnen endet dort, wo er die gleichfalls durch das Grundgesetz geschützten Rechtsräume anderer verletzt. Straftaten gegen Leib und Leben, wie Mord (§ 211 StGB), Totschlag (§ 212 StGB), gefährliche und schwere Körperverletzungen, Körperverletzungen mit Todesfolge (§ 227 StGB), vor allem im Zusammenhang mit extremistischem Hintergrund, sind staatlich, aber auch gesellschaftlich nicht tolerierbare Eingriffe in die Grundrechte der Opfer und müssen mit allen zu Gebote stehenden rechtlichen Mitteln verfolgt werden.

Die Angehörigen von Polizei und Justiz wissen sich dem Grundgesetz verpflichtet – gleichwohl soll nicht verschwiegen werden, dass es auch individuelles Fehlverhalten gibt, ebenso wie strukturelle Probleme. Polizei und Justiz können erst einschreiten, wenn eine Gewalttat bereits im Gange beziehungsweise geschehen ist. Für den gesellschaftlichen Frieden und das Miteinander wäre es aber wünschenswert, dass Gewalt, wie sie hier beschrieben wurde, gar nicht erst verübt werden kann. Hier ist mehr Zivilcourage aller Mitglieder der Gesellschaft gefragt, um Schläger aller Couleur in ihre Grenzen zu weisen und Schwächere davor zu schützen, Opfer von Gewalttaten zu werden. Jeder von uns sollte hinschauen und, wenn es notwendig ist, handeln – und wenn es nur der Griff zum Telefon ist, statt anonym und im Hintergrund zu bleiben!

Voltaires rund 300 Jahre alte Erkenntnis ist nach wie vor aktuell: »Also wird die Gewalt entscheiden, bis die Vernunft so viele Köpfe erleuchtet, dass die Gewalt entwaffnet wird.«

1 Bundeszentrale für politische Bildung (Hrsg.): Grundgesetz, Bonn 1994, S. 13. **2** Thomas Fischer: Strafgesetzbuch und Nebengesetze, München 2010, S. 1463. **3** Ebd., S. 73. **4** Ebd., S. 1474. **5** Ebd., S. 1474. **6** Ebd., S. 1474. **7** Ebd., S. 1474. **8** Lutz Meyer-Goßner/Jürgen Cierniak/Otto Georg Schwarz: Strafprozessordnung: Gerichtsverfassungsgesetz, Nebengesetze und ergänzende Bestimmungen, München 2010, S. 701. **9** Uwe Backes/Matthias Mletzko/Jan Stoye: NPD-Wahlmobilisierung und politisch motivierte Gewalt. Sachsen und Nordrhein-Westfalen im kontrastiven Vergleich (Polizei und Forschung, Bd. 39), Köln 2010, S. 117. **10** Ebd., S. 121. **11** Ebd., S. 125. **12** Ebd., S. 130. **13** Ebd., S. 130. **14** Ebd., S. 122. **15** Ebd. S. 123. **16** Fischer: Strafgesetzbuch, 2010, S. 73. **17** Ebd., S. 1487. **18** Ebd., S. 1487. **19** Ebd., S. 1489. **20** Ebd., S. 1487. **21** Ebd., S. 1489. **22** Ebd., S. 62. **23** Ebd., S. 1487. **24** Ebd., S. 1487. **25** Backes/Mletzko/Stoye: NPD-Wahlmobilisierung, 2010, S. 129. **26** Ebd., S. 123. **27** Ebd., S. 129.

Mo Asumang

DIE UNSICHTBAREN KRIEGER

Die Neonaziband, die eine Morddrohung gegen mich ausgesprochen hatte, hieß »White Aryan Rebels«, kurz WAR: Krieg. Die Waffe war das Wort. »Die Kugel ist für Dich, Mo Asumang« sang der Frontsänger Lars Burmeister in einer Liedzeile. Mein erster Impuls – Angst, und immerzu die unterbewusst gestellte Frage »Was ist das für ein Krieg, in dem sich mir der selbsternannte Feind nicht zeigt?«

Tag eins nach der Morddrohung: Vor meinem inneren Auge sah ich schwitzende Neonazis, die sich bei einem Konzert von den »White Aryan Rebels« die Seele aus dem Leib schrien und sich dabei gegenseitig rüde anrempelten. Durch die Luft flogen dabei die »Noten des Hasses«, so der Name der CD, auf der eine Person immer wieder schrie »Die Kugel ist für Dich, Mo [...]«. In meiner Imagination sehe ich die Band, die einen »Krieg« ohne die Anwesenheit der zum Gegner erklärten Person führt. Ich sehe, wie sie treiben, hetzen, jagen und wie sie mit all dem den hungrigen braunen Mob von Zeile zu Zeile mit ihrer Rage anstecken. Der Anblick, den ich von tobenden Menschenkindern hatte, die nicht wussten, wohin mit ihrer Wut, war kein schöner. Und jeden Tag fielen mir andere Szenen ein, die sich abspielten, während ab und zu mein Name fiel, ein Springerstiefel vollgekotzt wurde oder Bierdosen während der Konzerte scheinbar lautlos an die Wand prallten.

Die erste Woche danach: Ich hatte versucht, aus dem Internet meinen Namen und meine Adresse zu entfernen. Ich muss mich verteidigen, muss fliehen, muss den rettenden Schützengraben finden, dachte ich. Was für ein Blödsinn, wie sollte das denn klappen, schließlich war ich ja durch meine ehemaligen TV-Sendungen bekannt wie ein bunter Hund. Dem Verwalter einer Internetplattform, der partout nicht verstand, warum ich meine Adresse von seiner Seite entfernt haben wollte, nannte ich einfach ganz frech die Anschrift einer Polizeistation in Berlin-Mitte. Ich stellte mir vor, wie die Neonazis nachts, aufgepeitscht mit Wut, vor dem Eingang des Abschnitts 31 standen und dort möglicherweise gleich die passende Übernachtungsmöglichkeit zum Ausschlafen ihres braunen Rausches fanden.

Einen Monat später: Sinn machte das alles nicht, ich hier, die Neonazis dort. Und immer noch unbeantwortet die Frage »Was ist das für ein Krieg, in dem sich mir der selbsternannte Feind nicht zeigt?« Dennoch fühlte ich mich ein kleines bisschen stärker und fing langsam an, über diese Leute intensiv nachzudenken. Ich recherchierte zu Neonazi-Bands, zur NPD, zu Vorfällen, die in den letzten Jahren in ganz Deutschland passiert waren. Die »Amadeu Antonio Stiftung« hatte da bereits weit über 100 Morde mit rechtsextremem Hintergrund aufgelistet. Was ich zu der Zeit nicht wusste: Es existierte in Deutschland ein Neonazi-Trio mit dem Namen »Nationalsozialistischer Untergrund«, kurz NSU, und dieses sollte in den nächsten Jahren neun Migranten und eine Polizistin ganz gezielt umbringen. Ob sie wohl das Lied mit meinem Namen hörten? Ob sie wohl – gepuscht von dem Hass dieser Zeilen – losliefen?

Sein Name war Lars, Lars Burmeister. Ich wusste nicht, wie er aussah, nur welches Lied er sang. Und um mir ein Bild von ihm zu machen, hatte ich nicht viel. Da war zunächst nur der Name seiner Band, der übersetzt »Weiße arische Rebellen« hieß. Was aber ist ein Rebell? Bei Wikipedia steht dazu: »Der Ausdruck Rebell (von lat. rebellis, ›aufständisch‹) bezeichnet jemanden, der an einer individuellen oder kollektiven Rebellion beteiligt ist oder diese in Gang zu setzen versucht. [...] Im gleichen Wortfeld sind die Begriffe ›Aufrührer‹, ›Aufständischer‹, ›Aufwiegler‹ [...]. Der Begriff ›Rebell‹ wird meist wertfrei rezipiert; Terrorist ist eindeutig und sehr negativ konnotiert; der Begriff *Freiheitskämpfer* positiv.«[1] Als freie Bürgerin dieses Staates Bundesrepublik Deutschland versuchte ich, mich zu zwingen, etwas Positives an Lars' Rebellion zu sehen. Einer Rebellion, die konspi-

Mo Asumang und ihr Drehteam in Berlin.

rativ in Hinterzimmern von Nazieckkneipen und getarnten Festsälen von Naziklubhäusern stattfindet und mit wild spekulativen Schattenbildern von Schwarzen, Muslimen, Homosexuellen, Intellektuellen, Demokraten und immer wieder den Juden spielt. Und das, wo es doch heutzutage lang erkämpfte gesellschaftliche Ebenen wie Bürgerschaften, demokratische Parteien, Parlamente gibt, die für jedermann zugänglich sind und ordentliches politisches Streiten zu jeder Tages- und Nachtzeit möglich machen. Also auch für Jungs wie Lars.

Ich verstand ihn nicht, aber ich fühlte nach wie vor, wie Lars' Worte der Gewalt, die auf dieser CD landesweit kursierten, mir die Poren verschließen wollten. Im Internet stand, dass er von 1990 bis 1995 Landesvorsitzender der autoritär nationalistischen »Freien Deutschen Arbeiterpartei« (FAP) war. Wegen ihrer Verfassungswidrigkeit wurde die FAP 1995 allerdings verboten. In diesem Zusammenhang hatte das Bundesverfassungsgericht der FAP zudem die Eigenschaften einer ordentlichen Partei abgesprochen und sie nur als Verein eingestuft. Lars' sogenannte Partei wurde demnach nicht als Partei, sondern nach dem in Deutschland gültigen Vereinsrecht verboten. Das muss wohl kurz vor der Zeit gewesen sein, in der er das Hass-Lied schrieb. 1995 befand er sich noch auf der Flucht und wurde schließlich aufgrund eines in Deutschland ausgestellten Haftbefehls in Norwegen festgenommen. Darin wurde ihm gefährliche Köperverletzung gegenüber einem politischen Gegner vorgeworfen, der infolge eines gewalttätigen Übergriffs nahezu erblindet war. Im Haftbefehl selbst stand: »Etwa zehn Neonazis versperrten dem Opfer den Weg, schlugen es, übergossen es am Boden mit Alkohol, schlugen ihm eine Flasche auf den Kopf [...]«.[2] Geschehen ist dies in Berlin Prenzlauer Berg, ein paar Kilometer Luftlinie von meinem Zuhause entfernt, ein Volltreffer ins Epizentrum meiner Angst.

Ich las, dass Lars in Norwegen zum Attentäter Ole Krogstad Kontakte gepflegt hatte. Norwegen, da bekomme ich aus heutiger Sicht eine Gänsehaut. Krogstad war führender Vertreiber von Neonazimusik im hohen Norden, wo man das Lied auch mitkreischen konnte, ohne Deutsch zu verstehen, zumindest an den Stellen, in denen die Namen der Menschen fielen, denen jeweils eine Kugel zugeschrieben wurde:

Mo Asumang und ihr Drehteam
in einem deutschen Wald.

»Die Kugel ist für Dich, Alfred Biolek, Michel Friedman, Rita Süssmuth, Mo [...]!« Die genannten Menschen standen und stehen alle in der Öffentlichkeit und waren natürlich auch bekannt bei Lars' Freunden, die ebenfalls nicht so ganz ohne waren. Da gab es die »Vandalen«, die in den 1990er Jahren in Ostdeutschland maßgeblich daran beteiligt waren, faschistische Strukturen aufzubauen. Man sah sie bei »Heldengedenktagen«, in Wehrsportlagern, und die »Vandalen«, die ehemals aus der Ostberliner Heavy-Metal-Szene heraus gegründet wurden, pflegten nun auch enge Kontakte zur internationalen Neonazi-Szene.[2] Alles, was ich mit Lars in Verbindung bringen konnte, war mit Wut und mit Hass-Musik verknüpft. Lars war ja nicht der Einzige, der in dem zum Glück seltenen Gesangs-Genre, ich nenne es »Kalt-Gesang«, zu Hause war. Auch Mitglieder der befreundeten »Vandalen«, die die mittlerweile verbotene Band »Landser« gründeten, übten sich im »Kalt-Gesang«. Kalt, kalt, kalt, weil es mir beim Zuhören eisig über den Rücken läuft. Gehörte die Band »Landser« vielleicht zu den in Deutschland meistgehörten Neonazi-Bands, weil sie Zeilen sang wie »wenn in der Nacht die Kreuze brennen, dann könnt ihr stinkenden Kaffer um Euer Leben rennen«?

Es wäre Selbstmord gewesen, Lars und seine Freunde direkt aufzusuchen, aber ich wollte aktiv werden, wollte aus mir heraus, weil ich mich sonst mit meiner Angst selbst eingesperrt hätte. Und schließlich konnte ich aus einer auf Muffensausen basierenden Lethargie heraus auch nichts verändern, wäre nur tiefer in WAR hineingezogen worden und womöglich nicht mehr fröhlich gewesen. Kein Lächeln mehr hätte ich in mir verspürt, wenn ich so weitergemacht hätte. Vor lauter Lesen, Recherchieren und Sinnieren hätte ich mich selbst verloren.

Nach einem Jahr: Sicherlich habe ich ein ganzes Jahr lang in einem »Spiel« gesteckt, das nicht meines war. Der Aufruf zum Mord von einer unsichtbaren Truppe aus unbekanntem Terrain und der verschleierte Mob waren ein Kriegsszenario, das Lars angezettelt hatte, nicht ich. Möglicherweise wäre ich allein aus dem Spuk nicht herausgekommen. Aber dann kam der Anruf einer Freundin, und es bot sich mir eine Chance, endlich etwas zu verändern. Ich hatte die Möglichkeit, bei einem Theaterprojekt zu therapeutischen Zwecken in der Justizvollzugsanstalt (JVA) Wriezen mit Neonazis in Kontakt zu kommen. Ich brauchte nur »ja« zu sagen. Als wir, die Theatergruppe, vor der Tür der JVA standen, war mir mulmig zumute, denn ich hatte nie zuvor einen echten Neonazi kennengelernt, hier aber saßen viele. Ich machte mit, um mich vorzubereiten, um danach dann mit der Hassband Kontakt aufzunehmen. Um für das erste Treffen mit diesen Menschen gewappnet zu sein, die ich nur aus dem Dunkel kannte, sah ich mir am Abend zuvor den Film »Das Schweigen der Lämmer« an. Wahrscheinlich wollte ich auf dem höchsten Level der Angst dort ankommen, um nicht sofort einzuknicken, wenn ich mit einem der Rechten sprechen musste. Die Quittung für die unsinnige Idee mit dem Film bekam ich am Eingangstor, als die Justizvollzugsbeamtin zu mir hinschaute und die zentrale Frage des Kinofilms stellte: »Bereit, wenn Sie es sind?« Einem Häftling nach dem anderen gab ich beim Ankommen in der Gefängnisturnhalle die Hand. Es waren Mörder dabei, Vergewaltiger, Diebe und Neonazis. Sie waren freundlich, hofften auch auf Veränderung ihrer kaputten Existenz. Alle, außer einem, schauten mich gespannt und etwas nervös an. Nur ein Häftling schaute auf den Boden, als er mir die Hand gab. Er schien aus der Welt der unsichtbaren Krieger zu sein, so wie Lars Burmeister es war. Er war ganz still, scheute meinen Blick. Mir war sofort klar, das ist einer von ihnen! Was nun?

Wie in aller Welt sollte ich es schaffen, von der Ebene der Gedanken und Ängste auf die Ebene der Blicke, Gespräche und Berührungen zu kommen, im Austausch mit einem Neonazi? Ich als schwarze Deutsche! Ganze neun Monate habe ich dort bei unseren zahlreichen Theaterproben mit Neonazis geübt, ich selbst zu sein, ganz egal, wer vor mir steht. Ich habe dabei immer auch an Lars gedacht und den Moment, wenn er aus dem Dunkel tritt. Ich zu sein in Gegenwart eines Menschen, von dem man weiß, dass er aus Hass schon zugetreten hat, ist nicht einfach. Die Schauspielübungen erleichterten das Aufeinander-Zugehen, weil man es jetzt musste, die anderen taten das Gleiche. Da gab es zum Beispiel die Übung, bei der wir durch Drehen des Zeigefingers des Spielpartners, wie bei einer Marionettenpuppe, den Körper des anderen vorwärts und rückwärts bewegen konnten. Ich bewegte einen Neonazi und er mich, die Welt schien verrückt. Mein Blick bei der Übung fiel dabei immer auf die Hand meines Spielpartners, der auf vier Fingern vier Buchstaben eintätowiert hatte: HASS. Es ist schwer zu erklären, in welchem Zwiespalt ich mich befand, einerseits die warme Berührung der Hand, andererseits mein Blick auf HASS.

Hier, an diesem Ort mit den hohen Mauern und dem Stacheldraht, der nicht nur optisch Grenzen schafft, habe ich zum ersten Mal für mich und das Problem mit den weißen Kriegern eine Lösung gesehen. Warum sollte ich nicht alles Weitere, was bei dieser Suche passierte, als Film für Bürger, Schüler, Neonazis festhalten? Der erste Gedanke zu meinem Film »Roots Germania« war geboren. Und damit auch der Blick auf alte Familienwunden offengelegt. Lars hätte sicher nie gedacht, dass sein Lied einmal Kraft in diese Richtung lenken würde.

In einer der ersten Dokumentarfilmszenen von »Roots Germania« erzählte mir meine Mutter dann vor der Kamera erstmals, wie ihre Mutter damals reagierte, als sie hörte, dass ein schwarzes Baby unterwegs war. Meine Oma wollte sich vor eine Straßenbahn werfen. Wie muss das meiner Mutter 1963 wehgetan haben: Sie lebte schwanger mit mir in einem Land, in dem die Wunden der Nazizeit noch nicht geheilt waren, und

Mo als Kind vor dem Haus, aus dem ihre Familie Mos Hautfarbe wegen ausziehen musste.

nun entstand schon wieder Schmerz, weil ich kleines Würmchen nicht der Norm entsprechen würde. Zwei Jahre nach meiner Geburt wurden wir meiner Hautfarbe wegen aus der Wohnung geworfen, in der meine Mutter und meine Oma schon Jahre gelebt hatten.

Die Sätze meiner Mutter aus den ersten Minuten meines Filmes haben für viele Menschen auch heutzutage noch unheilvolle Bedeutung. Nicht, weil sie aus Häusern hinausgeworfen werden, sondern weil sie oft gar nicht erst hineinkommen. Ein Mann erzählte mir, dass er ewig versucht hatte, telefonisch eine Wohnung zu bekommen, aber mit seinem Namen Öztürk immer abgelehnt wurde. Als er sich dann einfach mit perfektem Deutsch als Herr Müller meldete, konnte er sich aussuchen, wohin er zuerst zur Wohnungsbesichtigung gehen wollte. Wie viel Hass und Vorurteil flüstern noch durch unsere Nation, und warum können ein Öztürk oder eine Asumang so leicht Ziel einer Hetzkampagne von rechts außen werden? Lars hätte ich fragen wollen, aber der war immer noch abgetaucht.

Ich musste dranbleiben und ging stattdessen zur Beantwortung meiner Fragen an Lars anderen Spuren nach, indem ich bei meinem Filmdreh weitere Neonazis traf und interviewte. »In 200 Jahren sollen die Deutschen nicht alle so aussehen wie Sie«,[3] sagte mir der Neonazi-Anwalt Jürgen Rieger. Dem damaligen stellvertretenden Bundesvorsitzenden der NPD und Organisator des Rudolf-Heß-Gedenkmarschs in Wunsiedel fielen viele Dinge ein, wenn es um die Zugehörigkeit zur Nation ging. Er ging sogar so weit, dass er deutsche Familien für ein Projekt in Schweden suchte, das sofort an den Verein Lebensborn e.V. im »Dritten Reich« erinnert, der die Steigerung der Zahl »arischer« Kinder zum Ziel hatte. Auf meine Frage, ob ich mich da auch melden könne, sagte Rieger: »Nein, weil Sie nicht germanischen Ursprungs sind, na gucken Sie mal in 'nen Spiegel« und lachte. Wozu sich eine ideologisch gepanzerte Person versteigen kann, wurde in diesem Gespräch erschreckend deutlich, als Rieger seinem Extremismus auch die Liebe zu seiner Familie vollkommen unterordnete. Zu dem unwahrscheinlichen Fall befragt, dass seine Tochter jemanden heiraten würde, der eine andere Hautfarbe hat, sagte er: »Ich würde mit der Tochter total brechen, die dürfte das Haus nicht mehr betreten. Das wäre das Abschneiden des Erbfadens, das Abschneiden der Wurzel, das Schlimmste überhaupt. Bei den Germanen wurde so was im Moor versenkt. Das finden Sie heute als Moorleiche, das können Sie in Schloss Gottorf sehen.« Mit »das« wäre seine Tochter gemeint.

Auch ich bin die Tochter eines Vaters. Und uns haben tatsächlich Gründe auseinandergebracht, die mit Rassismus zu tun haben. Für meinen Vater war es schmerzhaft, dass meine Oma und Mutter wegen der Anwesenheit von – heute würde man sagen – »People of Colour« ihr Heim verlassen mussten. Im Gegensatz zu Herrn Rieger brauchen wir nicht mit einer Ideologie zu »kokettieren«. Wir waren auch so schon traurig genug darüber. Die emotionale Kälte des Herrn Rieger ließ meine Sehnsucht nach der Wärme meines

Vaters noch größer werden. So lang schon hatte sich das Blatt mit all meinen Fragen an ihn, nach dem »Warum«, selbst geschrieben und von Zeit zu Zeit wieder gelöscht. Konnte ich nun aus der Summe der Negativität solcher menschenverachtender Äußerungen und Gefühle einen klitzekleinen Pfad zu Versöhnung und innerem Frieden freikratzen, zumindest für mich? Ja, ich konnte!

So wurde die Filmarbeit auf der Suche nach dem Neonazi Lars Burmeister, der in seinem Hass-Song sang: »Die Kugel ist für Dich, Mo Asumang«, zu einer Reise hin zu einem neuen Ich. Der junge Neonazi Marcel, mit dem ich für den Film mein erstes Interview im Knast führte, sagte in einer Szene, ich hätte das Problem mit der Hautfarbe. Ich müsse weg, müsse gehen. Es hat etwas gedauert, bis er auf meine Frage, wo ich denn hingehen solle, antwortete. Ich fragte erneut: »Wo soll ich denn hin?« »Dahin, wo Dein Vater hergekommen ist«, sagte Marcel, und mir war so, als hätte ich Lars dabei gesehen.

Mos Eltern.

EPILOG

Viele Jahre lang war mein Dokumentarfilm »Roots Germania« wie ein Zuhause für mich, war eine Spurensuche nach Identität und Zugehörigkeit, die mich mit Afrika, aber genauso mit Deutschland verband, genauer gesagt mit Sachsen. Meine Vorfahren mütterlicherseits stammen nämlich aus Dresden und Kamenz. Sie hießen Henschke und Mittwoch und waren dort schon 1803 ansässig, so das Ergebnis der jahrelangen Recherche meiner Mutter. Von meiner Filmarbeit inspiriert, begann sie, unsere gemeinsamen Wurzeln zu suchen.

Aber die Großfamilie Deutschland, in der ich auch zu Hause bin, blieb mir von Lars bis zum Schluss meiner Reise stumm verwehrt. Als ich Lars Burmeister am Ende der Dreharbeiten bei seiner Motorrad-Gang »Gremium MC« – Chapter »Darkside« in Berlin Lichtenberg aufsuchte, kam er nicht heraus. Stundenlang wartete ich dort auf ihn, bis mir gegen 23 Uhr zwei muskelbepackte und lederbewehrte Männer befahlen zu gehen. Erst dachte ich, ich hätte nun kein Ende für den Film. Dann aber wurde mir bewusst, dass sich meine anfängliche Angst transformiert hatte, was bei näherem Hinsehen der beste Schluss für meinen Film »Roots Germania« war, den ich mir vorstellen konnte. Zudem war Lars, der unsichtbare Krieger, am Schluss fast gar nicht mehr wichtig, so viel Schönes und Wichtiges hatte ich bis dahin für mich erlebt. Ich hatte von meiner Mutter gelernt, dass wir auf einer nie ausgesprochenen Ebene im Schmerz um Ablehnung vereint sind. So konnte ich das Selbstmitleid, ewig Opfer zu sein, ablegen. Ich bin mit meinem Vater, den ich bis dahin kaum kannte, nach Ghana gereist, und er hat mir stolz Afrika gezeigt, meine zweite Hälfte. Und an den Wurzeln in Ghana fand ich historische Parallelen zu den Ursprüngen Nordeuropas und den ersten Stämmen dieser Region, aus denen sehr viel später – aber auch noch gar nicht so lange her – Deutschland wurde.

Mo als Brünhilde.

Noch immer gibt es auf dem schwarzen Kontinent heilige Haine, die nur der Priester oder die Priesterin betreten darf, heilige Haine, wie es sie vor Urzeiten auch hier gegeben hat.

Vor allem eines wurde mir dort klar: Die Geschichte Deutschlands und seiner Menschen ist bei genauer Betrachtung höchst international. Mitteleuropa war schon immer Durchzugsgebiet und Schmelztiegel vieler Völker und Menschengruppen, seien es Religionsflüchtlinge, Landsknechte, Händler oder Erntehelfer und Bergleute. Selbst viele Rechtsextreme führen Familiennamen, die offenbar auf eine ausländische Herkunft deuten, wie zum Beispiel der Fraktionsvorsitzende der NPD im Landtag von Mecklenburg-Vorpommern. Sogar die »Urgermanen«, von denen Herr Rieger sprach, waren auf zahllose kleine Stämme verteilt, die sich mit Römern, Kelten, Slawen und anderen vermischten und sich erst sehr viel später als »Deutsche« bezeichneten. Das Land der Deutschen ist heute ein starker und demokratischer Staat.

Und was ich besonders schön finde: Gerade die Brukterer, Chatten, Semnonen und Germanen sind alle Kinder einer der größten Migrationen der frühen europäischen Geschichte gewesen – oder was denken Sie, wo Ihre Ahnen hergekommen sind?

1 http://de.wikipedia.org/wiki/Rebell (10.12.2012). **2** www.apabiz.de (10.12.2012). **3** Im Interview mit der Autorin, siehe www.youtube.com/watch?v=uNdJJ1Vm7VA, Ausschnitt aus dem Dokumentarfilm: Roots Germania, D 2007.

Harald Lamprecht

LEBEN MIT DER ANGST

UMGANG MIT RECHTSEXTREMER GEWALT AM BEISPIEL VON LIMBACH-OBERFROHNA

Limbach-Oberfrohna ist ein beschauliches Städtchen vor den Toren von Chemnitz im mittleren Sachsen. Hier soll es als Beispiel für einen Ort stehen, in dem eine Reihe von Menschen unter dauerhafter Bedrohung durch rechtsextreme Gewalt leben. Die Wahl dieses Ortes bedeutet nicht, dass die geschilderten Ereignisse nur dort geschehen konnten, sie sind nun einmal dort geschehen. Vieles hat sich leider auch an anderen Orten ähnlich ereignet. Es ist ein Beispiel. Aber es ist auch ein Lehrstück über alltäglich gewordene Gewalterfahrungen, über Angst und ihre Überwindung, über normal gewordene Ignoranz und über beherztes Engagement, über politische Fallen und unterschiedliche Rollen kommunaler und kirchlicher Verantwortungsträger. Letztlich ist dieses Beispiel eine Mahnung, nicht die Augen davor zu verschließen, was vor der eigenen Haustür geschieht – damit es nicht eines Tages zu spät zum Handeln ist.

RECHTE HEGEMONIE

Wir beginnen im Jahr 2008. In der Jägerstraße in Limbach-Oberfrohna befindet sich die Gaststätte »Mannheim«. Dort gibt es nicht nur Bier und Schnitzel. Regelmäßig hält die örtliche NPD dort Sitzungen ab, und immer wieder finden auch größere Parteitage der sächsischen NPD in diesem Lokal statt. In einem Fernsehbericht schwärmt der sächsische NPD-Funktionär Jürgen Gansel davon, dass die Partei gern in Limbach sei, weil hier ein großes Maß an Heimatverbundenheit und nationalem Identitätsbewusstsein bestehe und sie im Ort mit ihren politischen Botschaften Gehör finden würde.[1]

Die Stadtspitze weiß darum. Aber was soll sie schon machen? Die Gaststätte ist privat, und die NPD ist nicht verboten. Außerdem sind die Türen ja zu. Was dort vor sich geht, merkt keiner. Nur keinen unnötigen Lärm. Das bringt nur negative Schlagzeilen – und wer will die schon haben? Aussitzen und wegducken muss kein bewusstes Programm sein. Es kann auch die Folge ganz gewöhnlicher Arbeitsüberlastung bei entsprechender Prioritätensetzung sein. Der Effekt unterscheidet sich freilich nicht.

Diejenigen, die sich in der Gaststätte »Mannheim« versammeln, wachsen dort nicht aus dem Boden. Vor und nach ihren Treffen ziehen sie durch die Stadt, und auch an Tagen, wenn im »Mannheim« nichts Besonderes los ist, haben sie ihre Treffpunkte. In der Gruppe fühlen die Rechten sich stark. Die gemeinsame Gegnerschaft stiftet Identität. Das schlägt sich auch in einer ansehnlichen Gewaltbilanz gegenüber denjenigen nieder, die im rechtsextremen Weltbild keinen Platz haben: Ausländer, »Linke« (im Szenejargon auch gern als »Zecken« oder »Chaoten« bezeichnet), Obdachlose und so weiter.

Etliche der rechtsextremen Stimmungsmacher wohnen nicht unmittelbar in Limbach-Oberfrohna. Es wird eben dorthin gefahren, wo gerade etwas los ist. Heute Limbach, morgen Burgstädt, übermorgen Lunzenau oder Geithain. Das gibt den Lokalpolitikern die Möglichkeit zur Beschwichtigung: »Die sind ja nicht von hier. Das ist gar nicht unser Problem. Unsere Bürger sind keine Neonazis.«[2] Immer wieder ist in Gesprächen dieses Argument zu hören. Es ist eine Schutzbehauptung, die eine resignierte Einfallslosigkeit offenbart, die das Problem neonazistischer Umtriebe im eigenen Ort lieber wegleugnet, als es offensiv anzugehen. Leider ist dieses Verhaltensmuster offenbar recht weit verbreitet. Das zu schwach ausgeprägte Problembewusstsein schafft es dann nicht, die Hilflosigkeit zu überwinden. Und bevor man mit irgendwelchen Gegenaktionen erst noch die Aufmerksamkeit darauf lenkt und den Neonazis Publizität verschafft – nein, da macht man lieber nichts. Die politische Landschaft in Limbach-Oberfrohna ist davon geprägt, dass seit 1990 die CDU im Wesentlichen unangefochten die stärkste politische Kraft darstellt. Neben ihr sind die Linke, SPD, FDP – und seit 2004 auch die NPD mit Sitzen im Stadtrat vertreten. Der örtliche Jugendklub wird regelmäßig auch von denen frequentiert, die im »Mannheim« ihr Bier trinken. Sie bestimmen die Leitkultur im Jugendklub und markieren, was gewollt und geduldet wird.

Im Ort gibt es auch einige Jugendliche, die ihre Individualität unter anderem dadurch ausleben, dass sie ihre Haare bunt gefärbt haben. Man könnte sie deswegen als Punks bezeichnen, allerdings sind sie dafür eigentlich viel zu bürgerlich und wohlerzogen.

Das Vereinshaus der »Sozialen und Politischen Bildungsvereinigung« nach dem Brandanschlag im November 2010.

Jedoch ist das leicht abweichende und unangepasste Äußere in dem kleinstädtischen Milieu eine deutliche Positionierung. Diese führt dazu, dass sie in dem ansonsten rechtsdominierten Jugendklub immer wieder angemacht werden. Dort können und wollen sie nicht sein. Zudem haben sie Ideen, Pläne, Absichten. Sie wollen sich nicht damit abfinden, dass ihre Stadt als Sammelplatz von Neonazis fungiert und offenbar niemand etwas dagegen tut. Sie wollen aufrütteln.

Sie wollen sich engagieren für ihren Ort und für das Land, in dem sie leben. Sie wünschen sich Beteiligungsmöglichkeiten, wollen politische Bildung betreiben, die Bürger von Limbach-Oberfrohna über die Gefahr von Rechts aufklären. Sie wollen sich nicht damit abfinden, dass die Stadtverwaltung das rechte Problem zu ignorieren versucht. Sie wollen Aktionen und einen Treffpunkt für nicht-rechte Jugendkultur. Dafür brauchen sie einen eigenen Jugendklub. Sie gründen einen Verein, die »Soziale und Politische Bildungsvereinigung Limbach-Oberfrohna«, und mieten einen leerstehenden Laden auf der Helenenstraße. »Schwarzer Peter« nennen sie ihren Klub, in dem sie sich fortan treffen wollen.

DIE ANGST ALS BEGLEITER

Der »Schwarze Peter« hat es schwer. Das Engagement gegen die rechte Hegemonie bleibt in einer Kleinstadt wie dieser nicht verborgen. So etwas spricht sich herum – auch bis zu denen, gegen deren gewaltverherrlichende Ideologie sich die politischen Aufklärungsbemühungen der Jugendlichen richten. Und sie reagieren auf die ihnen gemäße Weise: mit einer Drohkulisse. Als Horde marschieren sie vor dem »Schwarzen Peter« auf, schreien ihre Parolen, beschimpfen die Jugendlichen. Auch wenn sie sich sonst in der Stadt begegnen, bleibt es oft nicht bei reinen Verbalattacken. Wenn niemand zuschaut, wird auch mal zugelangt.

Die Bedrohung ist manchmal offen, manchmal auch subtil. Einer der Betroffenen schildert es so: »Du gehst die Straße lang, plötzlich fährt neben dir ein vollbesetztes Auto ganz langsam mit. Manchmal pöbeln sie dich an: Scheiß Zecke, wir kriegen dich noch! Dann überlegst du, was an der nächsten Straßenecke möglicherweise geschieht.« Rennen können die Jugendlichen vom »Schwarzen Peter« recht gut. Mehr als einmal ist wohl jeder von ihnen einer gefährlichen Situation nur durch schnelle Flucht entkommen. Daniel, einer der Jugendlichen, berichtete bereits 2010, dass er seit seinem 14. Lebensjahr, als er sich für Politik zu interessieren und sich anders zu kleiden begann, schon mindestens 20 Mal von rechtsextremen Gruppen körperlich angegriffen wurde. Wenn er eine solche Gruppe durch Limbach ziehen sieht, schlägt er lieber einen anderen Weg ein.[3]

Wie fühlt sich ein junger Mensch, der sich in seiner eigenen Stadt nur noch mit Angst auf die Straße wagen kann? Das alltägliche Leben der Jugendlichen ist von dieser Angst begleitet. Aber sie haben beschlossen, sich davon nicht unterkriegen zu lassen.

POLIZEI IM ZWEIFEL

Die Jugendlichen vom »Schwarzen Peter« setzen auf den Rechtsstaat. Wenn die Nazis vor ihrem Klub aufmarschieren und den Hitlergruß zeigen, dann rufen sie die Polizei. Wenn diese nach einer halben Stunde oder auch noch später eintrifft, sind natürlich in der Regel keine Nazis mehr zu sehen. Die Beamten beargwöhnen die jungen Kerle mit ihren bunten Haaren. Sie glauben ihnen nicht. Und wenn sie doch einmal rechtzeitig hinzukommen, dann fällt es ihnen naturgemäß nicht leicht, die Schuldigen zu ermitteln. Aus ihrer Perspektive sind das Rangeleien unter konkurrierenden Jugendkulturen. Wer da zuerst wen beleidigt hat, wer da zuerst wen angegriffen oder geschlagen hat, lässt sich ohnehin nicht mehr mit Sicherheit ermitteln.

Die Jungen und Mädchen vom »Schwarzen Peter« lassen sich nicht entmutigen. Sie wollen, dass das Phänomen rechtsmotivierter Straftaten nicht unter den Teppich gekehrt wird. Konsequent bringen sie jeden Angriff, den sie erleiden, und jeden Hitlergruß, den sie beobachten, zur Anzeige. Ihre Position bei der Polizei verbessert das nicht – im Gegenteil. Je mehr Straftaten sie anzeigen, desto weniger wird ihnen geglaubt. Sie treiben die Kriminalstatistik in die Höhe. In den Augen mancher gelten sie sogar selbst als die eigentlichen Verursacher des wachsenden Problems. Bevor sie gegen die Duldung brauner Normalität aktiv wurden, gab es schließlich kaum Schwierigkeiten und nur wenige gemeldete Fälle bei der Polizei. »Die Rechten kommen doch nur, weil ›die Linken‹ da sind.« »Gäbe es da nicht diesen ›linken‹ Jugendklub, der permanent als Nestbeschmutzer auftritt, hätten wir hier Ruhe und Frieden.« So formulieren im Ort aktive Politiker ihre Sicht im Gespräch mit dem Verfasser, wobei sie sich ausdrücklich auf Einschätzungen der Polizei berufen. Das Erschreckende an diesen geäußerten Meinungen ist, dass sie eine innere Plausibilität besitzen. Ignoriert man die Erfahrung, dass eine rechtsextreme Hegemonie früher oder später auch »normale« Bürger terrorisieren wird, dann kann man in der Tat zu der irrigen Meinung kommen, die Beseitigung der primären Kondensationspunkte rechtsextremer Gewalt könne die Situation bessern, ohne das Klima verändern zu müssen. Dass damit die Opfer zu Tätern gemacht werden, wird nicht einmal bemerkt.

Im Oktober 2008 zersplittert das Schaufenster des »Schwarzen Peter«. Einen Täter kann die Polizei nicht ermitteln. Gerüchte machen die Runde, das hätten die Jungs vom »Schwarzen Peter« selbst getan, um es den anderen in die Schuhe zu schieben. »Die wollen sich doch nur wichtigmachen«, wird dazu von einem Lokalpolitiker erklärt.

Die Scheibe wird durch eine Holzplatte ersetzt. Fortan sitzen die Jugendlichen in ihrem Klub im Dunkeln. Die Atmosphäre ist damit sprichwörtlich im Keller. Das sollen sie selbst gewollt haben? Wer so etwas behauptet, hat mit Sicherheit nie mit ihnen zusammen dort gesessen.

ZWISCHEN ZWEI FRONTEN

Die Angriffe gehen weiter. Mal wird die ganze Straße mit vollbesetzten Autos versperrt, dann werden Hakenkreuze in die Spanplatten geritzt oder die Eingangstür eingetreten. Irgendwann wird es dem Vermieter zu viel. Er kündigt den Mietvertrag, und die Jugendlichen stehen wieder auf der Straße. Anwohner erzählen, dem Vermieter sei von Staatsschutz und Polizei zu diesem Schritt geraten worden, sonst müsse er Angst um die Unversehrtheit seines Eigentums haben. Mit vereinten Kräften gelingt es den Vereinsmitgliedern, ein heruntergekommenes leerstehendes Haus in der Dorotheenstraße zu kaufen, das fortan als neues Domizil ausgebaut werden soll. Die Aufgabe ist groß, aber die Beteiligten sind hoch motiviert. Doch was sie vom Umgang der städtischen Behörden mit ihnen berichten, ist ein ganz eigenes Drama.

Es beginnt damit, dass die notwendige Entrümpelung des neu gekauften Hauses durch eine Polizeistreife gewaltsam gestoppt wird. Dass die Beamten sich dafür interessieren, wenn sie eine Gruppe Jugendlicher dabei beobachten, wie sie sich an den Innereien eines unbewohnten Hauses zu schaffen macht, ist nachvollziehbar. Die Jugendlichen berichten jedoch, dass die Polizisten das Haus mit gezogener Dienstwaffe gestürmt und sie damit bedroht hätten. Das ist für 14- oder 15-jährige Jugendliche eine traumatisierende Erfahrung. Sämtliche Erklärungen, dass dies ihr eigenes Haus sei, wurden demnach ebenso ignoriert wie das Angebot, zum Beleg die Kaufverträge vorzulegen. Stattdessen wurden sie zur Aufnahme einer Anzeige wegen Sachbeschädigung stundenlang festgehalten.

Die Behinderungen der Arbeit setzten sich fort mit urplötzlich eintrudelnden Bauauflagen, von denen der Vorbesitzer nicht betroffen war, die nun aber den kleinen Verein an die Grenzen seiner finanziellen Leistungsfähigkeit bringen. Die Eröffnung des neuen Vereinshauses verschiebt sich damit immer wieder.

Nach dem Überfall auf ein Mitglied des Vereines wurde zur öffentlichen Mahnung an die in den letzten Jahren durch Neonazis zu Tode gekommenen Menschen erinnert und dazu für jeden Getöteten mit Straßenkreide die Umrisse von Personen auf den Boden gezeichnet. Daraufhin beauftragte die Stadt unverzüglich die Feuerwehr, mit schwerem Gerät die »Schmierereien« zu beseitigen. Der nächste Regen hätte es auch getan, so aber wurde ein friedliches Gedenken kriminalisiert.

Das Gefühl, die Stadtverwaltung versuche mit den verschiedensten Mitteln, die Arbeit des Vereines zu behindern, drängt sich angesichts dieser Berichte förmlich auf. Wie kommt es dazu? Warum erhalten diejenigen, die sich gegen rechtsextreme Umtriebe im eigenen Ort engagieren und Betroffene rechtsextremer Gewalt sind, keine Unterstützung, sondern im Gegenteil ständig noch Knüppel zwischen die Beine geworfen?

Das Schaufenster gehört zu einer Kinderbetreuung in Limbach-Oberfrohna. Die Inhaberin ist im »Bunten Bürgerforum für Demokratie« aktiv und schreibt dazu: »Ich hatte am Abend eine Truppe Rechter getroffen, die in eine Schlägerei verwickelt waren, und mich da eingemischt. Sie hatten mich erkannt und auch meinen Namen genannt, wussten also, wer ich war und kannten meine politische Einstellung. Nachts wurde meine Scheibe eingeschlagen. Habe alles so zur Anzeige gebracht, jedoch ordnete es die Polizei nicht als politische Straftat ein. Die Einstellung des Verfahrens kam mit der Begründung, dass die Polizei eine von mir genannte Person befragt hätte und die aber die Tat nicht bestätigt hätte. Eine Zeit später war an einem zweiten Schaufenster bei mir ›NS – jetzt‹ zu lesen.«

VERSCHIEDENE PERSPEKTIVEN

Eine Antwort auf diese Frage liegt in den verschiedenen Betrachtungsweisen. Die Mehrzahl der Bürger von Limbach-Oberfrohna ist von diesen Vorgängen (noch) nicht selbst betroffen. Zwar gab es auch in Limbach-Oberfrohna Überfälle auf ausländisch aussehende Menschen, aber wie allgemein in Sachsen gibt es auch dort nur vergleichsweise wenige Bürger mit Migrationshintergrund. Die meisten Einwohner sind (noch) nicht im Fadenkreuz rechtsnationaler Gewalttaten, solange sie nicht in Obdachlosigkeit geraten, als Homosexuelle bekannt sind oder sich der Sympathie mit den politischen Gegnern verdächtig gemacht haben. Diese Gegner, das sind in erster Linie »die Linken« – eine unklare Sammelbezeichnung für alle zwischen Anarchisten, Linkspartei und Müsli-Essern. »Die Linken« mag man auch sonst in Limbach offenbar nicht besonders und gibt sich auch wenig Mühe mit einer Unterscheidung verschiedener Richtungen und Motivationen. Im Gespräch mit Pfarrern und Kirchvorstehern wird insbesondere auf die Erfahrung der Gewaltherrschaft des DDR-Regimes verwiesen. Die Partei des Demokratischen Sozialismus (PDS) hat als direkte Nachfolgepartei der SED deren Personalbestand in weiten Teilen übernommen. Darum wird sie auch nach der Umbenennung in »Die Linke« noch in engem Zusammenhang mit dem DDR-Unrecht gesehen. Insbesondere in Kirchenkreisen ist durch diese geschichtliche Hypothek vielen, die unter der Willkür der SED-Herrschaft oft mit großen persönlichen Opfern gelitten haben, ein unverkrampfter Umgang mit der Partei »Die Linke« nicht möglich.

Der in Limbach mit einem Wahlkreisbüro vertretene Bundestagsabgeordnete der Linken kommt »aus dem Westen« und hat keine Schuld an den DDR-Verhältnissen, aber offenbar auch wenig Sensibilität für diese Empfindlichkeiten. In seinem Wahlkreisbüro hängt dominant ein Porträt von Karl Marx. Das macht denen, die jahrzehntelang unter der Ideologie des Marxismus-Leninismus gelitten haben, den Umgang schwer.

Die Jugendlichen vom »Schwarzen Peter« haben in ihren Anliegen von der Linkspartei Unterstützung erfahren. Ihr Vereinsvorsitzender saß – obwohl selbst parteilos – lange für die Linken im Stadtrat von Limbach-Oberfrohna. Diese Nähe zur Linkspartei diskreditiert sie jedoch in den Augen der konservativ regierten Stadtverwaltung. Es ist ein politischer Konflikt, der dazu führt, dass ihnen Unterstützung versagt wird. So werden sie immer wieder pauschal als »Linksextremisten« etikettiert. Mit dieser Zuschreibung werden sie zu Verfassungsfeinden abgestempelt, und es wird ihnen faktisch jegliches Recht zur aktiven politischen Beteiligung an der demokratischen Meinungsbildung abgesprochen.

Graffiti am Gymnasium Limbach-Oberfrohna im Januar 2010.

BELEBTE DEMOKRATIE

Dabei sind die Jungs und Mädchen mit den bunten Haaren beileibe keine Stalinisten. Sie kennen die DDR nur aus dem Geschichtsunterricht. Die aus der unklaren Zuschreibung »Links« resultierende Gruppenhaftung für die Verbrechen der DDR geht an der Realität völlig vorbei. Falsch ist auch die Unterstellung grundsätzlicher Demokratiefeindlichkeit durch das Etikett des »Linksextremismus«. Die Motive der Jugendlichen sind völlig andere, ihre Perspektive ist eine ganz andere, ihre Ziele sind andere. Sie engagieren sich für ihre Zukunft. Sie fragen sich, wie eine gerechte Gesellschaft aussehen soll, in der sie leben möchten. Sie nehmen wahr, dass ihre Aktivitäten zur demokratischen Mitgestaltung von der Stadtverwaltung nicht gewünscht sind und den Bürgern nicht gewohnt scheinen. Sie gewinnen den Eindruck, dass nach 40 Jahren Alleinherrschaft der SED diese durch eine nun schon 20-jährige ähnlich unangefochtene Alleinherrschaft der CDU ersetzt wurde. Feinde der Demokratie sind die Jugendlichen vom »Schwarzen Peter« keineswegs – im Gegenteil. Sie möchten die Demokratie aus der Erstarrung führen und mit Leben füllen. Natürlich ist solch eine Opposition unbequem. Es regiert sich nun einmal leichter, wenn sich die Bürger nicht mit eigenen Meinungen einmischen. Demokratie aber muss eingeübt werden – aufseiten der Bürger ebenso wie aufseiten der Verwaltung. Diesbezüglich gibt es auch in Sachsen durchaus an einigen Stellen noch Nachholbedarf. Der Ruf nach dem starken Mann ist eben oft bequemer als die mühsame Suche nach Interessenausgleich.

Graffiti an einem Glascontainer
in Limbach-Oberfrohna im November 2010.

BÜNDNISSE

Auf die Straße trauen sich die Jugendlichen nach Einbruch der Dunkelheit nicht mehr ohne Begleitung. Jetzt müssen die Eltern ihre fast erwachsenen Kinder immer öfter an ihren Treffpunkten abholen oder dorthin bringen. Damit wollen sich die Eltern nicht abfinden. Sie fordern von der Stadtverwaltung, dass etwas passiert. Die Bildung eines Runden Tisches wurde jedoch vom Stadtrat zunächst abgelehnt. Nach dem Vorbild anderer Städte ging es dann darum, dass ein Bündnis der demokratischen Kräfte in der Zivilgesellschaft geschlossen werden sollte, das sich des Problems annimmt und die vorhandenen Kräfte bündelt. Das Ziel scheint klar, aber aufgrund unterschiedlicher Interessenlagen und anderer Unzulänglichkeiten kam es zu keinem gemeinsamen Bündnis. In dichter Folge entstanden zwei konkurrierende und zeitweise sogar verfeindete Bündnisse.

Ein CDU-Landtagsabgeordneter hatte Vertreter aller anderen Parteien im Stadtrat zur Gründung eines Bündnisses »gegen Extremismus« eingeladen. Die Zielstellung war so offen formuliert, dass dies prompt den Veranstaltern auf die Füße fiel: Um sich gegen Linksextremismus zu engagieren, erschien auch der örtliche NPD-Stadtrat zur Gründungsversammlung und brachte sich sogar in die Gruppe ein, welche die Grundsätze des Bündnisses bestimmen sollte. Daraufhin verabschiedete das Bündnis auf seiner zweiten Sitzung eine Geschäftsordnung, die nicht nur die NPD, sondern auch die Linkspartei und ihre Vertreter von der Mitwirkung ausschloss.[4] Die Brisanz dessen besteht nicht nur in der Gleichsetzung von NPD und Linkspartei, sondern auch im damit faktisch vollzogenen Ausschluss derer, die die Unterstützung des Bündnisses eigentlich gebraucht hätten.

Graffiti an der Turnhalle des Gymnasium Limbach-Oberfrohna, 2010.

In den Räumen der Diakonie formierte sich parallel dazu ein anderes Bündnis. Als »Buntes Bürgerforum für Demokratie Limbach-Oberfrohna« versammelte es neben den Eltern der betroffenen Jugendlichen die Kirchenbezirkssozialarbeit sowie Vertreter von Gewerkschaften und weiteren Parteien im Stadtrat.

SPIRALE DER GEWALT

Währenddessen gehen die Angriffe weiter. Allein von 2004 bis 2010 wurden in Limbach-Oberfrohna 71 Straftaten mit rechtsextremem Hintergrund festgestellt.[5] Im Juni 2010 wurde ein Jugendlicher von fünf Neonazis angegriffen, die aus einem vorbeifahrenden Transporter gesprungen kamen und ihn durch Schläge mit einer Bierflasche auf den Kopf niederschlugen.[6] Auf das Wahlkreisbüro des Bundestagsabgeordneten der Linken wurde im Herbst 2010 ein Anschlag verübt: Ein Fenster des Büros wurde mit Steinen und einer Bierflasche eingeworfen. In der Woche zuvor war bereits das Gleiche passiert, während rechte Jugendliche durch die Stadt zogen und Notrufnummern anriefen, um dort Naziparolen zu grölen. Eine Nacht später wurde die frisch sanierte Fassade der örtlichen Mittelschule mit Sprüchen wie »Die Schule ist deutsch« und »Zecken Pack« beschmiert.[7]

Am 12./13. November 2010 erreichte die rechte Gewalt eine neue Stufe. Am Abend hatte es tätliche Auseinandersetzungen gegeben, in deren Folge ein Mitglied des Vereins im Krankenhaus behandelt werden musste. In der Nacht brannte das Vereinshaus der »Sozialen und Politischen Bildungsvereinigung«. Eine Gruppe von Neonazis war zum Vereinsdomizil in der Dorotheenstraße gezogen. Durch ein eingeschlagenes Fenster war Nico D., der als ein Rädelsführer der rechten Umtriebe gilt, in das Haus eingedrungen und hatte an mehreren Stellen Feuer gelegt. Der Aufenthaltsraum der Jugendlichen brannte völlig aus. Benachbarte Anwohner mussten evakuiert werden, weil das Feuer auf die anderen Gebäude überzugreifen drohte. Diesmal reagierte die Polizei schnell. Noch in der Nacht waren 50 Einsatzkräfte unterwegs und verhafteten etliche Tatverdächtige. Es dauerte bis September 2011, dass der Haupttäter zu einer zweieinhalbjährigen Haftstrafe verurteilt wurde, und erst Anfang 2012 wurde das Urteil nach Abweisung der Berufung rechtskräftig.

Der Brandanschlag brachte Limbach-Oberfrohna noch stärker als die missglückte Bündnisgründung in die überregionalen Medien. Zahlreiche Zeitungen berichteten. Fernsehteams interviewten die Betroffenen. Geholfen hat es ihnen nur bedingt, denn die Strukturen blieben erst einmal, wie sie waren. Durch die öffentliche Aufmerksamkeit gerieten auch weitere Mitglieder des »Bunten Bürgerforums« in den Fokus der Nazigewalt. Nach einer Fernsehreportage, in der eine besorgte Mutter offen über ihre Erfahrungen berichtet hatte, fanden mehrere Mitglieder einen Aufkleber an ihren Gartentoren, der nur als offene Morddrohung verstanden werden kann. Neben einer rot gefärbten Galgenschlinge steht »Selbstmord gegen Rechts« und als Absender »Nationaler Widerstand Limbach Oberfrohna« [sic!]. Die Botschaft ist deutlich: Rechte Gewalt anzuprangern und Zivilcourage einzufordern, komme Selbstmord gleich. Die Reaktion der Polizei lässt eine der betroffenen Familien noch ratloser zurück. Die Drohung will dort niemand ernst nehmen. Lediglich eine Anzeige wegen unerlaubten Plakatierens käme in Betracht. Die engagierte Frau lässt sich nicht verschrecken und bezieht auch weiter öffentlich Stellung. Die Reaktionen lassen nicht auf sich warten. Im Mai 2011 wird in der Nacht nach einer Diskussionsveranstaltung zum Thema rechtsextreme Gewalt in Limbach eine Fensterscheibe ihres Einfamilienhauses eingeworfen. Bereits im Februar wurden einem Mitglied des Demokratievereines sämtliche Autoscheiben eingeschlagen und ein Hakenkreuz auf die Motorhaube geritzt.

Um sich vor weiteren Angriffen zu schützen, haben die Jugendlichen schließlich die Fenster der unteren Etage ihres Treffpunktes mit Gittern vernagelt. Der ähnelt damit immer mehr einem Bunker. Dass sich das auch auf die Mentalität der Bewohner niederschlägt, ist nicht wirklich verwunderlich.

Um Pfingsten 2011 kommt es zu weiteren Eskalationen. Eine Gruppe von 15 bis 20 Neonazis belagert das Haus, in dem die Jugendlichen zusammengekommen sind. Steine und Bierflaschen werden geworfen. Auch die Fensterscheibe eines anderen Hausbewohners geht zu Bruch. Diesmal leisten die Belagerten Gegenwehr. Sie stürmen auf die Straße, zwei Neonazis werden verletzt. Die herbeigerufene Polizei ermittelt nun gegen beide Seiten. Das Vereinshaus wird durchsucht. Dabei wurden laut Polizeibericht Schlagstöcke und Schlagringe sowie Sprengstoff sichergestellt. Das passte wunderbar in das Bild von gefährlichen und gewalttätigen Linksextremisten. Ein gefundenes Fressen für diejenigen, denen die Aktionen dieses Vereins schon immer suspekt waren. Bei dem angeblichen Sprengstoff handelte es sich lediglich um Sand, der für ein Berufsschulprojekt gesammelt worden war. Dies musste inzwischen auch die Polizei eingestehen, wobei nun unter Verweis auf gefundene Feuerwerkspyrotechnik mühsam versucht wird, den Sprengstoffvorwurf aufrechtzuerhalten.[8] Dass die Polizei bereits im Vorfeld der Untersuchung den angeblichen Sprengstofffund der Presse mitteilte, ist ein deutliches Indiz für eine entsprechende Vorverurteilung durch die dafür Verantwortlichen. Das Image des Demokratievereines wurde jedenfalls nachhaltig beschädigt.

Die Spirale der Gewalt dreht sich weiter. Wenige Wochen später versucht erneut eine Gruppe von diesmal etwa 40 Neonazis in das Haus des Vereines einzudringen. Sie schlagen gegen die Hintertür, welche von zwei Jugendlichen im Haus gesichert wird. Als die Polizei eintrifft, skandieren die Angreifer während der Überprüfung ihrer Personalien mehrfach »Sieg Heil«. Für einige Wochen wird daraufhin die Polizeipräsenz in Limbach-Oberfrohna massiv verstärkt. Ein Ende der Gewalt ist damit aber nicht verbunden. Dessen ungeachtet plant das Innenministerium, die Polizeiwache in Limbach-Oberfrohna komplett zu schließen. Das würde das notwendige Gewaltmonopol des Staates weiter aushöhlen.

AUSBLICK

Der rechtliche Gleichbehandlungsgrundsatz besagt, dass Gleiches gleich und Ungleiches ungleich behandelt werden muss. Mit der ständigen latenten Gleichsetzung von Links- und Rechtsextremismus wird dagegen verstoßen, denn die Phänomene sind eben nicht gleich. Die tragischen Auswirkungen einer solchen tief verwurzelten Betrachtungsweise kann man am Beispiel von Limbach-Oberfrohna eindrücklich studieren. Das eigentlich notwendige klare Auftreten gegen rechtsextreme Gesinnungen, die immer häufiger auch in harte Gewalt münden, wird damit verhindert. Die Opfer rechtsextremer Gewalt erhalten keine Unterstützung, sondern werden ihrerseits ausgegrenzt und als Verfassungsfeinde diffamiert.

Inzwischen bemühen sich die Stadt und ihr Präventionsbeauftragter mit einer Reihe von Maßnahmen und Veranstaltungen durchaus darum, die Situation zu verbessern und eine kritische Auseinandersetzung mit Nationalismus und Fremdenfeindlichkeit zu fördern. Erste Erfolge sind zu sehen. So gelang es beispielsweise zum Volkstrauertag 2011, durch überlegtes Vorgehen die Neonazis von der städtischen Kranzniederlegung auszuschließen. Ein »Netzwerk des guten Willens« bemüht sich um eine Koordination der Aktivitäten. Moderatoren der Bundeszentrale für politische Bildung vermitteln zwischen den Bündnissen. Jedoch ist es nicht leicht, all das Versäumte nachzuholen und alte Aversionen zu überwinden.

Das »Bunte Bürgerforum für Demokratie« wurde 2011 mit dem sächsischen Demokratiepreis ausgezeichnet. Die »Soziale und Politische Bildungsvereinigung« gehörte im November 2012 zu den von der Jury nominierten Preisträgern. Der Stadtspitze war das immer noch keine Notiz im »Stadtspiegel« wert.[9]

Auch die Atmosphäre an einigen Schulen nicht nur in Mittelsachsen ist besorgniserregend. Für etliche Schüler ist es inzwischen Alltag, dass sie sich zwischen »rechts« und »links« entscheiden müssen. Das bedeutet: Eine rechtsnationale Gruppenidentität als normgebender Faktor ist inzwischen zunehmend verbreitet. Der MDR berichtete im Oktober 2011 von einem Limbacher Schüler, der unter anderem wegen eines T-Shirts mit dem Bild eines in einer Mülltonne versinkenden Hakenkreuzes Probleme bekam, die bis hin zur Morddrohung reichten.[10] Lehrer und Elternkollektive wehrten sich gegen die Darstellung des Berichtes, sie hätten gegenüber dem Problem resigniert.[11] Aber auch sie müssen sich der Tatsache stellen, dass Schüler ihrer Schulen unter anderem in ihren sozialen Netzwerken ganz offen für ihre neonationalsozialistische Gesinnung eintreten. Letztlich sind auch sie Betroffene der fortlaufenden Schmierereien: Im November 2011 wurde eine als Schulprojekt gestaltete »Mauer der Toleranz« gegenüber des Gebäudes des Albert-Schweizer-Gymnasiums mit Hakenkreuzen verunstaltet und das Wort »Toleranz« schwarz übermalt.[12] Auch Pöbeleien und mündliche wie schriftliche Morddrohungen gehen weiter.[13]

Der Begriff »Zivilcourage« bekommt unter solchen Umständen, wie sie hier beschrieben wurden, eine ganz neue Qualität. Es wäre verständlich, wenn Menschen, die so bedroht werden, die persönlich zum Ziel gewalttätiger Angriffe geworden sind, sich zurückziehen und den Kampf aufgeben. Dass sie es nicht tun, verdient Respekt und Anerkennung. Zugleich sollten die geschilderten Verhältnisse für jede und jeden Ansporn sein, über die eigene Rolle in der gegenwärtigen Situation nachzudenken. Was ist uns ein Leben in Freiheit und Menschenwürde wert? Welchen Einsatz bin ich bereit zu bringen, wenn es darauf ankommt?

Die Option, das politische Engagement aufzugeben, um aus der Schusslinie der Neonazis herauszukommen, haben Mitbürger mit anderer Hautfarbe nicht. Sie brauchen den Beistand und den Mut der übrigen Bürger, die sich nicht einschüchtern lassen und die wachsam darauf achten, dass nicht eine schleichende Normalisierung nationalsozialistischer Ideologie das Zusammenleben vergiftet. Wenn wir anfangen, uns dem rechten Terror zu beugen, haben wir schon verloren. Trotz Angst, trotz Bedrohung und trotz unzureichender Unterstützung sich nicht entmutigen zu lassen – darin können die Jugendlichen aus Limbach-Oberfrohna und ihre Eltern ein Vorbild sein.

1 MDR Exakt, Sendung vom 15. 2. 2011; www.youtube.com/watch?v=PUMgHd8s8TU (25. 11. 2012). **2** Dieses und weitere Zitate wörtlicher Rede entstammen direkten Gesprächen der genannten Personen mit dem Verfasser. Sie sind nach bestem Gewissen entsprechend der Erinnerung formuliert. **3** Aussage im Interview von MDR Exakt, Sendung vom 15. 2. 2011; www.youtube.com/watch?v=PUMgHd8s8TU (25. 11. 2012). **4** Eklat hinter verschlossenen Türen, Freie Presse vom 24. 3. 2010; www.freiepresse.de/NACHRICHTEN/REGIONALES/CHEMNITZ/1707977.php (29. 3. 2010). **5** Vgl. Confessio 5 (2010), S. 4. **6** Pressemeldung der RAA 16. 6. 2010; www.freibaerger.org/2010/06/erneuter-gewalttaetiger-angriff-auf-alternativen-jugendlichen-in-limbach-oberfrohna (25. 11. 2012). **7** Freie Presse vom 11. 10. 2011, http://mthielicke.blogsport.de/2010/11/11/unbekannte-beschmieren-neue-fassade (25. 11. 2012). **8** Informationen der Polizei, www.limbach-oberfrohna.de/limbach/content/45/20111021095628.asp (25. 11. 2012). **9** Rote Haare und ein braunes Problem, regionales.t-online.de/id_61033866/index (29. 11. 2012). **10** MDR Exakt, Sendung vom 5. 10. 2011, Manuskript: www.mdr.de/exakt/limbach104-download.pdf, Film: www.youtube.com/watch?v=UldxCCyly7g (25. 11. 2012). **11** Offener Brief der Mittelschulen an den MDR, www.limbach-oberfrohna.de/limbach/content/46/20111021093642.asp (25. 11. 2012). **12** Freie Presse, 17. 11. 2011, www.freiepresse.de/LOKALES/CHEMNITZ/Schueler-ueber-Nazi-Zeichen-an-Mauer-erschuettert-artikel7820485.php (29. 11. 2012). **13** So u. a. im Rahmen von Auseinandersetzungen am 20. 3. 2012 (http://mthielicke.blogsport.de/2012/03/21/) und in einem Brief »An die Linken« mit extrem schlechter Rechtschreibung: »Euch Müsde mann mit Einer Hand Granade Auf denn Frid hof schicken ... Ihr Siet Tot. http://mthielicke.blogsport.de/2012/05/16/). Im August 2012 wurde die Eingangstür des Wahlkreisbüros der Partei »Die Linke« u. a. mit einem Hakenkreuz beschmiert. www.freiepresse.de/LOKALES/CHEMNITZ/Unbekannte-beschmieren-Wahlkreisbuero-in-Limbach-Oberfrohna-artikel8070716.php, (25. 11. 2012).

Claudia Luzar

RAUMKAMPF IN DER HERZKAMMER

WIE NEONAZIS VERSUCHTEN, DIE DEUTUNGSHOHEIT IM SOZIALDEMOKRATISCH GEPRÄGTEN DORTMUND ZU ERLANGEN, UND AN DIESEM ZIEL SCHEITERTEN

Der Wendepunkt kam an einem Donnerstagmorgen um 5 Uhr: Am 23. August 2012 hatten sich 600 Polizisten aus ganz Nordrhein-Westfalen überall in der Stadt postiert: die meisten in den nordwestlichen Stadtteilen Dorstfeld und Lütgendortmund, in der westlichen Innenstadt, aber auch im Stadtbezirk Eving. Durchsucht wurden die Wohnungen von 62 Menschen, von denen die überwiegende Zahl junge Männer waren: Mitglieder des »Nationalen Widerstands Dortmund« (NWDO), der heute – gemeinsam mit der »Kameradschaft Hamm« (25 Mitglieder) und der »Kameradschaft Aachener Land« (46 Personen) – verboten ist. Die Verbotsverfügung hatte Innenminister Ralf Jäger (SPD) schon einige Tage zuvor ausgestellt.[1] Die meisten Mitglieder des NWDO waren unter 30 Jahre alt, das jüngste erst 17. Auch das »Nationale Zentrum« in der Rheinischen Straße 135 in der Innenstadt-West wurde durchsucht, ein ehemaliges Ladenlokal, das die Rechtsextremisten des NWDO zu ihrem soziokulturellen Zentrum ausgebaut hatten. Das Vorbild dafür befand sich im Haus Weitlingstraße 122 im Ostberliner Bezirk Lichtenberg, wo sich nach 1990 Neonazis versammelt hatten, um dort das private und politische Leben der Szene zu vereinen.[2] Längst hatte die Stadt Dortmund das ganze Haus gekauft, um den Treffpunkt der Neonazis aufzulösen. Dem offiziellen Mieter, einem der Kameradschaftsführer, musste sie noch 10 000 Euro zahlen, damit dieser den laufenden Vertrag auflöste.

Am Morgen dieses 23. Augusts nun schleppten Polizisten kistenweise Propagandamaterial aus dem Haus in der Rheinischen Straße, auch nationalsozialistisches, darüber hinaus Schlag- und Hiebwaffen und Pfefferspray. In der Wohnung eines Aktivisten, der im nahen Unna lebt, fand die Polizei einen großkalibrigen Revolver .375 Magnum, dazu reichlich Munition. Ab sofort wurde »der Vereinigung ›Nationaler Widerstand Dortmund‹ jede Tätigkeit untersagt. Es ist verboten, Ersatzorganisationen zu bilden [...]. Das Vermögen der Vereinigung [...] wird beschlagnahmt und zugunsten des Landes Nordrhein-Westfalen eingezogen. Darunter ein VW-Bus, aus dem es immer wieder zu Angriffen auf politische Gegner in der Stadt gekommen war und der bei Kundgebungen als Lautsprecherwagen eingesetzt wurde. Die Vereinigung ›Nationaler Widerstand Dortmund‹ tritt auch unter den Namen ›Kameradschaft Dortmund‹ und ›AN/Autonome Nationalisten Dortmund‹ auf.«[3] Zu den Verbotsgründen gehörte unter anderem, dass die »Grundlage der Vereinigung [...] das 25-Punkte-Programm der NSDAP« sei. So hatten es bereits zwei Aussteiger aus der Szene der AN im Laufe des Sommers bestätigt, sowohl der aus dem Ruhrgebiet stammende Michael M.[4], der bis Oktober 2011 Mitglied des NWDO war, als auch der Thüringer Steve H., der bis vor wenigen Monaten noch enge Beziehungen zu der Dortmunder Gruppe unterhielt. Sie hoben den NSDAP-Bezug der Gruppe besonders hervor, deren Kopf ein 26-jähriger Neonazi aus dem nahen Herdecke ist, ein junger Familienvater, der in Dortmund sein Abitur nachholt. »Dennis Giemsch hat sich immer nach dem 25-Punkte-Programm der NSDAP gerichtet.«[5]

Demonstration der »Autonomen Nationalisten« am 31. März 2012 in Dortmund.

Das Verbot war der vorläufige Höhepunkt der staatlichen und zivilgesellschaftlichen Auseinandersetzung mit der rechtsextremen Szene, der eine sozialräumliche Analyse des Bielefelder Instituts für interdisziplinäre Konflikt- und Gewaltforschung (IKG) aus dem Jahr 2008 vorausgegangen war. Darin wurde neben dem Stadtbezirk Innenstadt-West, in dem das »Nationale Zentrum« liegt und in dem die meisten NWDO-Aktivisten wohnen, auch der nordöstliche ehemalige Bergarbeiterstadtteil Eving untersucht.[6] Im Ergebnis zeigten sich dort überdurchschnittlich hohe Werte gruppenbezogener Menschenfeindlichkeit.[7] In Eving etwa, wo 2009 das 24 Meter hohe Minarett einer Moschee fertiggestellt wurde, äußerten fast 40 Prozent der Befragten fremdenfeindliche Einstellungen, die als »anschlussfähig« an die Konzepte der Rechtsextremisten gewertet wurden. Auch im südlichen Stadtteil Hörde, wo in der Siedlung »Am Clarenberg« eine Moschee gebaut wird, kam es 2010 zu Bürgerprotesten, die maßgeblich von der rechtspopulistischen Wählerinitiative »Pro NRW« organisiert wurden. Zwei Aufnahmestellen für Asylbewerber – in Hacheney und Lütgendortmund – geraten ab 2011 ebenfalls in den Fokus der Rechtsextremisten. Das Thema wurde zum Aktions- und Agitationsfeld ihrer rassistisch und völkisch-nationalen Ideologien. Eine dritte Aufnahmestelle kam später im nördlichen Stadtteil Derne hinzu, die erst im Sommer 2012 wegen des wachsenden Andrangs von Flüchtlingen aus Mazedonien und Serbien, Syrien und Afghanistan eingerichtet wurde. Allerdings gründeten Anwohner an allen drei Standorten »Runde Tische« gegen Rechtsextremismus und wurden vonseiten der Stadt in ihrem Engagement unterstützt, während die Rechtsextremisten vergeblich um die Zustimmung der Bevölkerungsmehrheit warben.

Wegen der wachsenden rechtsextremen Szene in Dortmund hatte die Stadt 2007 eine »Koordinierungsstelle für Vielfalt, Toleranz und Demokratie« gegründet, die an das Büro des Oberbürgermeisters angegliedert wurde. Zuvor konnte sich fünf Jahre lang die junge, äußerst dynamische Szene der »Autonomen Nationalisten« (AN) ungestört ausbreiten. Mit der Analyse und den Handlungsvorschlägen der Bielefelder Forscher hatte die Stadt aber nun Instrumente an der Hand, dem Rechtsextremismus zu begegnen. Diese wurden konsequent umgesetzt, parallel zur Arbeit der Polizei, deren Schwerpunkt sich in der Stadt nach dem Regierungswechsel in Düsseldorf im Sommer 2010 – von einer christlich-liberalen Koalition hin zu einer rot-grünen – in Richtung Bekämpfung des Rechtsextremismus verschob. Während in den Jahren davor der Rechtsextremismus in Dortmund ignoriert und bagatellisiert wurde, gab es parallel zu den landespolitischen Interventionen des Innenministeriums sowie den zivilgesellschaftlichen Maßnahmen des Familienministeriums (Förderung von Opferberatungsstellen) Änderungen in den polizeilichen Strukturen der Stadt Dortmund und ein Umdenken innerhalb der Polizei. Ein neuer Polizeipräsident begann seine Arbeit und gleichzeitig nahm Anfang 2012 eine polizeiliche »Task Force« ihre Arbeit auf. Bis zum Verbot des NWDO im August war der staatliche Druck auf die Szene fortlaufend erhöht worden.

Ausgestellt wurde das Verbot vom Innenminister bereits am 10. August – einen Tag, nachdem sein Ministerium für die Landesregierung eine kleine parlamentarische Anfrage der Landtagsabgeordneten Verena Schäffer (Die Grünen) aus der Dortmunder Nachbarstadt Witten beantwortet hatte:[8] Schäffer wollte wissen, wie viele Straftaten rechtsextrem politisch motivierter Kriminalität (»PMK-rechts«) das Landeskriminalamt im ersten Halbjahr bereits registriert hatte. Die Antwort ließ zum einen die weitere landesweite Zunahme rechtsextremer Gewalt erkennen. Zum anderen wurde keine andere Stadt in diesem Zeitraum so häufig zum Tatort rechtsextremer Straftaten wie Dortmund: Hier wurden 131 Straftaten gezählt, darunter zehn Körperverletzungsdelikte, etliche Sachbeschädigungen, Volksverhetzungsdelikte und Verstöße gegen das

Schweigemarsch von über 8000 Polizistinnen und Polizisten am 19. Juni 2000 in Dortmund zum Gedenken an die drei ermordeten Polizisten Yvonne Hachtkemper, Thomas Goretzky und Matthias Larisch von Woitowitz.

Versammlungsrecht. Unterdessen liefen bei »Back UP«, der ersten Beratungsstelle für Opfer rechtsextremer Gewalt in NRW, bis zu diesem Zeitpunkt 28 Fälle auf, in denen Dortmunder zu Opfern rechtsextremer Gewalt geworden waren. Darunter etliche, bei denen die Täterschaft aus dem Umfeld des NWDO eindeutig war. Immer wieder wurden hier Migranten und linksalternative Jugendliche angegriffen – aber auch politische Organisationen wie der Deutsche Gewerkschaftsbund (DGB), die Partei »Die Linke« oder die »Sozialistische Jugend Deutschlands (SJD) – Die Falken«, deren Einrichtungen gleich mehrfach mit rechtsextremen Parolen beschmiert worden waren.

Die Zustellung der endgültigen Verbotsverfügung erfolgte über einen »Trick«: Frühmorgens um 4 Uhr, noch vor dem allgemeinen Wecken, erhielten einige inhaftierte Mitglieder des NWDO die Urkunde. So etwa der rechtsextreme Gewaltverbrecher Sven Kahlin, der zu diesem Zeitpunkt in der Justizvollzugsanstalt (JVA) in Münster einsaß. Aus der Haft heraus war es ihnen nicht möglich, die Szene rechtzeitig vor der Razzia zu warnen. Aber nach der förmlichen Zustellung war das Verbot nun wirksam. In der Folge erschienen Polizisten auch vor den Wohnungen der »Skinhead Front Dorstfeld« (SFD), der Sven Kahlin und einige andere Mitglieder des NWDO angehörten. Die Gruppe, aus der es immer wieder zu Angriffen gekommen war, hatte sich 2004 gegründet, ein Jahr, bevor der damals 17-jährige Kahlin den Punker Thomas »Schmuddel« Schulz in der zentralen Dortmunder U-Bahn-Station »Kampstraße« erstach. Die SFD umfasste einen Kern von 15 Personen sowie einen größeren Freundeskreis,[9] der mit dem in Deutschland verbotenen rechts-

extremen Netzwerk »Blood & Honour«[10] verbunden war. Äußerlich orientierten sich die Mitglieder der SFD am Kleidungsstil der Skinheadszene. Die meisten kamen aus bildungsferneren Milieus. Auch die Frauen der SFD fielen regelmäßig durch Gewalttaten auf: Erst wenige Wochen vor dem Verbot hatten zwei von ihnen eine schwarze 20-jährige Deutsche in einem Schnellrestaurant zusammengeschlagen.

Bislang wurden in Dortmund mindestens fünf Menschen durch rechtsextreme Gewalt getötet: Ein Jahr nach Thomas Schulz wurde am 4. Juni 2006 der türkischstämmige Kioskbesitzer Mehmet Kubaşık von den Mitgliedern des rechtsterroristischen »Nationalsozialistischen Untergrunds« (NSU) erschossen.

Dessen mutmaßlich wichtigster Unterstützer, der ehemalige stellvertretende NPD-Landesvorsitzende und Kameradschaftsführer aus dem thüringischen Jena, Ralf Wohlleben, unterhielt lange Zeit engen Kontakt zum NWDO. Und am 14. Juni 2000 hatte der Dortmunder Neonazi Michael Berger die drei Polizisten Yvonne Hachtkemper, Thomas Goretzky und Matthias Larisch von Woitowitz erschossen. Anschließend tötete er sich selbst.

Es sollte jedoch noch einige Jahre dauern, bis sich die Stadtgesellschaft geschlossen dem Rechtsextremismus entgegenstellte. Bis 2009 hatten die Rechtsextremisten einige Straßen und Plätze strategisch besetzt und in Dortmund einen der wichtigsten jährlichen Aufmärsche der rechtsextremen Szene in Europa organisiert, den sie als »Antikriegstag« (AKT) titulierten, der aber von der hiesigen Öffentlichkeit jahrelang ignoriert worden war.

Das änderte sich nach einem gewalttätigen Überfall von rund 400 Neonazis auf eine Kundgebung des DGB am 1. Mai 2009 im Stadtzentrum. Von nun an war die Bedrohung für die gesamte Stadtgesellschaft spürbar. Der Widerstand gegen die Neonazis, der sich bislang vor allem auf das politisch linke Lager und die mit ihm verbundene Antifa beschränkt hatte, wurde zum gesellschaftsübergreifenden Konsens. So konnte sich die rechtsextreme Szene zuletzt zwar weiter professionalisieren – etwa hinsichtlich des Ausbaus ihrer Infrastruktur, des Organisationsgrades ihrer Veranstaltungen und der Nutzung neuer Medien – stagnierte aber seit 2009 zahlenmäßig.[11] Als Reaktion darauf wandelten vor allem die AN ihre Wut in einen dauerhaften Aktionismus: Sie folgten einer doppelten Agenda, ähnlich einem Veranstaltungskalender, die das gesellschaftliche Leben in Dortmund dauerhaft störte. Mit legalen öffentlich wirksamen Aktionen einerseits und verstecktem Straßen- und Psychoterror gegen zu Feinden erklärte Personen andererseits.

Während nun immer mehr Menschen gegen die Neonazis protestierten, ließ deren Mobilisierungskraft nach. Nahmen im Jahr 2008 noch weit über tausend Rechtsextremisten aus ganz Deutschland und aus dem europäischen Ausland am »Antikriegstag« in Dortmund teil, waren es 2011 nur noch 700. Der rechtsextreme Kampf um die politische Deutungshoheit und um einzelne Stadtteile dauerte jedoch an. Noch immer galt etwa die Ansage der AN: »Der Wilhelmplatz ist unser!«[12] Sie markierten damit einen zentralen Platz in Dorstfeld für sich. Der Kampf um öffentliche Räume in der Stadt verstärkte sich immer im Vorfeld des »Antikriegstages«, bis am 23. August 2012 mit der Verbotsverfügung eine Vorentscheidung fiel – gegen die Neonazis. Dessen ungeachtet wollten diese eine Woche später, am 1. September, eine Demonstration abhalten. Mit dem Hinweis auf das Verbot konnte der Polizeipräsident den Aufmarsch aber verbieten. Vergleichbare Demonstrationsverbote waren in den vergangenen Jahren zumeist an der Entscheidung des Bundesverfassungsgerichts gescheitert, das vom Anmelder der Demonstration, Dennis Giemsch, auch 2012 angerufen worden war und in vorangegangenen Jahren das von niederen Instanzen ausgesprochene Demonstrationsverbot aufgehoben hatte.

Polizeirazzia in den Vereinsräumen der »Autonomen Nationalisten« in der Rheinischen Straße 135 am 23. August 2012.

Nach den Razzien vom frühen Morgen, in denen die Polizei auch einige Wohngemeinschaften am Wilhelmplatz und in den Nebenstraßen durchsucht hatte, kam am Ende nur noch ein Info-Lastwagen der NPD auf den Platz gefahren, der bislang eine »national befreite Zone« sein sollte. Üblicherweise wurden hier bis dato sogar Fernsehteams von den AN nach einer Drehgenehmigung gefragt. Dabei verfolgten sie eine Behelligungsstrategie; ihre Ansprache wurde fotografiert, dokumentiert und auf dem eigenen Internetportal kommentiert.[13] Während einige Fernsehredaktionen auf diese Konfrontation bereitwillig eingingen, um sie in ihren Sendungen abzubilden, sendeten die Rechtsextremisten wiederum das Spiegelbild über E-Mail und soziale Netzwerke an die eigenen Adressaten, zusätzlich verlinkten sie die im Internet frei zugänglichen Fernsehbeiträge auf ihren eigenen Webseiten. Dadurch kam es zur Vervielfältigung einer von den Rechten provozierten und inszenierten Wirklichkeit. Die Dortmunder AN hatten sehr schnell gelernt, die öffentliche Aufmerksamkeit in der Berichterstattung für ihre Zwecke zu fördern und zu nutzen.

Am Sonntag nach den Razzien sollten die Dortmunder Bürger einen neuen Stadtrat wählen, sodass der 23. August auch in den Wahlkampf fiel: Stefan Köster, der aus Dortmund stammende NPD-Landesvorsitzende von Mecklenburg-Vorpommern, stand an diesem Tag auf dem Wilhelmplatz, sogar Holger Apfel, der Bundesvorsitzende aus dem sächsischen Riesa, half im Wahlkampf. Er saß auf einer Parkbank umgeben von Polizisten, die seit den frühen Morgenstunden hier geblieben waren. Apfel sagte schließlich mit Blick auf die Polizisten: »Als ob sie das absichtlich heute gemacht hätten, weil sie ja wussten, dass wir von der NPD hier sein werden, wir waren ja angemeldet.«[14] Tatsächlich fanden die Polizisten in einem Nebenraum des »Nationalen Zentrums« einige hundert Meter von hier etwa eintausend NPD-Wahlkampfplakate. Innenminister Ralf Jäger wertete die Verbindung der NPD zum nunmehr verbotenen NWDO später als weiteres Argument für ein Verbot der rechtsextremen Partei, für das er sich in der Innenministerkonferenz (IMK) der Länder mit großem Engagement ausspricht.

Dabei ist die NPD im östlichen Ruhrgebiet schwach. Sie war im Wahlkampf insbesondere in den vergangenen sechs Jahren auf die Hilfe der zumeist parteiungebundenen Neonazis des NWDO angewiesen. Erst vor ein paar Monaten waren einige von dessen Vorstandsmitgliedern – laut Innenministerium und Polizei besaß der NWDO einen Vorstand – in die Partei eingetreten, ohne dies öffentlich zu machen. Das hatte vor allem taktische Gründe, wie es in der NPD-Spitze hieß, im Vorgriff auf zu erwartende juristische Konsequenzen. Möglicherweise haben die neuen Parteimitglieder von Holger Apfel geahnt, dass ihre Gruppe bald eine verbotene Vereinigung sein würde. Tatsächlich meldeten die Jungen Nationaldemokraten (JN), die Jugendorganisation der NPD, wenige Tage nach dem Verbot des NWDO und der beiden rechten Kameradschaften eine Demonstration im Stadtzentrum an, zu der 32 Rechtsextremisten erschienen, von denen etwa die Hälfte dem verbotenen NWDO zugerechnet werden.

Bei der Ratswahl vom 26. August 2012 erlangte die Dortmunder NPD schließlich zwei Mandate (1,9 Prozent). Den vorherigen sehr materialintensiven Wahlkampf führte sie mit massiver Unterstützung der Bundespartei, die als Wahlziel »drei Prozent«[15] formuliert hatte. Die lange Zeit im Stadtrat vertretene rechtsextreme DVU hatte sich bereits Anfang des Jahres aufgelöst. Bei der Wahl 2009 waren DVU und NPD zusammen noch auf 2,8 Prozent der Stimmen gekommen. Die rechtspopulistische Wählerinitiative »Pro NRW« hatte 2012 nicht teilnehmen dürfen, weil es sich bei dieser Wahl um eine Wiederholung der Ratswahl von 2009 handelte. Zudem verfügt »Pro NRW« über keine arbeitsfähigen Strukturen in Dortmund. Ihr lokaler Ansprechpartner ist das ehemalige Landesvorstandsmitglied André Picker, ein Strafverteidiger, der einige Mitglieder des nunmehr verbotenen NWDO zu seinen Mandanten zählt. Picker selbst lehnt es allerdings ab, für »Pro NRW« in Dortmund öffentlich in Erscheinung zu treten, weil er sich auf die »Juristerei konzentriert«.[16] Wegen des strukturellen Vorsprungs und der finanziellen Vorteile der NPD-Parlamentariergruppe wird es »Pro NRW« auf längere Sicht nicht gelingen, die NPD in Dortmund zu verdrängen, wie ihr das bereits im westlichen Ruhrgebiet gelungen war, etwa in Duisburg und Gelsenkirchen. Nicht zuletzt auch deshalb nicht, weil einige führende Köpfe des verbotenen NWDO die NPD mit ihrem Parteieintritt verstärkten. Trotzdem besteht die strukturelle Schwäche der Landes-NPD fort, die bei der Landtagswahl am 9. Mai 2012 NRW-weit nur auf 0,5 Prozent kam. Ihre seltenen öffentlichen Veranstaltungen besuchen im Schnitt kaum mehr als 30 Menschen. Politisch konzentriert sie sich – etwa vor der Dortmunder Ratswahl – auf das Thema »Überfremdung«.

Dennis Giemsch während einer Demonstration auf der Katharinenstraße in Dortmund am 2. September 2010.

Ihren Höhepunkt erlebten die rechtsextremen Parteien 1989, als die Republikaner (REP) bei der Kommunalwahl in Dortmund 6,3 Prozent der Stimmen errangen. Nie wieder erreichte eine andere Partei aus diesem Spektrum hier seither ein auch nur annähernd so starkes Wahlergebnis. Die Stadt hat zwischenzeitlich eine deutliche Gewichtsverschiebung erfahren – von den »parteiförmigen« zu den »bewegungsförmigen« Rechtsextremisten, deren stärkste Gruppe die AN darstellen. Diese sehen sich als Sozialrevolutionäre, die sich nicht für den parlamentarischen Weg entschieden haben, den die NPD eingeschlagen hat. Ihre Beziehung zu den Parteien der extremen Rechten machte ihr Anführer Dennis Giemsch wie folgt klar: »Ich wünsche der NPD viel Glück auf ihrem Weg, aber wir glauben nicht an die Demokratie.«[17] Über die rechtspopulistische »Pro NRW« äußerte er sich noch distanzierter: »Weltanschaulich können wir mit PRO NRW überhaupt nichts anfangen. Auch wenn die sich natürlich nach außen ganz anders geben, als sie tatsächlich denken. Aber das machen ja sämtliche Parteien in dem Spektrum. Das ist natürlich heuchlerisch.«[18]

Unterdessen liegt der sich stetig wandelnden rechtsextremen Szene in Dortmund ein vierstufiges Konzept des Raumordnungskampfes[19] zugrunde, das sich über »Provokationsgewinne«, »Räumungsgewinne«, »Raumgewinne« bis hin zu »Normalisierungsgewinnen« steigert. Die Szene stagnierte jedoch nach ihrem zunächst rasanten Aufstieg seit 2009 auf der dritten Stufe dieses Konzepts, den Raumgewinnen. Die Stadtgesellschaft hat den Raumkampf angenommen. Daraus entwickelte sich etwa die westfälische Beratungsstelle für Opfer rechtsextremer Gewalt »Back UP« mit Sitz in Dortmund.

Dass Dortmund überhaupt zu dieser Hochburg der AN werden konnte, hatte damit zu tun, dass im Jahr 2003 15 junge Menschen in drei politisierten Wohngemeinschaften lebten, die soziale Problemlagen der Stadt aufgegriffen und ein attraktives, aktionistisch orientiertes Angebot für eine Gruppe junger Erwachsener geschaffen hatten. Mit der direkten Aufforderung »Beweg was in der Stadt« gingen die AN auf Jugendliche aus verschiedenen Subkulturen zu und versuchten, deren Unzufriedenheit anzusprechen: Sie positionierten sich als städtische Akteure, die Einfluss nicht nur auf den Straßen und Plätzen in Dortmund haben wollten, sondern auch in der Lokalpolitik. Sie stellten sich im Internet und auf ihren Flugblättern als ehrenamtliche Akteure dar, die im Gegensatz zu den städtischen Angestellten für ihre Arbeit nicht bezahlt werden. Sie riefen zu Spenden auf und gerierten sich als eine rechtsextreme Nichtregierungsorganisation, die an Infotischen um Unterstützung warb. In ihren Wohngemeinschaften boten sie Ausreißern ein Zuhause. Die Gruppe galt als Familienersatz, in der Politisches und Privates vermengt wurde. Es fällt durch die Auswertung von Gerichtsakten sowie bei den Interviews mit Aussteigern aus der rechtsextremen Szene auf, dass die meisten AN aus instabilen Familienverhältnissen stammen. Dies ist das größte übereinstimmende Merkmal, außer »männlich« und »jung«. Ihr Bildungshintergrund dagegen ist unterschiedlich, ebenso ihre sozioökonomische Herkunft.

Eingang zum Kiosk von Mehmet Kubaşık,
in dem er von den Rechtsterroristen des »NSU«
erschossen wurde.

Die meisten ihrer öffentlichen Aktivitäten fanden aber unterhalb der strafrechtlich relevanten Schwelle statt. Sie waren uneindeutig oder schlicht nicht verboten. Aber immer wieder kam es auch zu anonymen Schikanen, zu Buttersäureanschlägen auf Gebäude, Sachbeschädigungen, zu Psycho- und Telefonterror – oder es wurden einfach Scheiben eingeschlagen und Hakenkreuze auf Haustüren unliebsamer Menschen gesprüht. Politische Gegner wurden gestalkt, verfolgt und bis aufs Ärgste genervt, zum Beispiel mit nächtlichem Telefonterror. Wichtigstes Rekrutierungsfeld war dabei die riesige Anhängerschaft des Fußballbundesligisten Borussia Dortmund (BVB) beziehungsweise dessen sehr lebendige Ultra-Szene, die die AN stellenweise unterwandern konnten. Lange Zeit verweigerte der BVB sich einer Positionierung zu diesem Problem, wie es für die übrige Stadtgesellschaft längst üblich war. Dabei hatte der NWDO sogar seine

Ursprünge in der Fanszene des BVB: in der rechtsextremen »Kameradschaft Dortmund« und dem mit ihr verbundenen Fanclub »Borussenfront«. Die Kameradschaft war 1982 gegründet worden, auch vom späteren stellvertretenden Bundesvorsitzenden der rechtsextremen »Freiheitlichen Deutschen Arbeiterpartei« (FAP), Siegfried Borchardt. Wegen dieser Traditionslinien, denen der NWDO folgte, sah das Innenministerium in jenem einen Verein, der bereits seit 1983 bestand – also seit einer Zeit, zu der noch keine seiner aktuellen Führungsfiguren geboren war. Auch die Wohnung von Siegfried Borchardt wurde bei der Verbotsrazzia durchsucht – nur wenige Meter von dem Kiosk entfernt, in dem Mehmet Kubaşık erschossen worden war. Sechs Tage nach den Razzien beim NWDO kündigte der BVB schließlich einen »Runden Tisch gegen rechtsextreme Tendenzen im Stadion« an.[20]

Zwei Tage später – einen Tag vor dem geplanten Neonaziaufmarsch am 1. September – verwarf das Bundesverfassungsgericht in Karlsruhe die Beschwerde des Dortmunder Neonazis Dennis Giemsch gegen das Demonstrationsverbot, das der Dortmunder Polizeipräsident zuvor ausgesprochen hatte: mit dem Hinweis auf das Verbot des NWDO, der ja hinter dem jährlich wiederkehrenden »Antikriegstag« stand. Damit war dieser – genauso wie der NWDO – Geschichte. Nur wenige Tage später gründeten Giemsch (als Vorsitzender) und einige andere ehemalige Mitglieder des NWDO am Dorstfelder Wilhelmplatz einen Landesverband der im Mai von dem Hamburger Neonazi Christian Worch gegründeten Partei »Die Rechte«. Worch kündigte an, mit dieser bei kommenden Wahlen antreten zu wollen. Für den Dortmunder Aussteiger Michael M. war klar, dass dies nur ein »Plan B« war, den man »im Vorfeld organisiert« habe, weil die Szene immer mit einem Verbot gerechnet hätte. »Die brauchen einfach ein Label, um weiter agieren zu können«,[21] kommentierte er die Partei »Die Rechte«, in der sich auch Ex-FAPler Siegfried Borchardt einbringen will.

1 Ministerium für Inneres und Kommunales des Landes Nordrhein-Westfalen: Verbotsverfügung vom 10. 8. 2012, Az. 402-57.07.12, liegt der Autorin in Kopie vor. **2** Bedeutsam ist die Geschichte der Besetzung eines Hauses durch die rechtsextreme Szene in der Lichtenberger Türrschmidtstraße 17 im Frühjahr 1990. Da das Gebäude der Bezirksverwaltung für Straßenwesen gehörte, bot die staatliche Kommunale Wohnungsverwaltung (KWV) den Besetzern mehrere Ausweichprojekte an, unter anderem auch das später berüchtigte Haus Nr. 122 in der Weitlingstraße. Dieses Haus war nie besetzt, es existierten Mietverträge. Vgl. Claudia Luzar / Bernd Wagner / Dierk Borstel / Gabriel Landgraf: Rechtsextremismus in der Weitlingstraße – Mythos oder Realität? Problemaufriss im Berliner Bezirk Lichtenberg, Berlin 2006, S. 17–19. **3** Ministerium für Inneres und Kommunales des Landes Nordrhein-Westfalen: Verbotsverfügung vom 10. 8. 2012, Az. 402-57.07.12. **4** Name geändert, in einem Interview mit der Autorin, Juli 2012. **5** Steve H. im Interview mit der Autorin, Juni 2012. **6** Wilhelm Heitmeyer / Dierk Borstel / Andreas Grau / Sandra Legge / Claudia Luzar / Julia Marth: Analysen und Handlungsvorschläge zum Rechtsextremismus in Dortmund, Bielefeld 2009. **7** Gruppenbezogene Menschenfeindlichkeit umfasst verschiedene Einstellungen, die Feindlichkeit gegenüber Gruppen von Menschen ausdrücken. Die einzelnen Ausprägungen der Gruppenbezogenen Menschenfeindlichkeit, wie sie die Forschungsgruppe um Professor Wilhelm Heitmeyer herausgearbeitet hat, sind Rassismus, Fremdenfeindlichkeit, Antisemitismus, Islamphobie, Etabliertenvorrechte (d. h. dass diejenigen, die zuerst da sind, mehr Rechte haben sollen als etwa Zugezogene), Sexismus und Heterophobie (d. h. Angst vor Menschen, die von der Mehrheitsgesellschaft als »anders« definiert werden, z. B. Homosexuelle, Behinderte oder Obdachlose). **8** Landtag Nordrhein-Westfalen – 16. Wahlperiode, Drucksache 16/508: Straftaten im Bereich der politisch motivierten Kriminalität – rechts in NRW im ersten Halbjahr 2012, 9. 8. 2012. **9** Olaf Sundermeyer / Claudia Luzar / Dierk Borstel: Rechtsextreme Strukturen in Dortmund. Formationen und neuere Entwicklungen – ein Update 2011, Dortmund 2012, S. 24. **10** Dieses Netzwerk organisiert europaweit Rechtsrock-Konzerte und den Vertrieb neonazistischer Musik. Obwohl es hierzulande seit 2000 verboten ist, operieren zahlreiche Akteure nach wie vor konspirativ und unter dem Radar der Strafverfolgungsbehörden. **11** Olaf Sundermeyer / Claudia Luzar / Dierk Borstel: Rechtsextreme Strukturen in Dortmund. Formationen und neuere Entwicklungen – ein Update 2012, Dortmund 2012, S. 9. **12** Eigene Beobachtung, Schablonengraffiti auf dem Wilhelmplatz, 30. 8. 2009. **13** http://infoportal-dortmund.net, (Retrived 22. 12. 2012). WDR in Dorstfeld mittlerweile ein Dauergast, 22. 11. 2011. WDR in Dorstfeld mittlerweile ein Dauergast, 22. 11. 2011. **14** Olaf Sundermeyer: Rechter Terror in Deutschland – Eine Geschichte der Gewalt, München 2012, S. 193. **15** Holger Apfel, Bundesvorsitzender der NPD, bei einem Gespräch in Dortmund, 23. 8. 2012. **16** André Picker, Interview 30. 6. 2012. **17** Olaf Sundermeyer / Claudia Luzar / Dierk Borstel: Strukturen, Rechtsextreme Strukturen in Dortmund. Formationen und neuere Entwicklungen – ein Update 2012, Dortmund 2012, S. 14. **18** Claudia Luzar/Olaf Sundermeyer: Gewaltige Energie. Dortmund als Hochburg der Autonomen Nationalisten, Berlin 2010, S. 184. **19** Wilhelm Heitmeyer: Sozialräumliche Machtversuche des ostdeutschen Rechtsextremismus – Zum Problem unzureichender politischer Gegenöffentlichkeit in Städten und Kommunen, Weinheim 1999, S. 67–71. **20** Borussia Dortmund: Information für die Medien, 29. 8. 2012. **21** Michael M. im Interview mit der Autorin, September 2012.

TURNSCHUHE STATT SPRINGER-STIEFEL

DIE WANDLUNG DER JUGENDKULTUR IN DER RECHTSEXTREMEN SZENE

Johannes Radke

Die Polizei staunte nicht schlecht: Im Dezember 2003 tauchten bei einem Naziaufmarsch in Berlin plötzlich 30 schwarz gekleidete Jugendliche mit roten Fahnen auf, einige trugen T-Shirts mit dem Porträt des weltweit von linken Aktivisten verehrten Ernesto »Che« Guevara. Die Beamten hielten die Gruppe für Gegendemonstranten und stoppten sie. Doch die Jugendlichen gaben sich als Neonazis zu erkennen. Auf Nachfrage von Journalisten, was denn die rote Fahne bedeuten solle, antwortete die Gruppe, sichtlich stolz auf ihren Scherz: Sie hätten da wegen der aktuellen Gesetzeslage leider zwei Symbole weglassen müssen. Gemeint waren der weiße Kreis und das Hakenkreuz, mit denen zusammen ihre Fahne jene der NSDAP ergäbe.[1]

Die Überraschung war groß. Neonazis, die wie Linke aussehen? Die bewusst mit der Vereinnahmung der Symbolik und Ästhetik der politischen Gegner spielen? Das brachte in den folgenden Jahren nicht nur die Sicherheitsbehörden durcheinander; auch in der rechtsextremen Szene selbst wussten und wissen bis heute viele nicht, was sie von dem Phänomen halten sollen. Doch was vor einem Jahrzehnt als bizarre Provokation durch eine Handvoll Aktivisten begann, ist heute fester Bestandteil des deutschen Rechtsextremismus. Mittlerweile gibt es kaum noch einen Aufmarsch, bei dem nicht auch die aggressiven jungen Männer und Frauen von den »Autonomen Nationalisten« (AN) auftauchen. Unter jugendlichen Neonazis sind sie inzwischen die vermutlich stärkste Gruppierung – die klischeehaften Skinheads im Glatze-Bomberjacke-Springerstiefel-Look hingegen gibt es kaum noch.

Die »Autonomen Nationalisten« kleiden sich gern ganz in Schwarz, sie tragen Kapuzenpullover, Baseball-Mützen und Sonnenbrillen. Sie sind aggressiv und bekämpfen politische Gegner gezielt mit Gewalt. Auf Demonstrationen versuchen sie, durch einen militanten Habitus Stärke zu zeigen gegenüber dem ihnen verhassten Staat. Das Bundesamt für Verfassungsschutz geht davon aus, dass die AN deutschlandweit inzwischen rund tausend Anhänger zählen, das entspräche knapp einem Fünftel des gesamten gewaltbereiten Neonazi-Spektrums. Und während die NPD zumindest nach außen versucht, ihre Verehrung des historischen Nationalsozialismus zu verschleiern, bekennen sich die »Autonomen Nationalisten« offensiv zur NS-Ideologie. Sie fordern einen »Nationalen Sozialismus« und sehen sich als Nachfolger von Adolf Hitlers SA-Schlägertrupps. Das bemüht bürgerliche Auftreten der NPD hingegen gilt den AN als Zeichen der Schwäche.

Die »Autonomen Nationalisten« zeigen am deutlichsten, wie sehr sich der Rechtsextremismus im letzten Jahrzehnt gewandelt hat – und mit ihm die Möglichkeiten, neue Anhänger zu rekrutieren. »Ob du Hip-Hopper, Rapper oder sonst irgendwas [bist], ob du Glatze oder lange Haare hast: Völlig egal! – Hauptsache du bist gegen das herrschende System!«, heißt es einladend in einem »Handbuch der Autonomen Nationalisten«, das seit 2008 in der Szene kursiert.

Teilnehmer einer NPD-Demonstration in Berlin-Marzahn am 18. Oktober 2008.

Die AN haben richtig erkannt: Die strengen Dogmen anderer rechtsextremer Vergemeinschaftungsangebote, seien es martialische Skinheads oder gescheitelte Braunhemden, sprechen heute noch weniger Jugendliche an als früher – das hippe und sportliche Auftreten der AN hingegen schon. Statt öder Schulungsabende oder »Latschdemos« wie die NPD bieten die AN einen Abenteuerspielplatz. Sie propagieren den »Do-it-yourself-Aktivisten«, der relativ eigenständig oder nur mit wenigen direkten Mitstreitern entscheidet, was er wann tut. Und anders als die Parteijugend Junge Nationaldemokraten (JN) der NPD gelingt es den »Autonomen Nationalisten«, sich authentisch als rebellische Jugendbewegung zu geben. Freihändig klauen diese neuen Nazis, was sie der linken Szene neiden: Mode und Ästhetik, politische Aktionsformen und coole Sprüche.

Zudem tummeln sich die AN ganz selbstverständlich im Internet: Ihren professionell produzierten Webseiten und YouTube-Videos ist deutlich anzumerken, dass sie die ersten Digital Natives der extremen Rechten sind. Und für den eigenen Alltag hat es ganz greifbare Vorzüge, dass die AN nicht mehr einem klar vom jugendlichen Massengeschmack abgegrenzten Dresscode folgen müssen. Die Symbole und Codes ihrer Szene können nur Eingeweihte entschlüsseln, was es ermöglicht, sich weitgehend unerkannt und ohne gesellschaftliche Sanktionen zu bewegen. In der Schule, am Arbeitsplatz oder auf der Straße müssen sie sich so kaum noch für ihre rechtsextreme Gesinnung rechtfertigen.

Die »Autonomen Nationalisten« schaffen, was bislang in der rechtsextremen Szene als Ding der Unmöglichkeit galt: Sie leben gleichzeitig verschiedene Identitäten. Sie können am einen Tag Hip-Hop hören und Döner essen, am nächsten beim Aufmarsch für eine »reine Volksgemeinschaft« mitlaufen. Von Patchworkidentitäten sprechen Soziologen: Man mischt zusammen, was gefällt. Ein Trend, der schon länger bei Jugendlichen zu beobachten ist – nun ist er auch in der Naziszene angekommen.

ANYTHING GOES: HITLER-BÜSTE UND HIP-HOP, NAZI-SCHEITEL UND KAPUZENPULLI

Die Suche nach den Anfängen der »Autonomen Nationalisten« führt nach Berlin. Dort gründete sich im Jahr 2000 die »Kameradschaft Tor« (KS Tor) – anfangs eine ganz normale Neonazi-Kameradschaft, wie sie als lose organisierte Trupps junger Rechtsextremer seit Mitte der 1990er Jahre bundesweit entstanden.[2] Doch die rund 15 Mitglieder des inneren Kerns wohnten fast alle im Stadtteil Lichtenberg, und der grenzt an den seit 1989 von der Hausbesetzerbewegung geprägten Bezirk Friedrichshain. Ihre Lebenswelt war eine völlig andere als die einer traditionellen Kameradschaft in einem Dorf irgendwo in Brandenburg, ihre Jugend prägte das urbane Umfeld. Sie mussten nur zwei Stationen mit der U-Bahn fahren, um die Erfolge von Linksalternativen vor Augen geführt zu bekommen: Hausprojekte, florierende Kneipen und Konzertorte oder auch die als sehr durchsetzungsfähig empfundene Demonstrationstaktik des Schwarzen Blocks der Autonomen.

Die eigene Szene hingegen empfanden sie als öde, Kleidungsstil und Musik als unzeitgemäß – die selbstbewussten Jung-Neonazis aber, kaum jemand war älter als 20, wollten auch cool sein. Von den Strukturen her war die »KS Tor« eine klassische Kameradschaft, man zahlte Mitgliedsbeiträge, traf sich jedes zweite Wochenende in Kneipen oder Privatwohnungen, um Aktionen zu planen. Inhaltlich vertrat die Gruppe einen »dogmatischen, nationalsozialistischen Führerkult«[3], aber nach außen begann sie sich stilistisch zu modernisieren. Die Jungnazis fingen an, sportliche Kleidung zu tragen, Turnschuhe, Cargohosen und Kapuzenpullover. Sie merkten schnell, dass man so in der Masse der Großstadt untertauchen konnte und auf andere Jugendliche nicht abschreckend wirkte – wie die kahlgeschorenen Sauf-Nazis aus der Rechtsrockszene.

Rudolf-Heß-Gedenkmarsch
in Wunsiedel, 2004.

2002 tauchten erste Aufkleber der »KS Tor« mit dem fiktiven Gruppennamen »Autonome Nationalisten Berlin« auf. Bei einem NPD-Aufmarsch am 1. Mai 2003 wurde erstmals ein Transparent mit dem Schriftzug »Autonome Nationalisten« gezeigt – mitgebracht hatten es Kameraden aus Dortmund, die zu jener Zeit einen ähnlichen Prozess wie die »KS Tor« durchmachten und in engem Kontakt mit den Berlinern standen.[4] Im Forum der später gehackten Website freier-widerstand.net, die junge Neonazis aus dem Ruhrgebiet betreuten, wurde das neue Konzept in der Folgezeit maßgeblich diskutiert und propagiert.

Aktion der »KS Tor« zum Richtfest des Denkmals für die ermordeten Juden Europas in Berlin (Handyfoto).

In der Folgezeit nutzte die »KS Tor« immer offensiver popkulturelle Elemente der alternativen Szene. Bei einer Störaktion gegen das Richtfest des Denkmals für die ermordeten Juden Europas entfalteten sie ein Transparent mit einem Liedzitat der Popband »Wir sind Helden«. »Hol den Vorschlaghammer – Sie haben uns ein Denkmal gebaut.« Auch das Verwirrspiel mit der Kleidung genossen die »KS Tor«-Mitglieder sichtlich. Während sie auf den meisten Veranstaltungen im urbanen Outfit mit schwarzen Windjacken und Sonnenbrillen zu sehen waren, tauchten sie beim Rudolf-Heß-Marsch 2004 in Wunsiedel plötzlich uniform im NS-Trachten-Look auf mit weißen Kragenhemden und wallenden Röcken.[5] Die neue Offenheit der AN erlaubte ihnen, mehrere Identitäten auszuleben, ohne sich um die damit verbundenen Widersprüche zu kümmern. Sie konnten parallel AN-Straßenkämpfer und völkische Scheitel-Nazis sein, hatten in ihrer WG eine Hitler-Büste stehen und in der CD-Sammlung Scheiben des Hip-Hop-Labels »Aggro Berlin«. Dieser extreme Spagat kennzeichnet die AN-Szene bis heute.

Zu einem von der NPD angemeldeten Aufmarsch am 1. Mai 2004 in Berlin riefen die »Autonomen Nationalisten« erstmals offiziell dazu auf, einen »NS Black Block« zu bilden: Nach Vorbild der Linken sollte es »Blockaden, Besetzungen, Verweigerungen« geben. »Es ist an der Zeit, dass wir [...] damit beginnen, uns neu zu organisieren«, hieß es in einem Aufruf in einem rechtsextremen Internetforum. »Der gewaltfreie, friedliche Kampf hat fast 60 Jahre stattgefunden, und wir haben nichts erreicht. Es ist unverantwortlich, wenn heute noch Kameraden davon reden, absolut und situationsunabhängig gewaltfrei zu bleiben.«[6] Schon diese Ankündigung sorgte für heftigen Streit mit älteren Neonazis und der NPD. So erhob der Hamburger Neonazi Christian Worch sofort einen typisch völkischen Homogenitätsanspruch: Bei einem rechtsextremen Aufzug brauche man »keinen schwarzen Block, denn unser Zug ist EIN Block« (einige Zeit später änderte Worch seine Meinung und zeigte deutliche Sympathien für die »Autonomen Nationalisten«).[7] Aus dem traditionellen ostdeutschen Kameradschaftsspektrum kam die Warnung, ein allzu militantes Auftreten könnte »Angst im Volk erzeugen«, das man doch eigentlich gewinnen wolle. »Wer unsere politischen Zusammenhänge mit einem Abenteuerspielplatz verwechselt, sollte lieber ganz schnell aus unseren Reihen verschwinden.«[8] Später folgte ein ausführlicher Kommentar aus dem »Aktionsbüro Süddeutschland« um den Münchner Neonazi Norman Bordin: »Wir nationalen Sozialisten sind durch eine gemeinsame Weltanschauung, unter anderem basierend auf den drei Eckpfeilern Arbeit – Ehrlichkeit – Sauberkeit, miteinander verbunden und nicht durch einen von Hip-Hop-Musik geprägten ›Lifestyle‹.« In den eigenen Reihen akzeptiere man keine Leute, »die sich kleiden wie unser Gegner, sich benehmen wie unser Gegner und den Großteil seiner ›politischen‹ Agitationsformen übernehmen«.[9]

Zwar zählte der großspurig angekündigte Block am 1. Mai 2004 nur rund 150 Schwarzgekleidete, und abgesehen von kleineren und erfolglosen Rangeleien mit der Polizei gingen keine Aktionen von ihm aus. Doch in der Szene war der Mythos eines schlagkräftigen »NS Black Block« geboren, der angeblich Polizeiketten durchbrochen hatte. Es folgten immer häufigere und militantere Auftritte bei rechtsextremen Aufzügen. Polizisten, Gegendemonstranten und Journalisten wurden plötzlich Ziel von Flaschenwürfen, Feuerwerkskörpern und anderen Angriffen. Solche Krawallszenen waren bei den auf Ordnung und Disziplin getrimmten Demonstrationen der NPD undenkbar – von nun an gehörten sie zur Inszenierung der AN und lockten gewaltaffine Jugendliche an, die sich früher bei den Aufzügen eher gelangweilt hätten.

Gleichzeitig trieben die Dortmunder und Berliner das Spiel mit linker Symbolik weiter. Was als Rebellion gegen die älteren Kameradschafter und als Provokation ohne langfristiges Konzept begann, wurde zum Selbstläufer. Plötzlich tauchten Neonazis mit einem verfremdeten Logo der Antifa auf: Das runde Symbol mit einer roten und einer schwarzen Fahne war identisch, lediglich die Worte »Antifaschistische Aktion« waren durch »Nationale Sozialisten« ersetzt.[10] Fortan wurden ganze Poster-Designs, Transparente und Schriftzüge linker Gruppen bis ins Detail kopiert, Sprüche persifliert oder gleich unverändert übernommen. Selbst vor Anglizismen scheute man sich nicht, etwa beim Slogan »...tler was alright '33« oder »Fight the system, fuck the law«. All dies war bis dahin unter Rechtsextremisten tabu. Bei Aufmärschen tönten nun aus den Lautsprechern statt dumpfem Rechtsrock populäre Lieder von der Band »Die Ärzte«. Dass die erklärte Nazigegner sind, wurde einfach ignoriert.

»DIE AN WAREN WIE EIN BEFREIUNGSSCHLAG«

Anders als von Beobachtern oft unterstellt, ging diese freizügige Übernahme linker Symbolik und Musik mit keinerlei Aufweichung rechtsextremer Ideologie einher – und sie war alles andere als eine Sympathie-Bekundung. Ganz im Gegenteil sahen die »Autonomen Nationalisten« den gewaltsamen Kampf gegen politische Widersacher von Anfang an als eine ihrer Hauptaufgaben. Die Übernahme stilistischer Elemente der Gegenseite diente allein dazu, das eigene Repertoire subkultureller Ausdrucksformen zu erweitern (und nicht zuletzt sich als Avantgarde der Neonazi-Szene inszenieren zu können). »Mittels dieses Auftretens besteht die Möglichkeit, sozusagen unerkannt, da dem bekannten Bild des ›Faschisten‹ entgegenlaufend, in die bisher von gegnerischen Lagern beherrschten Gebiete vorzudringen, politisch und kulturell«, rechtfertigte der Kölner Kameradschaftsführer Axel Reitz damals die Entwicklung. »Graffities sprühen, unangepasst und ›hip‹ sein können nicht nur die Antifatzkes, sondern auch wir, damit erreichen wir ein Klientel, welches uns bis dato verschlossen geblieben ist.«[11]

Die »Autonomen Nationalisten« fordern von ihren Anhängern nur bedingt »deutsche Tugenden« wie Disziplin oder Ordnung. Für Pubertierende auf Identitätssuche sind sie deshalb attraktiver als andere rechtsextremistische Spektren. »Die AN waren wie ein Befreiungsschlag für mich«, erzählt ein früherer Aktivist. »Vorher gab es in der Naziszene Vorgaben, was Musik, Kleidung, Essen betraf. Danach musstest du dich richten. Und diesen Zwang fanden viele Leute in der Szene scheiße. [Als AN] konnte man freier sein. Du konntest hören was du willst, du konntest Döner essen gehen, du konntest alternative Klamotten tragen. Die Leute machten das ja auch gern. Die haben das nicht nur gemacht, damit sie jemanden ansprechen konnten, sondern weil ihnen das auch selbst gefallen hat.«[12]

Den Modernisierungsprozess zu einem für Jugendliche hochattraktiven Stil, der dem rechtsextremen Spektrum jahrzehntelang gefehlt hatte, vollzogen die »Autonomen Nationalisten« innerhalb kürzester Zeit. Dabei war es kein Zufall, dass die neue Strömung nicht in den rechtsextremen Hochburgen in der ostdeutschen Provinz entstand, sondern in städtischen Ballungsgebieten und im Westen der Republik. Die AN sind quasi eine Reaktion auf die dortige Realität: Dort gibt es eine stärkere gesellschaftliche Gegenwehr und aufmerksamere Behörden als in vielen ländlichen Gegenden der neuen Länder, weshalb man sich als Neonazi besser tarnt. Zudem haben Jugendliche in urbanen Gegenden wie etwa dem Ruhrgebiet oder Berlin mehr kulturelle Angebote – als Rechtsextremist muss man sich da schon etwas Besonderes ausdenken, um konkurrenzfähig zu sein.

Die »Kameradschaft Tor«, quasi die Urzelle der Bewegung, wurde im März 2005 vom Berliner Innensenator verboten. Doch die meisten Mitglieder machten danach in anderen rechtsextremen Gruppen weiter – und vor allem ihr politisches Konzept war zu dem Zeitpunkt schon nicht mehr zu stoppen. Rasant breiteten sich die »Autonomen Nationalisten« aus. Spätestens 2006 waren Gruppen, die sich dem neuen Stil anschlossen, in jedem Bundesland als Teil des neonazistischen Kameradschaftsspektrums präsent.

Trotzdem bezeichnete das Bundesamt für Verfassungsschutz noch 2007 die »Autonomen Nationalisten« als »militante Randerscheinung«. In einer eigens produzierten Broschüre zu den AN sprach die Kölner Behörde von lediglich 150 bis 200 Angehörigen dieser Strömung – eine fatale Fehleinschätzung, wie sich im Folgejahr auf einer Maidemonstration in Hamburg-Barmbek zeigte: Allein dort versammelten sich rund 600 AN-Anhänger und gingen brutal auf Gegendemonstranten, Journalisten und Polizisten los. Die Beamten waren vom Aggressionspotenzial offenbar völlig überrascht und bekamen die Gewalttäter nur mühsam unter Kontrolle. »Wenn sich die Polizei nicht dazwischengeworfen hätte«, sagte hinterher ein sichtlich mitgenommener Einsatzleiter vor der Presse, »dann hätte es Tote gegeben.«[13]

DAS NEUE OUTFIT: HISTORISCHER NATIONALISMUS IM SURFER-LOOK

Am stärksten profitierte von der rechten Stilrevolution vermutlich die Kleidungsmarke Thor Steinar aus Brandenburg. Im Unterschied zu Lonsdale oder Fred Perry, die ursprünglich aus Sportgeschäften stammen und später von Rechtsextremen vereinnahmt wurden, gab es Thor Steinar anfangs fast ausschließlich bei einschlägigen Naziläden und -versandhändlern. Die Macher kombinierten qualitativ hochwertige Stoffe und edles Design mit germanischen Runen und völkischer Symbolik. Mit zynisch-augenzwinkernden Motiven wie »Ski Heil« oder »Hausbesuche« (mit einem Maschinengewehr darunter) wurde die Marke aus dem brandenburgischen Königs Wusterhausen nach ihrem Start 2002 schnell populär in der Szene. Dass das ursprüngliche Runen-Logo wegen Ähnlichkeit mit NS-Symbolen zwischenzeitlich verboten war, dürfte dabei eher noch geholfen haben. Mittlerweile ist Thor Steinar fast im Mainstream angekommen, zu den Käufern zählen heute nicht mehr ausschließlich harte Rechtsextremisten. Trotzdem erfreut sich Steinars Arier-Schick weiter größter Beliebtheit in der Neonaziszene, bei Aufmärschen ist er weiterhin unübersehbar. Allein 2006 machte die Marke einen Jahresumsatz von mehreren Millionen Euro. Selbst als ein arabischer Investor bei der Firma einstieg, änderte das nichts am Kultstatus der Runenklamotten.

Der Wandel und das Wachstum der Szene haben einen ganz neuen Markt eröffnet: Jahrzehntelang boten rechtsextreme Versandhäuser praktisch nur billig produzierte T-Shirts mit schlecht gezeichneten, einfarbigen Motiven. Doch auch rechtsextreme Jugendliche wünschen sich schicke Kleidung. Während Thor Steinar offiziell stets betont, man sei völlig unpolitisch, sprechen mehrere Konkurrenzmarken die Neo-

Teilnehmer einer NPD-Demonstration in Berlin-Marzahn am 18. Oktober 2008.

nazis ganz offen an. Ansgar Aryan aus Thüringen beispielsweise verbindet modernes Surfer-Design mit historischem Nationalsozialismus. Eine ganze Kollektion »Weapons« ist mit Schusswaffen der Wehrmacht bedruckt. Ein anderes Motiv zeigt einen Wehrmachtspanzer mit dem Spruch »Nach Frankreich fahren wir nur auf Ketten«. Die Marke tritt als Sponsor von Naziveranstaltungen und -bands auf und schaltet Anzeigen auf einschlägigen Szenewebseiten.

Seit 2007 setzt auch Erik and Sons auf Runen und Wikinger-Symbolik in sportlicher Verpackung. Der frühere Geschäftsführer Udo Siegmund war zuvor jahrelang bei Thor Steinar tätig. Das T-Shirt »The early bird« (»Der frühe Vogel«) zeigt einen stilisierten Adler, der dem NS-Emblem des Reichsadlers zum Verwechseln ähnlich sieht – nur das Hakenkreuz darunter fehlt. »Das richtige Shirt für die nächste ›Motto-Party‹«, heißt es in der Artikelbeschreibung.[14] Die Marke trat beispielsweise als Sponsor der Rechtsrockgruppe »Kategorie C« aus Bremen in Erscheinung.

Längst ist rechtsextremer Lifestyle ein millionenschweres Geschäft. Mehr als 150 einschlägige Onlineshops gibt es inzwischen, die die Szene mit Musik, Kleidung und NS-Devotionalien versorgen.[15] Politisch bedeutsam sind sie aus zweierlei Gründen: Zum einen verbreiten sie natürlich rechtsextreme Propaganda, viel breiter als es etwa die NPD je könnte; zahlreiche Aussteiger berichten, dass neben Musiktexten für ihr Hineinrutschen in die Szene die Versandpaketen häufig beiliegenden politischen Flugblätter extrem wichtig gewesen seien. Zum anderen verhelfen sie zahlreichen Neonazis zu einer gesicherten Existenz.

FACEBOOK, TWITTER UND VIDEOCLIPS AUS DEM FÜHRERBUNKER

Weil die »Autonomen Nationalisten« praktisch keinerlei Berührungsängste haben, gehen sie viel erfolgreicher als andere Neonazis mit modernen Propagandainstrumenten um. Ganz selbstverständlich sind sie auf eigenen Homepages ebenso wie auf Facebook, YouTube und Twitter aktiv. Knapp ein Viertel der rund 400 Webseiten aus dem Spektrum der Neonazi-Kameradschaften werden derzeit von AN-Gruppen betrieben, Tendenz steigend. Während traditionelle Neonazis noch immer konsequent von »Klapprechner« und »E-Post«, von »Weltnetz« und »Heimatseite« sprechen und sich damit weithin lächerlich machen, haben »Autonome Nationalisten« kein Problem mit den üblichen Bezeichnungen Laptop und E-Mail, Internet und Homepage.

Das Internet hat die rechtsextreme Öffentlichkeitsarbeit in den vergangenen Jahren grundlegend verändert, nie war der Kontakt untereinander und mit Neuinteressenten so einfach wie heute. Jede noch so bedeutungslose Nazigruppierung hat eine eigene Webseite. Musste man früher als Jugendlicher erst einen Treffpunkt von Rechtsextremisten herausfinden und dann auch noch den Mut aufbringen, dort vorzusprechen, reicht seit einigen Jahren eine unverbindliche Mail an die örtlichen Neonazis. In ihrem Auftritt sind die AN online genauso zeitgemäß wie offline bei ihren Aufmärschen. Eine Mischung aus Gewaltästhetik, rebellischem Pathos und direkter Ansprache (»Werde aktiv in deiner Stadt!«) soll zum Mitmachen anregen. Selbst Bart Simpson aus der beliebten US-Zeichentrickserie wird für die Eigeninszenierung genutzt. Ein Bild der Comicfigur mit einem dunklen Kapuzenpullover mit der Aufschrift »Fuck off Israel« wird eingerahmt von der Parole »Autonom und militant. Nationaler Sozialismus jetzt!«[16] Elemente der Street-Art gepaart mit Bildern von Vermummten und englischen Slogans wie »Support your local ns-black block!« sollen Dynamik vermitteln. Action steht im Vordergrund, politische Inhalte sind zweitrangig. Ein völlig anderes Bild ist das, als es etwa Webseiten der NPD oder deren Jugendorganisation JN transportieren.

Die Bildsprache auf den Homepages der AN zeigt den Wunsch nach einer schlagkräftigen Gemeinschaft, die mit Gewalt ihre Machtposition gegen Polizei und politische Gegner durchsetzt. Die Webseite des »Nationalen Widerstands Berlin« beispielsweise dominiert das Foto einer Spontandemo am 1. Mai 2010. Eine Gruppe Vermummter versucht da, eine Polizeikette zu durchbrechen – dass die Rechtsextremisten wenige Minuten später eingekesselt auf dem Boden lagen, wird natürlich nicht gezeigt.

Ähnlich funktionieren die teils hochprofessionellen Internet-Videos der AN. Wenige Tage nach größeren Aufmärschen taucht in der Regel eine filmische Zusammenfassung auf YouTube auf, in der die Realität kreativ zurechtgebogen wird. War man früher noch auf Journalisten der »Feindpresse« angewiesen, um Öffentlichkeit zu bekommen, sind heute der eigenen Propaganda kaum noch Grenzen gesetzt. Mit einer semi-professionellen Kamera und entsprechender Software lassen sich für wenig Geld und innerhalb nur einiger Stunden qualitativ hochwertige Clips produzieren. Mit schnell geschnittenen Einstellungen, im Zeitraffer abgespielt und mit harter Musik unterlegt, wird selbst aus einem ereignislosen Mini-Treff von hundert Leuten ein aufregender Event. Kleinste Rangeleien mit der Polizei werden zu ruppigen Auseinandersetzungen zurechtmontiert. Sitzblockaden von Gegendemonstranten tauchen praktisch nie auf. In diesen Clips wird beinahe jede Aktivität als spannender Guerilla-Einsatz verkauft, selbst das Verkleben von Stickern auf Mülltonnen oder das wahllose Werfen von Papierschnipseln mit der eigenen Webseitenadresse in der Fußgängerzone. Rechtsextreme Graffiti-Sprayer filmen sich bei ihren Einsätzen, stellen ihre Vorlagen unter strassenkunst.info ins Netz und rufen zur Nachahmung auf. Die Zugehörigkeit zu den »Autonomen Nationalisten«, soll all das vermitteln, sei spannendes Abenteurertum in einer spießigen Umwelt.

Bei manchen dieser Filmchen sind Bild und Ton noch verwackelt und rauschend, andere können es bereits mit professionellen Fernsehproduktionen aufnehmen. Die Standardfunktion von YouTube, die automatisch themenverwandte Videos vorschlägt, hilft bei der Propaganda: Wer zufällig auf eines der Videos stößt, kann sich anschließend stundenlang durch die Neonazi-Welt klicken. Zehntausende Clips finden sich allein bei YouTube. Und während Videos mit viel nackter Haut von dem US-Konzern sofort gelöscht werden, bleiben sogar strafrechtlich relevante Nazivideos oft Wochen oder Monate online.

Genauso praktisch ist Facebook. Hier sorgt die Logik des sozialen Netzwerks dafür, dass jeder, der einmal einen Neonazi zu seiner Freundesliste hinzugefügt hat, laufend weitere Rechtsextremisten und ihre Organisationen vorgeschlagen bekommt. Mit jedem Klick gleitet der Nutzer tiefer in den rechtsextremen Kosmos. Schnell beginnen Neonazis, mit Facebook-Nachrichten »Neulinge« zu Veranstaltungen einzuladen und empfehlen ihnen, weitere rechtsextreme User als Freunde anzunehmen. Facebook als Unternehmen zeigt bislang kaum Interesse, sich gegen die neonazistischen Umtriebe auf seinem Portal zur Wehr zu setzen. Gelöscht wird kaum, selbst wenn verbotene Symbole auf den Seiten zu finden sind.

Filmstill aus dem Video der »Unsterblichen« vom 1. Mai 2011 in Bautzen.

GUERILLA-PR MIT NAZI-FLASHMOBS

Bautzen, die Nacht zum 1. Mai 2011: Eine Menschenmenge marschiert durch die engen Gassen der Altstadt, alle tragen weiße Masken vor den Gesichtern und brennende Fackeln in den Händen. »Damit die Nachwelt nicht vergisst, dass du Deutscher gewesen bist«, steht auf dem Transparent an der Spitze des Zuges. Feuerwerkskörper werden gezündet, rechtsextreme Parolen skandiert. Nur 20 Minuten dauerte der Spuk, der wie eine Mischung aus Ku-Klux-Klan- und NSDAP-Aufmarsch wirkt. Bevor die von der lokalen Polizei gerufene Verstärkung eingetroffen ist, sind die Täter schon wieder verschwunden.

Der Sinn der Aktion wird wenige Tage später klar, als ein in typischer AN-Manier produziertes Video im Internet auftaucht: Der Aufzug war lediglich eine PR-Aktion, er sollte Bilder liefern für den Start einer bundesweiten Kampagne mit dem Titel »Werde unsterblich!« In dem geschickt geschnittenen Videoclip scheint der Fackelzug kein Ende zu nehmen. Unterlegt sind die Szenen mit dem aggressiven Soundtrack des Hollywood-Films »Matrix«. Die – in der Realität nur kurzzeitige – Abwesenheit der Polizei lässt den Marsch als gelungene Machtdemonstration gegen den Staat erscheinen. Dutzendfach wird der Zwei-Minuten-Film bei allen relevanten Videoplattformen hochgeladen, die Links werden per SMS und Mail, Twitter und Facebook verbreitet. Innerhalb weniger Tage wird der Clip mehr als 20000 Mal angeschaut, nach ein paar Wochen sind die Klickzahlen bereits sechsstellig. Die ebenfalls äußerst professionell gestaltete Webseite fordert Interessierte dazu auf, in ihrer Region ähnliche Aktionen aufzuziehen. Bald werden Fernsehjournalisten auf die martialischen Bilder aufmerksam, mehrere Sender zeigen Ausschnitte des Videos, das die Macher auf ihrer Website in weiser Voraussicht gleich in HD-Qualität zum Download angeboten hatten.

Den Faschingsnazis gelang, was Werbeprofis als Viralmarketing bezeichnen: Das Video ist derart eindrucksvoll, dass es vieltausendfach weitergemailt und in sozialen Netzwerken gepostet wird. Selbst nicht-rechte Jugendliche, das lassen viele Kommentare erahnen, sind gefesselt von den geradezu mystisch inszenierten Szenen. Ein Theorietext zu Volksgemeinschaft und Nationalem Sozialismus hätte nur einen winzigen Bruchteil des Publikums erreicht.

Die Vorbereitungen der »Unsterblichen« begannen im Jahr 2009, als eine Gruppierung aus Brandenburg namens »Spreelichter« anfing, in völkischer Diktion gegen die Demokratie zu hetzen: »Demokraten bringen uns den Volkstod«, so der Titel ihrer Kampagne. Einige Mitglieder der Gruppe stammen aus der NPD-Jugend, den »Autonomen Nationalisten« fühlen sie sich nicht zugehörig, stehen aber in engem Kontakt zur Szene. So produzierten die Brandenburger für die Dortmunder AN das Mobilisierungs-Video zu einem Aufmarsch im September 2011.[17]

Konstanzer Fasnachtsumzug 2012 (Handyfoto).

Das real existierende Problem von Abwanderung und Arbeitslosigkeit in Ostdeutschland nutzen die »Spreelichter«, um das angebliche »Aussterben der Deutschen« zu belegen. Schuld daran seien »die Demokratie« und »die Ausländer«. Die Botschaft der »Unsterblichen« ist kurz und prägnant: »Demokratie? Nein Danke!« Dass ihre Ästhetik an die Fackelmärsche der SA erinnert, ist kein Zufall. Auch den Begriff »Volkstod« haben sie bei den Nationalsozialisten entlehnt. Zwar ist fraglich, ob die Kampagne langfristig funktioniert. Dem Vorteil, durch konspirative Vorbereitung den Abenteuerwert zu erhöhen und Blockaden von Nazi-Gegnern vorzubeugen, stehen bedeutende Nachteile gegenüber. An den klandestinen Aktionen kann immer nur ein kleiner Kreis von Eingeweihten teilnehmen, und die Außenwirkung nimmt mit jeder neuen Aktion ab – wer klickt schon die immer gleichen Clips mit jeweils wechselnden Städten, die in der Dunkelheit ohnehin nicht zu erkennen sind?

Doch in der Szene fanden die »Unsterblichen« wie gewünscht schnell Nachahmer. Innerhalb weniger Monate führten lokale Neonazigruppen in sieben Bundesländern mehr als 25 »Unsterblichen«-Aktionen mit zehn bis 300 Teilnehmern durch. Mittlerweile treten sie sogar tagsüber auf, zuletzt liefen im Februar 2012 beim Karnevalszug in Konstanz unerkannt zehn Weißmaskierte mit und verteilen rechtsextreme Flugblätter. So anonym, wie sich die »Unsterblichen« geben, sind sie aber nicht.

»Ein geniales Ding«, heißt es in einem rechtsextremen Internetforum.[18] »Mir gefällt besonders daran die Farbe Weiß«, schreibt ein anderer User. »Ich hatte bereits [...] angeregt, dass man statt eines linken ›Black Bloc‹ einen deutschen ›Weißen Block‹ erschafft.

Dieser hat die Vorteile des Block-Auftretens; aber der Deutsche kann erkennen, dass hier die ›Guten‹ am Werk sind.«[19] Und die extrem rechte Zeitschrift »Zuerst!« schwärmt: »In nicht einmal zwei Minuten entfaltet das Video eine atemberaubende Atmosphäre voller Kraft und Entschlossenheit.«[20] Gleich fünf Seiten inklusive Interview widmete das Magazin der Masken-Truppe.

Den »Unsterblichen« ist es gelungen, den faschistischen Stil ins 21. Jahrhundert zu übertragen. Sie stellen die Auflösung des Individuums in der Volksgemeinschaft mit popkulturellen Mitteln dar. In einer Zeit, in der viele Jugendliche – gerade in Ostdeutschland – nach Sinn suchen, bieten sie die Integration in ein zeitloses Kollektiv an. Ihre weißen Masken sind fast schon Ikonen, werden zum Beispiel bei Facebook als Profilbilder benutzt. Die »Unsterblichen« zeigen eine stilistische Modernisierung, die ohne die vorherigen Tabubrüche der »Autonomen Nationalisten« nicht denkbar gewesen wäre. Sie haben sich bei den AN die Propagandatechniken abgeschaut und hatten die Chuzpe, einfach beim politischen Gegner zu klauen: Die Idee mit den weißen Theatermasken stammt nämlich offenbar von der linken Aktivistengruppe »Die Überflüssigen«, die damit seit 2004 gegen soziale Ungleichheit und Hartz IV protestierte.[21]

Erst im Sommer 2012 wurde die Erfolgswelle der »Unsterblichen« vorerst gestoppt. Die Gruppe »Spreelichter« wurde von Brandenburgs Innenminister Dietmar Woidke (SPD) verboten. Zeitgleich durchsuchten rund 260 Polizisten die Wohnungen von 27 Beschuldigten in Brandenburg und Sachsen. Die Verbotsverfügung gegen die »Widerstandsbewegung in Südbrandenburg«, die als organisatorischer Rahmen der »Spreelichter« diente, umfasst 60 Seiten. Der Führungszirkel der »Unsterblichen«-Aktionen war damit auf einen Schlag lahmgelegt. Aktionen gab es im Anschluss kaum noch. Doch klar ist: Die Nachwuchsnazis werden sich schon bald etwas Neues einfallen lassen.

1 Vgl.: Christoph Schulze/Ulrich Peters: Autonome Nationalisten. Die Modernisierung neofaschistischer Jugendkultur, Münster 2009, S. 18. **2** Vgl. Antifaschistisches Infoblatt, Ausgabe 69 (Herbst 2005), S. 6 f. **3** Antifaschistisches Infoblatt, Ausgabe 75 (Frühjahr 2007), S. 25. **4** Vgl. Ulrich Peters: Die Anfänge der AN in Berlin, in: Jan Schedler/Alexander Häusler: Autonome Nationalisten: Neonazismus in Bewegung, Wiesbaden 2011, S. 54–66, hier S. 56 f. **5** Vgl. Antifaschistisches Infoblatt, Ausgabe 68 (Sommer 2005), S. 19. **6** Antifaschistisches Infoblatt, Ausgabe 63 (Sommer 2004), S. 16. **7** Ebd., S. 17. **8** Zit. nach ebd., S. 16. **9** Zit. nach Thomas Sager: Freund oder Feind. Das widersprüchliche Verhältnis von ›Autonomen Nationalisten‹, NPD und neonazistischer Kameradschaftsszene, in: Schedler/Häusler: Autonome Nationalisten, 2011, S. 105–120, hier S. 107 f. **10** Ursprünglich stammt das Logo von der historischen »Antifaschistischen Aktion«, die Teil des Rotfrontkämpferbundes in den 1930er Jahren war. In den 1990er Jahren gab es eine Renaissance des Symbols mit der schwarzen und roten Fahne. Seither wird es europaweit von Antifaschistischen Gruppen genutzt. Vgl.: Mirja Keller/Lena Kögler/Moritz Krawinkel/Jan Schlemermeyer: Antifa. Geschichte und Organisierung, Stuttgart 2011, S. 70. **11** http://koelnganzrechts.de/jugend/autonome-nationalisten.html (letzter Zugriff Dezember 2012). **12** Zit. nach Antifaschistisches Infoblatt, Ausgabe 82 (Frühjahr 2009), S. 21. **13** Die Tageszeitung vom 2.5.2008 »Sonst hätte es sicher Tote gegeben«. **14** http://erikandsons.de/product_info.php?products_id=223 (letzter Zugriff Dezember 2012). **15** www.hass-im-netz.info/hassimnetz/aktuelle-zahlen.html (letzter Zugriff Dezember 2012). **16** www.netz-gegen-nazis.de/files/broschuere-an-2.jpg (letzter Zugriff November 2012). **17** Vgl. Antifaschistisches Infoblatt, Ausgabe 92 (Herbst 2011), S. 23. **18** http://voxpopuliblog.wordpress.com/2011/06/08/die-unsterblichen-werden-zur-europabewegung/ (letzter Zugriff Dezember 2012). **19** Ebd. **20** Zuerst!, Ausgabe 3 (2012), S. 29 f. **21** Vgl. http://ueberfluessig.myblog.de/ueberfluessig/art/206495576/Gegen-ver-A-rsche-in-Munchen- (letzter Zugriff Dezember 2012).

Andrea Röpke

RADIKALISIERUNG UND TERROR

NEONAZIS IM UNTERGRUND

Wohnmobil des »NSU« in Eisenach, in dem Böhnhardt und Mundlos tot aufgefunden wurden.

Das Wohnmobil mit dem vogtländischen Kennzeichen entpuppte sich als rollende Festung. Seit dem frühen Morgen stand es zunächst auf dem Parkplatz des OBI-Baumarktes im Eisenacher Stadtteil Stregda. Es ist der 4. November 2011. Eben noch haben die beiden Fahrer brutal eine Sparkassenfiliale ausgeraubt und über 71 000 Euro erbeutet, für die Flucht benutzten sie zwei Fahrräder, die sie eilig in dem Caravan verstauten, und dann rasten sie in Richtung Wohngebiet Wartburgblick. Dort verharrten sie. Nach außen unauffällig, arbeitete die Technik im Inneren des Fahrzeugs wohl auf Hochtouren. Unten an der Stoßstange des weißen Fiat Capron steckte eine Minikamera, sie deckte den Sichtbereich ab, der aus dem Inneren und durch die Fenster nicht einsehbar war. Mit einem Funkscanner konnten auf verschiedenen Kanälen Polizei, Feuerwehr und thüringische Rettungsdienste abgehört werden. Neben Spielsachen und Stadtplänen lagen zwei Tarnmasken herum. Hinter der Verkleidung des Innenraumes befand sich ein ganzes Waffenarsenal: eine Handgranate, vier Pistolen der Marken Heckler & Koch, Erma und Česká, zwei Pumpguns, drei Revolver sowie eine kroatische Maschinenpistole. Später sollte sich herausstellen: Mit einem der Revolver war 2008 ein Bankangestellter angeschossen worden, die halbautomatischen Heckler & Koch führten die Ermittler zu dem unaufgeklärten Mordfall an der Polizistin Michèle Kiesewetter 2007 in Heilbronn.

Eher zufällig wird die Aufklärung einer der größten Mordserien in der deutschen Geschichte durch den Bankraub in Eisenach – begangen durch die seit 13 Jahren abgetauchten Jenaer Neonazis Uwe Böhnhardt und Uwe Mundlos – ins Rollen gebracht. Gemeinsam mit Beate Zschäpe und weiteren rechtsgerichteten Unterstützern haben sie unbemerkt von der Öffentlichkeit aus ihrem Unterschlupf in Zwickau heraus ein terroristisches Netzwerk aufgebaut, dem zehn Menschen zum Opfer fielen und das nun monatelang für Schlagzeilen sorgen wird.

Außerdem wird den beiden Männern die größte deutsche Banküberfallserie seit 2000 angelastet. Aber vor allem wird durch die Enttarnung der mörderischen Neonazis eines offenbar: Immer noch scheinen die meisten Sicherheitsbehörden in der Bundesrepublik auf dem rechten Auge blind. Das Versagen von verantwortlichen Geheimdienst- und Polizeistellen wird sogar peinliche Ausmaße annehmen.

Die zwei Eisenacher Streifenpolizisten, die sich um die Mittagszeit dem verdächtigen Wohnmobil nähern, ahnen davon nichts. Sie sind Teil einer Großfahndung nach den Bankräubern und einem größeren Fahrzeug, in welches die Fluchträder passen. Hubschrauber sind aufgestiegen, Straßensperren errichtet worden. Mehr als ein Dutzend Polizeifahrzeuge ist im Einsatz. Die Beamten nähern sich dem Fahrzeug allein. Eilig schicken sie Anwohner in ihre Häuser zurück, lotsen Unbeteiligte aus dem Umfeld des verdächtigen Wohnmobils. Da knallt es. Zweimal. Wenig später noch einmal. Es ist etwas geschehen, das auch später noch viele Fragen aufwerfen wird: Obwohl die beiden versierten Schützen Mundlos und Böhnhardt genug Munition und Waffen hatten, um sich womöglich den Weg freizuschießen, entscheiden sie sich für eine andere Lösung: Sie richten sich selbst – so heißt es später in den Untersuchungsergebnissen. Wenn es stimmt, dann könnte auch der gemeinsame Selbstmord zur Terrorstrategie gehört haben.

Uwe Böhnhardt, der 34-jährige Waffenfreak, soll zunächst mit der Maschinenpistole aus einem der Fenster auf die Straße geschossen haben, so ergibt später die Rekonstruktion. Dann aber drehen die beiden Bankräuber den Gasherd auf und legen Feuer. Schnell steht der Fiat in Flammen. Die beiden Männer sterben wenig später. Der Schuss durch die Mundhöhle tötete Uwe Mundlos nicht sofort. Die Kugel tritt am Hinterkopf wieder aus, Gaumen und Schädeldecke werden zertrümmert. Doch Gerichtsmediziner finden Rußpartikel in seiner Lunge – der 38-Jährige ist erstickt. Neben ihm liegt die Leiche seines vier Jahre jüngeren Komplizen Uwe Böhnhardt, der zuvor mit einem Schuss aus der Pumpgun Winchester, Modell 1300 Defender, aufgesetzt auf die linke Schläfe, regelrecht hingerichtet worden war.

Finaler Akt in einem Drama, welches für die deutsche Öffentlichkeit jetzt erst offenbar wurde und das mit seinen immer neuen Enthüllungen insbesondere Justiz, Geheimdienste, Polizei und Presse in Atem hält. Während ihre beiden Weggefährten starben, saß die 36-jährige Beate Zschäpe in der gemeinsamen Wohnung in der Frühlingsstraße 26 in Zwickau, die sie unter dem Namen eines rechten Unterstützers aus dem Erzgebirge angemietet hatten. Sie vertrieb sich die Zeit am Computer. Die Buchautoren Maik Baumgärtner und Marcus Böttcher[1] haben rekonstruiert: Um 12.05 Uhr werden die Leichen von Mundlos und Böhnhardt gefunden. 12.11 Uhr wählt sich deren Komplizin mit ihrem Handy in ihre Mailbox ein, hörte sie 51 Sekunden lang ab. Wer angerufen hatte, ist nicht mehr nachvollziehbar, der Telefonanbieter hatte die Nachricht gelöscht, bevor die Polizei anfragte. Alles scheint geplant oder zumindest abgesprochen, Beate Zschäpe geht scheinbar mechanisch vor. Sie bringt ihre beiden geliebten Katzen in Sicherheit, steckt sich etwas Geld und vor allem vorbereitete Umschläge mit den Bekenner-Videos ein. Mit der Versendung der selbst erstellten Filme, in denen die Zeichentrickfigur Paulchen Panther durch die begangene Mordserie an Migranten führt, die Opfer auf das Äußerste verhöhnt und der Polizistenmord thematisiert sowie für zwei rassistische Sprengstoffanschläge in Nordrhein-Westfalen selbstherrlich die Verantwortung übernommen werden, wird auch der Name dieser terroristischen Neonazi-Zelle bekannt: »Nationalsozialistischer Untergrund«, kurz NSU.

Als quasi letzten Akt des gruseligen Szenarios setzt Zschäpe die Wohnung, in der das Trio zuletzt in Zwickau gelebt hatte, in Brand und verschwindet. Eine 89-jährige Hausbewohnerin, die gehbehindert ist, kann gerade noch rechtzeitig gerettet werden. Vier Tage später, am 8. November, stellt sich Beate Zschäpe der Polizei in ihrer Heimatstadt Jena. Zuvor war sie per

Bahn über Leipzig, Eisenach gen Norden nach Hannover und Bremen geflohen, dann über Braunschweig und Halle nach Thüringen zurückgekehrt. Während Zschäpe in all den Jahren die unauffällige Frau von nebenan spielte, fielen ihren Partnern Mundlos und Böhnhardt den Ermittlungen zufolge acht mittelständische türkische und ein griechischer Unternehmer zum Opfer. Die beiden Täter sollen sie aus rassistischer Motivation ausgewählt haben. Jahrelang tappte die Polizei im Fall der Mordserie im Dunkeln, ein politischer Hintergrund wurde ausgeschlossen, die Täter dagegen vor allem im privaten Umfeld der Opfer gesucht.

Heute ist bekannt, dass sie Opfer rechter Terroristen wurden: Enver Şimşek, Abdurrahim Özüdoğru, Habil Kılıç, İsmail Yaşar und Theodoros Boulgarides in Bayern, Süleyman Taşköprü in Hamburg, Mehmet Turgut in Rostock, Mehmet Kubaşık in Dortmund und Halit Yozgat in Kassel. Die Mordwaffe wurde schließlich in den Trümmern des Hauses in der Frühlingsstraße entdeckt. Die Zwickauer Terrorzelle wird zudem für ein Bombenattentat 2001 auf ein deutsch-iranisches Lebensmittelgeschäft in Köln und einen Nagelbombenanschlag 2004 in der Kölner Keupstraße mit zahlreichen, teils schwer verletzten Opfern verantwortlich gemacht. Auch bei den 14 mutmaßlich von Böhnhardt und Mundlos begangenen Banküberfällen zur Finanzierung ihres Lebens im Untergrund gab es immer wieder Verletzte. Im November 2012 hat die Bundesanwaltschaft ihre Ermittlungen gegen die Verantwortlichen des »Nationalsozialistischen Untergrunds« beendet und Zschäpe als Mittäterin wegen Mordes angeklagt. Neben ihr müssen sich vier weitere Angeklagte vor Gericht verantworten, zwei von ihnen wegen Beihilfe zum Mord. Die Karlsruher Behörde wirft ihnen unter anderem vor, gemeinsam mit den verstorbenen »Kameraden« Mundlos und Böhnhardt eine rechtsterroristische Vereinigung gegründet zu haben.

Im Dezember 2012, sitzen nur noch die Hauptverdächtige Beate Zschäpe und der ehemalige thüringische NPD-Funktionär Ralf Wohlleben in Untersuchungshaft. »Es ist durchaus denkbar, dass der Gruppe noch weitere Straftaten zuzurechnen sind«,[2] hatte Generalbundesanwalt Harald Range bereits bei einer Pressekonferenz am 1. Dezember 2011 vorsichtig eingeräumt. Der Präsident des Bundeskriminalamtes (BKA), Jörg Ziercke, musste beim selben Pressetermin eingestehen: »Noch gibt es zahlreiche Lücken.«[3] Die scheinen auch heute nicht ausgeräumt. Vor allem Zschäpe, die 1,66 m große Frau, 63 Kilogramm schwer und Raucherin, gibt Rätsel auf. Sie gilt als »durchsetzungsfähig« und betont bei einer ersten Vernehmung, Mundlos und Böhnhardt hätten sie nie zu etwas gezwungen. Auch deutet sie an, aussagen zu wollen.

Während ihrer 13 Jahre im Verborgenen wurden Komplizen in mehreren Städten immer wieder von dem Trio misstrauisch »gecheckt«, aber auch mit Geld und Urlauben belohnt. Beate Zschäpe soll dabei für die finanziellen Angelegenheiten zuständig gewesen sein, »Sie hatte das Geld«,[4] erinnern sich auch Urlaubsbekanntschaften. Einige Medien jedoch machten die überzeugte Neonazistin vor allem als »gefährliche Mitläuferin«[5] aus, für die Bild-Zeitung war sie gar nur ein »heißer Feger«[6]. Einer jungen Frau werden politisch motivierte Verbrechen offensichtlich kaum zugetraut.

Dabei war die gelungene Tarnung des NSU wohl vor allem ihr Verdienst. Sie nannte sich Susann, Liese oder Silvia. Nutzte Pässe, Krankenkassenkarten oder Bahnausweise von Helferinnen und scheinbar ungekannten Frauen. Hielt einen netten Plausch am Gartenzaun in Zwickau oder freundete sich mit alleinstehenden Müttern an. Trank und feierte, während Mundlos und Böhnhardt lieber abends auch noch am Computer killten oder fanatisch Sport betrieben. Die Männer seien »zu siebzig Prozent«[7] außer Haus gewesen, berichten Nachbarn später. Etwa 50 Mal wurden Reisefahrzeuge in den Jahren angemietet, nicht für alle Fahrten konnte bisher eine Aufklärung erfolgen. Im Jahr 2000 begann die rassistische Mordserie, der neun Männer und eine Polizistin zum Opfer fielen.

Bis 2003 prangten Fotos des Trios auf Fahndungsplakaten, dann wurde die Suche nach ihm offiziell eingestellt. Als »Bombenbastler von Jena« waren sie seit 1998 gesucht worden. Vier vorbereitete Rohrbomben, 1,4 Kilogramm TNT und diverses Propagandamaterial wurden damals in einer von Zschäpe angemieteten Garage im Stadtteil Burgau sichergestellt. Da waren Mundlos, Böhnhardt und Zschäpe längst Teil eines militanten Neonazi-Netzwerkes, das sowohl von den Verfassungsbehörden als auch von der Polizei gefährlich unterschätzt wurde – obwohl sich zahlreiche verdeckte Spitzel in ihrer unmittelbaren politischen Umgebung befanden und auch zahlreiche Alarmsignale abgaben.

Später bei ihrer Festnahme im November 2011 wird Zschäpe nur wenig sagen. Doch die Frau wird betonen, dass die beiden großen, schlanken Männer, Uwe Böhnhardt und Uwe Mundlos, ihre Familie gewesen seien. Es gab auch Auseinandersetzungen und Streit, aber insgesamt blieb das Trio zusammen. Zschäpe sagte auch, dass die beiden Uwes im Gegensatz zu ihr aus einem »behüteten«[8] Elternhaus stammten. Beate dagegen wuchs in unsicheren Verhältnissen auf. Die alleinerziehende Mutter studierte in Rumänien, war selten beim Kind. Den Vater, einen rumänischen Zahnarzt aus Nordrhein-Westfalen, lernte sie nie kennen.

Beate Zschäpe schloss sich einer Jugendclique in der Nachbarschaft ihres Plattenbauviertels Jena-Winzerla namens »Winzer-Clan« an. Sie lernte Uwe Mundlos kennen. Ein Foto von 1991 zeigte den damals 17-jährigen Professorensohn in typischer rechter Szenekleidung mit Springerstiefeln, umgekrempelten Jeans und schwarz-rot-goldenen Hosenträgern. Schnell kristallisiert sich die Kerntruppe der späteren Kameradschaft Jena heraus: Ralf Wohlleben und André Kapke galten als die Anführer, Uwe Mundlos und Uwe Böhnhardt sowie Beate Zschäpe und der später ebenfalls inhaftierte NSU-Unterstützer Holger G. als einfache Mitglieder. Die Kameradschaft nahm seit 1995 regelmäßig an Treffen der »Anti-Antifa« Ostthüringen teil, welche sich als ein »Organ der Feindbeobachtung« verstand, und schloss sich dem Sammelbecken »Thüringer Heimatschutz« an.

Spurensuche nach dem Brandanschlag auf
ein Wohnheim für Flüchtlinge am 22. August 1980,
bei dem zwei Vietnamesen ums Leben kamen.

Dem Landesamt für Verfassungsschutz in Thüringen dürfte die schleichende Radikalisierung innerhalb des Jenaer Kameradschaftsspektrums nicht entgangen sein, immerhin bezahlten sie den Anführer des »Thüringer Heimatschutzes« Tino Brandt jahrelang als »V-Mann«. Er kannte die drei aus Jena bestens.

Diese nahmen an zahlreichen Aufmärschen, Versammlungen und Schulungen teil, auch überregional. Kein Zufall auch, dass Böhnhardt und Mundlos 1996 zusammen mit Jenaer Neonazis zu einem Prozess gegen den verurteilten Rechtsterroristen Manfred Roeder aus Hessen fuhren und protestierten. Roeders »Deutsche Aktionsgruppen« wurden seit 1980 für mehrere Sprengstoffanschläge auf Ausstellungen, eine Schule sowie eine Flüchtlingsstelle verantwortlich gemacht. Bei einem Brandanschlag auf ein Übergangswohnheim in Hamburg starben zwei Vietnamesen. Der fanatische Nationalsozialist Roeder wurde wegen Bildung einer terroristischen Vereinigung zu einer Freiheitsstrafe von 13 Jahren verurteilt.

Längst hatten die umtriebigen Zschäpe, Mundlos und Böhnhardt sich von den saufenden und prollenden Skinhead-Kameraden aus dem Plattenbauviertel entfernt. Schon reichten auch regionale Anführer nicht mehr als politische Inputgeber. Nach und nach hatte insbesondere Uwe Mundlos Kontakte unter anderem nach Baden-Württemberg, Rheinland-Pfalz, Bayern, in den Norden und vor allem nach Sachsen aufgebaut.

Jena-Winzerla.

Die drei waren zu Überzeugungstätern in einer braunen Erlebniswelt geworden. Immer wieder wurde in Jenaer Neonazi-Kreisen auch die Gewaltfrage diskutiert. Das Trio tendierte demnach offen dazu. Es befand sich früh auf der Schwelle zu »Rechtsterroristen«, sagte ein ehemaliger Weggefährte später.[9] Zwischen 1997 und 1998 tauchten mehrere Kofferbomben im Raum Jena auf, abgestellt an öffentlichen Orten. Vor allem Uwe Böhnhardt geriet dadurch ins Visier der polizeilichen Fahnder, er hatte sich bereits mehrfach vor Gericht zu verantworten und galt als gewaltbereit und militant.

Besonderes Interesse galt zudem den »nationalen Märtyrern« in den Gefängnissen, die bereit waren, für »ihre Sache« auch Verbrechen zu begehen. Mundlos verehrte schon als Schüler den von den Alliierten inhaftierten Hitler-Stellvertreter Rudolf Heß. Die »Hilfsorganisation für nationale politische Gefangene und deren Angehörige e.V.« (HNG), ein in Hessen eingetragener Neonazi-Verein (seit September 2011 verboten), genoss innerhalb der Szene ohnehin Kultstatus. Aus Uwe Mundlos, dem jugendlichen Udo-Lindenberg-Fan in der DDR, dessen Bomberjacke die Mutter noch »chic« gefunden haben soll, wurde als Auszubildender und Schüler des Ilmenau-Kollegs scheinbar ein zynischer Verehrer des »Dritten Reiches«, der direkten Kontakt aufnahm zu inhaftierten »Kameraden«.

Mitschüler berichten, dass Mundlos eine Anti-SED-Haltung eingenommen habe, sehr politisch wurde und alles ausdiskutieren wollte. So habe er den West-Song »Sonderzug nach Pankow« laut auf der Straße mit seinem Kassettenrekorder abgespielt. Kurz nach dem Mauerfall 1989 kaufte sich der 16-jährige Schüler vom ersten Westgeld ein Butterflymesser. Gegenüber Freunden relativierte er die Verbrechen des »Dritten Reiches«. Bereits in den Jugendorganisationen der DDR verweigerte er das Uniformtragen. Auch zur Bundeswehr wollte der sportliche Junge zunächst nicht, zog dann später seinen Grundwehrdienst durch. Der Militärische Abschirmdienst (MAD) konnte den aktiven Neonazi nicht als V-Mann anwerben.

Ein »Blood & Honour«-Anhänger beim NPD-Pressefest in Mücka, 2004.

Mundlos schrieb zahlreiche Briefe an »Kameraden«. Das Hamburger Nachrichtenmagazin Der Spiegel zitiert in seiner Ausgabe vom 15. Oktober 2012 aus einigen der rund 90 Schreiben, die bis 1997 datierten. Sie zeugen vom Hass und der Paranoia des Neonazis, der um die »Zukunft des deutschen Vaterlandes« bangte, sich von den »Sklaven des Systems« verfolgt fühlte oder gegen vermeintliches »Untermenschentum« hetzte.[10] An einer Stelle schwärmte Mundlos von einem Besuch bei militanten »Kameraden« im baden-württembergischen Ludwigsburg: »Wir waren vor allem über die Waffen, die sie alle haben, erstaunt – schon fast ein kleiner Waffenladen.«[11] Ein ehemaliger Schulfreund berichtet auch davon, dass Uwe – wie so vielen Neonazis – der Untergrundkampf der »Roten Armee Fraktion« (RAF) imponiert habe, vor allem, wie die Terroristen untergetaucht seien.[12] Eine militante Gruppe im thüringischen Weimar nennt sich in diesen Jahren sogar »Braune Armee Fraktion«.

Etwa 1997 beginnen militante Neonazis aus Gera mit dem Aufbau einer Organisation namens »White Youth«, sie rekrutieren Nachwuchs für das »Blood & Honour«-Netzwerk (B&H). Die drei aus Jena interessieren sich dafür, zählen später sogar für die Behörden direkt zur »Blut und Ehre«-Organisation. Gegründet wurde B&H ungefähr zehn Jahre zuvor in Großbritannien vom Sänger der britischen Nazi-Skinband »Skrewdriver«. Schnell breitete sich ein klandestines Netz militanter Neonazis in Europa aus. Die deutsche Sektion wurde 1994 gegründet. Mit einschlägigen Tonträgern und konspirativen Konzerten ließ sich viel Geld verdienen. Doch den Anführern ging es um weit mehr: 1998 beschlossen B&H bei einem Deutschlandtreffen, die »Patrioten« einen zu wollen, »nicht nur in der Musik, sondern im Kampf«, denn »Wir sind mehr als eine Musikbewegung!«[13] »Blood & Honour«-Anhänger hörten Lieder und lasen geheime Szene-Texte wie: »Die Patrioten von heute müssen sich auf den größten aller Kriege, den Rassenkrieg, vorbereiten, und dafür muss man geheime Strukturen schaffen und bereit sein, sein Leben zu opfern.«[14]

Euphorisch verehrt wurde zu dieser Zeit die badenwürttembergische Kultband »Noie Werte«, die als eine der ersten Kontakte zur britischen Szene um »Skrewdriver« geknüpft hatte. Auf die Terroristen vom NSU muss »Noie Werte« starken Eindruck gemacht haben, denn immerhin wählten sie die in der Neonazi-Szene sehr beliebten Songs »Kraft für Deutschland« und »Am Puls der Zeit« als Begleitmusik für ihr ab 2001 entstandenes Bekennervideo zu den ersten vier Morden sowie dem Nagelbombenanschlag in Köln. Einer der Musiker der inzwischen aufgelösten Band gehört zum mittelbaren Helfer-Netzwerk für das Trio.

Die Szene, in der sich Zschäpe, Böhnhardt und Mundlos bewegten, zunächst noch in Thüringen, nach der Flucht 1998 in Sachsen, war durchaus impulsgebend für die »Bewegung«. Sie rüstete auf für den »Krieg gegen das System«. In Großbritannien hatte sich bereits ein terroristischer »Blood & Honour«-Ableger namens »Combat 18« (C 18)[15] herauskristallisiert. Die Organisation galt als bewaffneter Arm von »Blood & Honour«, intern auch als Konkurrenz. Erklärtes Ziel war es, »Furcht und Terror unter den Feinden zu verbreiten«.[16]

1999, kurz bevor der »Nationalsozialistische Untergrund« mit dem Morden begann, wurden einige Länder Europas von gewalttätigen Aktionen der militanten White-Power-Bewegung erschüttert. Neonazistische Attentäter aus dem C-18-Umfeld verübten 1999 mehrere Bombenanschläge in England mit vielen Opfern. In Schweden gab es eine Reihe von Banküberfällen. Zwei Polizisten starben dabei in der Nähe von Malexander durch Schüsse der rechtsextremen Täter. Im selben Jahr wurden ein Journalist und dessen achtjähriger Sohn bei einem Bombenanschlag auf ihr Auto schwer verletzt. Im Oktober 1999 starb der Gewerkschafter Björn Söderberg, kaltblütig hingerichtet von Neonazis. Auf dem aufgefundenen Rechner der deutschen NSU-Mörder im Zwickauer Brandschutt fanden sich 2011 auch Videosequenzen von rechten Gedenkaufmärschen in Dänemark und Schweden.

Das Trio schien bereits zu Jenaer Zeiten unzählige Insider-Schriften und Strategiepapiere verschlungen zu haben. Bei den Hausdurchsuchungen von 1998 fanden sich allein in einer der Garagen rechte Hefte wie »Der weisse Wolf« (entstanden aus dem »Rundbrief inhaftierter Kameraden der ›Justizvollzugsanstalt‹ Brandenburg«), eine »Blood & Honour«-Broschüre von 1996, »Skrewdriver Service Deutschland«, »Nachrichten der HNG« oder »Kameradschaftshilfe, Informationsschrift für Internierte«. Unter den Schriften befand sich auch die Neonazi-Postille »Hamburger Sturm«. In einer der Ausgaben hieß es: »Man darf nicht vergessen, daß wir im Krieg sind mit diesem System und da gehen nun mal einige Bullen oder sonstige Feinde drauf.«[17]

»168:1« ist ein verdeckter Code, mit dem der Träger des Kapuzenpullis seine Sympathie für Terror ausdrückt. Dem Anschlag des US-amerikanischen Neonazis Timothy McVeigh in Oklahoma 1995 fielen 168 Menschen zum Opfer – und er kostete nur einen Rechtsextremen das Leben.

Als Beamte des Landeskriminalamtes in Thüringen Ende Januar 1998 die Wohnungen von Beate Zschäpe und Uwe Mundlos aufbrachen sowie von Uwe Böhnhardts Mutter in das Zimmer ihres Sohnes vorgelassen wurden, offenbarte sich ihnen eine Welt neonazistischer Fanatiker. Eine Reihe von Bombenattrappen in der Region um Jena hatte die Ermittler zur Sprengstoffwerkstatt und dem braunen Innenleben des Trios geführt. Schnell war klar: Das waren keine harmlosen Mitläufer. Diese drei waren ideologisch gefestigt und gefährlich kreativ. In Beate Zschäpes Wohnung, im sechsten Stock eines Hochhauses, wunderten sich die Polizisten nicht nur über das Wanddekor über der Wohnzimmer-Couch: Armbrust, Pistole, Wurfstern, Macheten und ein Gewehr. Neben Bildern des »Dritten Reiches« fanden sie auf dem Boden ein handgefertigtes Brettspiel mit der Bezeichnung: »Pogromly«, eine Art antisemitisches Monopoly.

Mit dem Anrücken der Polizei verschwanden die Verdächtigen. Erst zwei Tage später, am 28. Januar 1998, wurden Haftbefehle erlassen. Zeit genug zum Abtauchen für die Neonazis, die sich längst auch mit solch einem Szenario beschäftigt hatten. Immerhin waren sie Teil einer hochexplosiven Neonazi-Szene der 1990er Jahre.

Doch ein Insider wie Uwe Mundlos wusste auch, dass die Verfassungsschutzbehörden nah an ihnen dran waren. Zahlreiche Neonazis auch aus dem »Blood & Honour«-Netz ließen sich vom Geheimdienst oder einem Landeskriminalamt für Informationen bezahlen. In einem mit Reichsadler unterlegten Brief an inhaftierte »Kameraden« soll sich der damals 22-Jährige schockiert über den Zustand des nationalen Lagers gezeigt haben: »Kaum sind mehr als 30 Mann versammelt«, könne man »getrost davon ausgehen, dass ein Spitzel oder Angstanscheißer mit darunter ist«.[18]

Mundlos greift nicht nur das von Neonazi-Hardlinern propagierte geheime Kleinstzellensystem, die linke Strategie der »Stadtguerilla«, sondern auch rechte Überlegungen zum Prinzip des »Führerlosen Widerstands« auf. Zum Schutz vor V-Leuten sei die Arbeit in »kleinen autonomen Gruppen« eine »wirksame Alternative«. Doch Mundlos hatte Zweifel, dass diese Organisationsform »uns wirklich zum Sieg führen kann«.[19] Lange vor dem Untertauchen 1998 hatte ihn ein inhaftierter »Kamerad« in einem Schreiben davon in Kenntnis gesetzt: »Die Arbeit von kleinen autonomen Gruppen, wie Du Uwe, es schreibst, wird von vielen Kameraden geplant bzw. schon in die Realität umgesetzt.«[20]

Als die drei 1998 aus Jena verschwanden, machten sie sich nicht einmal die Mühe, Spuren zu verwischen. Die Beamten hätten Anzeichen für ein bundesweit gut vernetztes, ideologisch geschultes, überaus radikales Täter-Trio bereits 1998 erkennen können. Den damals noch sehr jungen Neonazis war es nicht nur gelungen, genug TNT für mehrere Bomben zu besorgen, sie verfügten über Kontakte zu einem militanten Unterstützerspektrum. Auch die Wahl der Fluchtorte in den folgenden Jahren, Chemnitz und Zwickau, schien kein Zufall: Dort hatte »Blood & Honour« auch nach dem Verbot noch seine Drahtzieher. Viele frühe, wertvolle Hinweise scheinen in den Asservatenkammern der Polizei verstaubt zu sein. Denn allein eine 1998 beschlagnahmte Telefonliste, die Uwe Mundlos zugeordnet wird, liest sich wie ein Who-is-who der Fluchtunterstützer. Zudem entpuppte sich ihr erster Fluchthelfer in Chemnitz als V-Mann des Landeskriminalamtes in Berlin.

Und doch konnte es den Dreien gelingen, unterzutauchen und in nur 100 Kilometern Entfernung die radikale Ideologie zu einer beispiellosen Mord- und Anschlagserie auszubauen. Zahlreiche Alarmsignale wurden nicht ausreichend wahrgenommen. Nicht nur, dass neben den thüringischen und sächsischen Geheimdienstinformanten auch ein V-Mann aus Brandenburg behördenintern vor dem Fluchtziel »Raum Chemnitz« gewarnt hatte, tatsächlich sozialisierten sich die drei abgetauchten Neonazis weiterhin mitten unter aktiven »Kameraden und Kameradinnen«.

Die 1990er Jahre waren gekennzeichnet von Wehrsport, Sprengstoff- und Waffenfunden bei diversen Gruppen. Allein im Jahr 2000 verdoppelten sich die Funde von Waffen, Munition und Sprengstoff im Vergleich zum Vorjahr. Mindestens 15 Homepages mit Bombenbauanleitungen wurden entdeckt, und zwischen 1999 und 2002 gab es 178 Funde hochexplosiven Materials und Brandvorrichtungen bei Neonazis. Und doch schien die zunehmende Militanz nicht allzu ernst genommen worden zu sein. Immer wieder wurden bewaffnete Neonazis als subkulturell geprägte Einzeltäter abgetan. In einem 2004 gefertigten geheimen Bericht des Bundesamtes für Verfassungsschutz mit dem Titel »Gefahr eines bewaffneten Kampfes deutscher Rechtextremisten« wurde nur vor einem möglichen »Feierabendterrorismus«[21] gewarnt.

In den Jahren nach der Flucht der Bombenbastler gelten die Anhänger der polizeibekannten »Blood & Honour«-Sektion Sachsen als politischer Mittelpunkt des Trios. Dabei standen deren Drahtzieher auch noch nach dem Verbot der Organisation 2000 unter Beobachtung. Sie gerieten wegen illegaler Musikproduktionen, des Vertriebs von Tonträgern oder Waffenhandel ins Visier. Die Verbrechen des NSU begannen in Chemnitz, die Parole lautete: »Taten statt Worte«.

Einer aus dem Chemnitzer »Blood & Honour«-Umfeld, der Gründer des Rechtsrock-Labels »PC Records«, kannte Uwe Mundlos bereits seit Jahren. Er besuchte ihn in einer konspirativen Wohnung. Der talentierte Mundlos hatte ein Comic-Motiv für T-Shirts, die »Skinsons«, entworfen, welches sein Kumpel, der Geschäftsmann, unter den Kameraden vertreiben wollte. 2010 sorgte ausgerechnet dieses Chemnitzer Musiklabel »PC Records« für Empörung: Gemeinsam mit dem Meppener Sänger der Neonazi-Band »Gigi & Die Braunen Stadtmusikanten« veröffentlichten sie den Tonträger »Adolf Hitler lebt!« und darauf den »Döner Killer«-Song. Darin heißt es: »Neunmal hat er bisher brutal gekillt, doch die Lust am Töten ist noch nicht gestillt.« Zu einem Zeitpunkt, als noch kein Polizeiermittler die Mordserie mit Neonazis in Verbindung brachte, zeigt Sänger »Gigi« Sympathien für die Verbrechen und posaunt dies in die Szene hinaus. Die Opfer werden öffentlich ver-

NPD/JN-Demonstration in Langwedel bei Bremen am 8. Oktober 2005.

höhnt, am Ende des Liedes heißt es sogar: »Denn neun sind nicht genug.« Nicht nur seine Vermarkterfirma, sondern auch der 42-jährige Niedersachse verfügen nachweislich über Kontakte ins Unterstützerumfeld des NSU. Doch der niedersächsische Verfassungsschutz ließ 2011 eilig verlauten, es gebe bei der Band weder Täterwissen noch eine nachweisbare Verbindung zur Zwickauer Terrorzelle.

Teichfest in Zwickau 2011.
Unter den Besuchern ist Beate Zschäpe
(3. v. r. mit großer Sonnenbrille).

Indizien weisen heute darauf hin, dass die eigene politische Szene durchaus vom NSU mobilisiert werden sollte. Auch wenn sie keine Bekennerschreiben versandten, offenbarten die Rechtsterroristen politisches Sendungsbewusstsein. So heißt es zum Beispiel im inmitten des Brandschuttes aufgefundenen Asservat »NSU Brief.cdr« vom März 2002: »Jeder Kamerad ist gefragt! Auch du!! Gib dein bestes – Worte sind genug gewechselt, nur mit Taten kann ihnen Nachdruck verliehen werden.« Der NSU betont, »keine abstrakte Sache« zu sein, denn »jeder Kamerad gehört dazu, sofern er den Mut findet zu handeln und seinen Beitrag zu leisten.« Betont wird, dass der »Erfolg« in Zukunft »auch von deinem Verhalten« abhängt.[22] Eine Verbreitung des Schreibens sei erwünscht.

Tatsächlich lebten die drei verschwundenen Neonazis bis zuletzt nicht zurückgezogen. Gemeinsam mit einer »Kameradin« aus dem Erzgebirge und deren Sohn besuchte Beate Zschäpe 2011 das öffentliche Planitzer Teichfest an ihrem Wohnort in Zwickau. Mehrere Zeugen sahen sie in Erfurt bei einem Prozess gegen ein Mitglied des Rockerklubs »Bandidos«. Allein im letzten Jahr vor ihrem gewaltsamen Tod in Eisenach will ein Berufspendler Uwe Mundlos und Uwe Böhnhardt mindestens zwei Mal bis zu ihrem Heimatort Jena mitgenommen haben. Es ist durchaus möglich, dass sich Zschäpe, Mundlos und Böhnhardt langfristig bemühten, Sympathien im »nationalen Lager« zu erhalten.

Immerhin hieß es schon in geheimen »Blood & Honour«-Papieren fast ehrfurchtsvoll: »Diese einsamen weißen Wölfe müssen respektiert und allein gelassen werden, um die schlimmsten Feinde unserer Rasse zu verfolgen. Sie erwarten keine Unterstützung und Hilfe, aber sie verdienen Anerkennung und Verständnis.«

Eine bundesweit beachtete Trauerfeier für die über 150 Todesopfer rechter Gewalt gab es bislang nicht. Im Gegenteil: Die von der Bundesregierung offiziell anerkannte Opferzahl widerspricht den seriösen Recherchen erfahrener Präventionsstellen und Rechtsextremismusexperten und liegt zur Zeit nur bei 63 Toten seit 1990. So galt die vom Bundespräsidialamt im Februar 2012 ausgerichtete Gedenkfeier in Berlin wohl allen Neonazi-Opfern, doch namentlich wurde ausschließlich denen des »Nationalsozialistischen Untergrunds« gedacht. Die Bundeskanzlerin mahnte vor den rund 1200 geladenen Gästen im Saal, dass rechte Gewalt zu leicht verdrängt wird und ihre Opfer zu schnell vergessen sind.

Angela Merkel warnte: »Gefährlich sind auch diejenigen, die Vorurteile schüren, die ein Klima der Verachtung erzeugen«,[23] und bat die Angehörigen um Verzeihung dafür, dass sie so lange allein gelassen und von der Polizei fälschlich verdächtigt worden seien. Nicht nur von der Polizei, auch in den Medien war viel spekuliert worden. Bundeskanzlerin Merkel forderte bei der offiziellen Feier schonungslose Aufklärung der Verbrechen, doch Selbstkritik war kaum zu hören. Sie äußerte sich nicht zu der Frage, die seit der zufälligen Enttarnung der grausamen Taten der Zwickauer Terrorzelle immer mitschwingt: Sind bundesdeutsche Behörden, Politik und Öffentlichkeit auf dem rechten Auge blind? Dennoch gestaltete sich die Feier würdevoll, vor allem dank der Appelle der betroffenen Familien. Nicht alle waren jedoch erschienen.

Erstmalig erhielten die Hinterbliebenen die Gelegenheit, per Live-Übertragung durch das Fernsehen über ihre Erfahrungen, die Trauer und Wut der letzten Jahre zu sprechen. Der Vater des in Kassel ermordeten Halit Yozgat wollte keine materielle Entschädigung, sondern seelischen Beistand. Er wünschte sich drei Dinge für seinen Sohn: Die Mörder sollten gefasst und die Helfershelfer und Hintermänner aufgedeckt werden. Eine Straße im Heimatort möge nach dem jungen Mann benannt sowie eine Stiftung im Namen der zehn Toten ausgelobt werden.

Es zeugte von besonderer Courage, als die 25-jährige Semiya Şimşek gemeinsam mit der Tochter eines weiteren Opfers auf die Bühne trat. Sie war 14 Jahre alt, als ihr Vater ermordet wurde. Ihre Familienangehörigen, auch die Mutter, gerieten in Verdacht, mit dem Mord zu tun zu haben. Die Rede der jungen Frau im Berliner Konzerthaus war eindrucksvoll, aber es wird ihre letzte in Deutschland sein. Im Sommer 2012 verließ Semiya Şimşek das Land, von dem sie glaubte, es sei ihre Heimat.

Alle Bemerkungen zum Stand der Ermittlungen und zur juristischen Aufarbeitung beziehen sich auf den Redaktionsschluss des Kataloges im Dezember 2012.

1 Maik Baumgärtner/Marcus Böttcher: Das Zwickauer Terror-Trio: Ereignisse, Szene, Hintergründe, Berlin 2012. **2** Pressekonferenz von GBA und BKA am 1.12.2011 in Karlsruhe. **3** Ebd.; Aussage lt. Ermittlungsakten. **4** Aussage lt. Ermittlungsakten. **5** Bild-Zeitung vom 14.11.2011. **6** Bild-Zeitung vom 16.11.2011. **7** Aussage lt. Ermittlungsakten. **8** Süddeutsche Zeitung vom 3.12.2011. **9** Recherche NDR-Redaktion »Panorama«. **10** 162 Seiten Hass, in: Der Spiegel 42 (2012), 15.10.2012, S. 47. **11** Ebd. **12** Ebd. **13** »Newsletter« von »Blood & Honour« über das Deutschland-Treffen vom 3.10.1998. **14** Heft der »Blood & Honour-Division Deutschland« von 1996. **15** Versteckter Szene-Zahlencode: 18 steht für den ersten und achten Buchstaben im Alphabet: A und H (Adolf Hitler). **16** Handbuch von »Blood & Honour«: »Der Weg vorwärts«, Siehe auch: Tageszeitung vom 30.3.2005. **17** Neonazi-Zine: Hamburger Sturm, Ausgabe Mai (1999), S. 10. **18** 162 Seiten Hass, in: Der Spiegel 42 (2012), 15.10.2012, S. 47. **19** Ebd. **20** Ebd. **21** Bundesamt für Verfassungsschutz: Gefahr eines bewaffneten Kampfes deutscher Rechtsextremisten – Entwicklungen von 1997 bis Mitte 2004, Spezial Nr. 21. Nur für den Dienstgebrauch. **22** Informationen lt. Ermittlungsakten. **23** Siehe auch: Frankfurter Allgemeine Zeitung vom 24.2.2012.

Winfried Nachtwei

EINE DISKUSSION SO ALT WIE DIE BUNDESWEHR?

RECHTSEXTREME EINSTELLUNGEN UND VORFÄLLE IN UND IM UMFELD DER BUNDESWEHR

Es war in der Anfangsphase des Bosnieneinsatzes der Bundeswehr. Im Herbst 1996 besuchten wir mit einer Spitzendelegation der bündnisgrünen Partei und Bundestagsfraktion das kriegszerstörte Bosnien. Für die meisten Kollegen war es die erste Begegnung mit Bundeswehrsoldaten im Einsatz. Positiv überrascht waren sie über diese deutschen Soldaten. Im Auftrag von UNO und Bundestag standen sie überzeugend für Kriegsverhütung. Die offenen und besonnenen Gesprächspartner zeigten keine Spur von Militarismus – Welten entfernt von der Wehrmacht.

Im Folgejahr bekam dieses Positivbild anderswo hässliche Risse: Schlag auf Schlag berichteten die Medien von Gewaltexzessen und Vorfällen mit rechtsextremistischem Hintergrund in der Bundeswehr: Angefangen im März 1997 mit einem Angriff von neun Soldaten auf Ausländer in Detmold, dann Vorfälle unter anderem in Altenstadt (Luftlande-/Lufttransportschule), Hammelburg (Vereinte-Nationen-Ausbildungszentrum), schließlich ein Vortrag des ehemaligen Rechtsterroristen Roeder an der Führungsakademie der Bundeswehr in Hamburg. In der Folge konstituierte sich Anfang 1998 der Verteidigungsausschuss des Bundestages als Untersuchungsausschuss »zur Abklärung tatsächlicher und behaupteter rechtsextremistischer Vorfälle in der Bundeswehr«.

Werden Vorfälle mit rechtsextremistischem Hintergrund aus der Bundeswehr bekannt, reagiert die Öffentlichkeit besonders sensibel. Zu Recht. Da die Bundeswehr der Teil des staatlichen Gewaltmonopols mit den größten Gewaltkapazitäten ist, ist die Frage, wer in ihr das Sagen und wer auf ihre Mittel Zugriff hat, für den demokratischen Rechtsstaat von existenzieller Bedeutung. Die Bundeswehr und ihre Soldatinnen und Soldaten sind auf das Grundgesetz und das Völkerrecht, auf Menschenwürde und Grundrechte verpflichtet. Bundeswehrangehörige stehen in der Pflicht, die freiheitlich demokratische Grundordnung nicht nur anzuerkennen, sondern sich jederzeit zu ihr zu bekennen und für ihren Erhalt einzutreten. Das steht im diametralen Gegensatz zu jeder Form von Rechtsextremismus, der mit seinen Kernbestandteilen – exklusivem Nationalismus und Rassismus – die demokratischen Grundwerte negiert und bekämpft.

Zugleich ist aber unbestreitbar, dass Streitkräfte für Personen mit rechtsextremen Einstellungen besonders anziehend wirken – mit ihrer hierarchischen Ordnung, als Ort der Waffen und des Waffenhandwerks, von Kämpfertum und Kameradschaft, durch die stärkere Betonung des Nationalen. Und ihren Nachwuchs bezieht die Bundeswehr vor allem aus der Gruppe der jungen Männer, der Hauptrisikogruppe in Bezug auf rechtsextremistisches Verhalten.

EINZELFÄLLE? SPIEGEL DER GESELLSCHAFT? STRUKTURPROBLEM?

Welchen Stellenwert haben also rechtsextremistische Vorfälle und Einstellungen in der Bundeswehr und deren Umfeld? Sind es immer mal wieder Einzelfälle, die sich nie ganz ausschließen lassen, die aus der Gesellschaft in die Bundeswehr »hineinschwappen«, wie es über viele Jahre offizielle Sichtweise war? Hat die Bundeswehr im Gegenteil ein strukturelles Problem, wo der militärische Alltag und Einsatz möglicherweise rechtsradikale Einstellungen befördern? Oder wird hier Fehlverhalten einzelner von militärkritischen Teilen der Öffentlichkeit aufgebauscht, um die Bundeswehr in die rechte Ecke zu stellen und zu delegitimieren?

Hierzu ein aktuelles, realitätsnahes Lagebild zu gewinnen, wird durch mehrere Faktoren erschwert:

- Die Bundeswehr steht über Zeitsoldaten – und bis vor kurzem über Wehrpflichtige – in einem so umfangreichen Personalaustausch mit der Gesellschaft wie keine andere staatliche Institution (1997 waren es 180 000 Neuzugänge im Jahr). Kurzfristige gesellschaftliche Entwicklungen können sich also schnell in der Bundeswehr auswirken.

- Einzelne Verdachtsfälle mit rechtsextremistischem Hintergrund finden hohe Medienaufmerksamkeit, geben für sich aber keine Auskunft über Trends.
- Als zentraler Indikator fungieren unter »Besonderen Vorkommnissen« Verdachtsfälle mit rechtsextremistischem und fremdenfeindlichem Hintergrund, die von Disziplinarvorgesetzten gemeldet wurden (Meldepflicht). Von diesen wurde über die Jahre ein Viertel bis ein Fünftel nicht bestätigt. Keine Schätzungen liegen vor zum Dunkelfeld der geschehenen, aber nicht gemeldeten Vorfälle. Die Erfassungskriterien des Militärischen Abschirmdienstes MAD sind weiter: Hier liegt schon ein Verdachtsfall vor, wenn »tatsächliche Anhaltspunkte« für einen rechtsextremistischen Hintergrund vorliegen.
- Da rechtsextremistisches und fremdenfeindliches Verhalten in der Bundeswehr seit Jahren streng geahndet wird, ist naheliegend, dass überzeugte Rechtsextreme in der Bundeswehr eher verdeckt agieren.
- Besonders schwierig zu erfassen und zu bewerten sind politische Einstellungen: Wo rechtsextremistische Ideologie diffus ist, wo es Grauzonen und Berührungspunkte zu national- und rechtskonservativen Positionen gibt, wo die »Neue Rechte« eine Brücke zur gesellschaftlichen Mitte schlagen will, wo zugleich das Grundrecht der Meinungsfreiheit nicht einer Gesinnungsschnüffelei zum Opfer fallen darf. Sozialwissenschaftliche Untersuchungen zu politischen Einstellungen von Soldaten gibt es nur punktuell.

VORKOMMNISSE BIS MITTE DER 1990ER JAHRE

Als Hilfsorgan des Bundestages berichtet der Wehrbeauftragte seit 1959 jährlich über den Schutz der Grundrechte und die Einhaltung der Grundsätze der Inneren Führung in der Bundeswehr. Seine Jahresberichte sind die umfassendste öffentliche Quelle zum Kontext Rechtsextremismus und Bundeswehr, zum Umfeld von politischer Bildung und Traditionspflege als Einflussfaktoren. Bis Ende der 1980er Jahre tauchte das Thema Rechtsextremismus nur punktuell und vereinzelt in den Jahresberichten auf. Seit 1991 findet eine kontinuierliche Berichterstattung statt.

Im Jahresbericht 1976 wurde unter »Politische Betätigung« der Fall eines Hauptfeldwebel geschildert, der sich 1973 zusammen mit zwei weiteren Soldaten an der Gründung einer »Nationalsozialistischen Kampfgruppe Groß-Deutschland« beteiligt hatte. Der Hauptfeldwebel wurde zu einer Freiheitsstrafe von sechs Monaten auf Bewährung verurteilt. Sein Gehalt wurde für neun Monate um ein Zwanzigstel gekürzt. 1977 wurde der Hauptmann Michael Kühnen wegen politischer Betätigung nicht als Berufssoldat übernommen. Über die »Aktionsfront Nationaler Sozialisten« wurde er zu einer zentralen Führungsfigur der militanten Neonazi-Szene. Im Jahresbericht 1978 sah der Wehrbeauftragte in einigen Vorgängen an den Bundeswehrhochschulen ein massives Defizit an staatsbürgerlicher und politischer Denk- und Urteilsfähigkeit. Zweifel an der demokratischen Haltung des Offiziersnachwuchses könnten daraus aber nicht abgeleitet werden. Im selben Bericht hieß es über seit 1976 ansteigende »Aktionen gegen die Bundeswehr und die Wehrbereitschaft«, sie hätten zu sieben Prozent einen rechtsextremistischen und zu 84 Prozent einen linksextremistischen Hintergrund. Von 1979 bis 1990 fanden sich in den Jahresberichten keine Hinweise auf rechtsextremistische Vorfälle. Ob es in dieser Zeit tatsächlich keine nennenswerten Vorfälle gab oder ob es an Sensibilität und Meldebereitschaft im Hinblick auf solche Aktivitäten mangelte, kann ich nicht beurteilen. Allerdings konnte es der spätere NPD-Vorsitzende Udo Voigt von 1972 bis 1982 in der Bundeswehr bis zum Hauptmann bringen – ab 1978 war er NPD-Kreisvorsitzender in Freising.

Tagung der rechtsextremen »Aktionsfront nationaler Sozialisten« in einer Gaststätte in Bad Bergzabern am 30. April 1983 mit Michael Kühnen (2. v. l.).

In den Jahrzehnten der Ost-West-Konfrontation wurde die Bundeswehr offenbar mehr von anderen Themen umgetrieben: dem Dauerkonflikt um die Innere Führung, um Wehrmachtsnähe und Tradition, die Atombewaffnung, die Schleifermethoden von Nagold (1962) und anderswo, die Bildungsreform und Gründung der Bundeswehr-Universitäten in den 1970er Jahren, die Mittelstreckenaufrüstung, die Friedensbewegung und die enorme Zunahme von Anträgen auf Kriegsdienstverweigerung in den 1980er Jahren. Wo an etlichen Standorten über Kasernennamen und im Rahmen der Traditionspflege pauschal der Schulterschluss mit der Wehrmacht praktiziert wurde, konterkarierte das den Anspruch von Streitkräften für und im Rechtsstaat. Solche demokratieferne Traditionspflege ließ des Öfteren die Grenze zum Rechtsextremismus verschwimmen. Unter Soldaten- und Traditionsverbänden hatte der »Bundesverband der Soldaten der ehemaligen Waffen-SS – Hilfsgemeinschaft auf Gegenseitigkeit« (HIAG) bis in die 1970er Jahre einen nicht unerheblichen Einfluss. 1992 löste sich die HIAG auf.

Die 1990er Jahre begannen mit einem mehrfachen Epochenbruch: dem politischen Wunder der deutschen Einigung, dem historischen Abrüstungsschub in Zentraleuropa, der Auflösung von Warschauer Pakt und NVA, der Reduzierung der Bundeswehr, dem Golfkrieg und dem innenpolitisch äußerst umstrittenen erstmaligen Einsatz der Bundeswehr in der Randzone eines Krieges (Türkei 1991), den ersten UNO-Einsät-

Treffen der »Hilfsgemeinschaft auf Gegenseitigkeit der Angehörigen der ehemaligen Waffen-SS e. V.« (HIAG) in Göttingen am 31. Oktober 1954.

zen der Bundeswehr in Kambodscha und Sarajewo (ab 1992). Wo alte Orientierungen und Gewissheiten verloren gingen, neue Aufgaben ohne politische Konsensbildung befohlen und persönliche Perspektiven ungewiss wurden, da verbreiteten sich auch unter Bundeswehrangehörigen Unruhe und Verunsicherung. Zugleich explodierte in der gesamtdeutschen Gesellschaft fremdenfeindliche und rechtsextreme Gewalt.

In seinem Jahresbericht 1991 konstatierte der Wehrbeauftragte Alfred Biehle, gesellschaftliche Strömungen würden im Positiven wie im Negativen auf die Bundeswehr einwirken. Als jüngstes Beispiel seien Rechtsradikalismus und Ausländerfeindlichkeit zu nennen. Soldaten seien nach Dienst und zumeist in angetrunkenem Zustand mit entsprechenden Paro-

len in Erscheinung getreten und in einem Fall gewalttätig geworden.[1] Der Jahresbericht 1992 widmete dem Thema erstmalig ein Kapitel und nannte Zahlen: 62 Verdachtsfälle mit rechtsextremistischem Hintergrund und 84 Verdächtige. Diese waren zu 82 Prozent Mannschaftsdienstgrade. An einem Fall seien einige Offiziere beteiligt gewesen.

Von nun an waren die von Disziplinarvorgesetzten gemeldeten »Besonderen Vorkommnisse« mit Verdacht auf rechtsextremen und fremdenfeindlichen (ab 2008 auch antisemitischen) Hintergrund die zentralen Indikatoren zur Erfassung von Rechtsextremismus in der Bundeswehr. Der Wehrbeauftragte bemerkte einschränkend, dass ihm die Möglichkeit fehle, durch empirische Untersuchungen abgesicherte Aussagen zu rechtsextremistischen Neigungen bei Soldaten machen zu können. Der Jahresbericht 1993 stellte fest: »Je geringer die Distanz zu rechtsextremistischen Positionen, desto größer ist die Affinität zu Streitkräften. [...] Verstärkt haben junge, ungediente Bewerber aus dem rechten Spektrum versucht in die Streitkräfte einzutreten. Viele von ihnen konnten bereits an ihrem Äußeren und ihrer Diktion erkannt werden.«[2] Im Jahresbericht 1994 hieß es: »Bei manchen rechtsextrem orientierten jungen Menschen verbindet sich die Vorstellung von Streitkräften mit Begriffen von aggressivem Kämpfertum, hierarchischen Strukturen und elitärem Korpsgeist. Deshalb suchen sie auch den Weg in die Bundeswehr.«[3] Parallel kritisierte der Wehrbeauftragte alljährlich die Vernachlässigung der politischen Bildung und unzulässige Formen der Traditionspflege.

Im Untersuchungsausschuss des Bundestages zum »Nationalsozialistischen Untergrund« (NSU) stellte sich im November 2012 heraus, dass Mitte der 1990er Jahre etliche bekennende Rechtsextreme unbehelligt ihren Wehrdienst ableisten und das Waffenhandwerk lernen konnten. Der spätere NSU-Rechtsterrorist Uwe Mundlos war während seines Wehrdienstes im August 1994 wegen des Besitzes von Nazi-Material aufgefallen. Ein Truppendienstrichter lehnte seine Bestrafung ab, weil der bloße Besitz von Nazi-Material Privatangelegenheit und kein Dienstvergehen gewesen sei. Im März 1995 wurde er vom MAD befragt. Trotz staatsanwaltschaftlicher Ermittlungen wurde er zweimal befördert. André E., einer von 13 Beschuldigten im NSU-Verfahren, bekannte wenige Tage nach Antritt seines Wehrdienstes 1999 gegenüber einem vernehmenden Offizier, er denke nationalsozialistisch und bewundere die militärischen Leistungen der SS. Er konnte seinen Wehrdienst voll ableisten und wurde noch zum Gefreiten befördert.

VERTEIDIGUNGSAUSSCHUSS ALS UNTERSUCHUNGSAUSSCHUSS

Im Bericht 1997 stand das Thema »Gewalt und Rechtsextremismus« als Schwerpunkt an erster Stelle eines Jahresberichtes: 177 Verdachtsfälle mit 229 Verdächtigen. Die Wehrbeauftragte Claire Marienfeld wählte deutliche Worte: »Die Bundeswehr kann keine Soldaten in ihren Reihen dulden, die zu Gewalt und politisch extremen Meinungen tendieren. Insofern darf sie kein Spiegelbild der Gesellschaft sein. Der Soldat muß die Werte kennen, für deren Sicherung und Verteidigung er eingesetzt wird.«[4]

Angesichts der Häufung gravierender Vorfälle mit rechtsextremistischem und fremdenfeindlichem Hintergrund im Laufe des Jahres 1997 brachte im Dezember der Stern die Titelgeschichte »Rechtsradikale bei der Bundeswehr – Die Braune Kumpanei«. Chefredakteur Werner Funk fragte im Editorial: »Die Bundeswehr – ein brauner Sumpf?«[5] Die Oppositionsfraktionen SPD und Bündnis 90/Die Grünen setzten in Wahrnehmung ihres Minderheitenrechts die Konstituierung des Verteidigungsausschusses als Untersuchungsausschuss durch. Die Koalitionsfraktionen CDU/CSU und FDP hielten einen solchen Ausschuss für überflüssig und bewerteten ihn als »Kampagne gegen die Bundeswehr« im Vorfeld der Bundestagswahlen. Nach einem halben Jahr intensiver Untersuchungstätigkeit legte der Ausschuss zu sieben Kom-

»Stern« Nr. 51
vom 11. Dezember 1997.

plexen seinen Abschlussbericht vor – mit getrennten Bewertungen der Koalitionsmehrheit und jeder der drei Oppositionsfraktionen. Anhaltspunkte für rechtsradikale Tendenzen oder Strukturen in der Bundeswehr ergaben sich nicht. Auch gebe es weder »braune Netzwerke« noch rechtsextremistische Unterwanderungen. Als Berichterstatter meiner Fraktion im Untersuchungsausschuss gab ich jedoch zu Protokoll, dass es in den Bereichen Personalrekrutierung, Innere Führung, Traditionspflege und Politischer Bildung erheblichen Nachsteuerungsbedarf gebe. Über die Aufklärung der Einzelfälle hinaus seien sozialwissenschaftliche Studien unabdingbar, um Einstellungsmuster von Wehrpflichtigen, Zeit- und Berufssoldaten verschiedener Dienstgradgruppen und Waffengattungen im gesellschaftlichen Kontext und in ihrer Entwicklung zu untersuchen.[6]

Die Bundeswehrführung brachte vor Einsetzung des Untersuchungsausschusses ein umfassendes Maßnahmenbündel auf den Weg. Der Generalinspekteursbrief vom 8. Dezember 1997 nannte als Ziele:

- erkannte Gewalttäter und Funktionäre rechtsextremistischer Organisationen von den Streitkräften fernzuhalten,
- Mitläufer oder für Extremismus anfällige Soldaten durch Aufklärung, Erziehung und Disziplinarmaßnahmen vom falschen Weg abzuhalten und auf den richtigen Weg zurückzuführen,
- Vorgesetzte mit dem Problem des Rechtsextremismus noch intensiver vertraut zu machen und sie besser zu befähigen, in der Menschenführung und Dienstaufsicht mit diesem Problem richtig umzugehen,
- alle Soldaten aufzuklären und vor allem durch politische Bildung, Ausbildung und rechtliche Unterweisung im rechtsstaatlichen Bewusstsein zu festigen.

Am 16. Februar 1998 folgte ein Schnellbrief des Führungsstabes Streitkräfte mit Hilfen für Disziplinarvorgesetzte bei extremistischen Verhaltensweisen/Auffälligkeiten von Wehrdienstleistenden. Das Zentrum Innere Führung bildete weit über 100 Offiziere aus, die das Thema »Nationalismus, Extremismus, Fremdenfeindlichkeit und Gewalt« flächendeckend an Vorgesetzte ihres Bereichs weitervermitteln können. Die Fülle von präventiven und reaktiven Einzelmaßnahmen wurde bis heute weiterentwickelt zum Maßnahmenkatalog »Pro Demokratie«. Das Zentrum Innere Führung unterstützt die Aufbereitung des Themas in der Politischen Bildung durch Lehrgänge, Planspiele, das CUA-Lernprogramm »Courage«, den Unterrichtsbaustein »Rechtsextremismus«, Seminarkonzepte für Bundeswehrschulen usw.[7]

Nicht erreicht werden mit solchen Maßnahmen einzelne hohe Offiziere, die sich nach ihrer Pensionierung in Grauzonen zum Rechtsextremismus bewegten – zum Beispiel ein Ex-Brigadegeneral mit einer von ihm 1998 herausgegebenen Festschrift »Wagnis Wahrheit – Historiker in Handschellen?« für den Holocaust-Leugner David Irving.[8]

Im Juni 2001 legte das Sozialwissenschaftliche Institut der Bundeswehr (SOWI) die Studie »Rechtsextreme Orientierungen in Deutschland und ihre Folgen für die Bundeswehr« vor.[9] Im Jahr zuvor waren rechtsextremistische, fremdenfeindliche und antisemitische Straftaten in Deutschland im Vergleich zum Vorjahr um 40 Prozent angestiegen. In Ermangelung einschlägiger sozialwissenschaftlicher Untersuchungen analysierten die Wissenschaftler fast 1000 Meldungen über rechtsextremistische Verdachtsfälle (Besondere Vorkommnisse) in der Bundeswehr der Jahre 1997 bis 2000. Einschränkend wird darauf hingewiesen, dass die gemeldeten Verdachtsfälle wenig Aufschluss geben über die mögliche Verbreitung rechtsextremer Einstellungen unter Bundeswehrangehörigen.

Die Zahl der Verdachtsfälle stehe im Zusammenhang mit der Aufmerksamkeit und Sensibilität gegenüber Rechtsextremismus. Der Sprung auf 319 gemeldete Verdachtsfälle im Jahr 1998 hänge mit einer gestiegenen Meldebereitschaft zusammen. Zwei Drittel aller Vorfälle seien durch Vorgesetzte, zehn Prozent durch Kameraden festgestellt worden. Sie geschahen zum großen Teil außerhalb des Dienstes und oft unter Alkoholeinfluss. Verdächtige waren zumeist Einzelpersonen bzw. kleine Gruppen. In der regionalen Verteilung ergaben sich keine Auffälligkeiten. Die 196 verdächtigen Personen im Jahr 2000 entsprachen 0,0615 Prozent der knapp 320 000 Soldaten. 82 Prozent waren Wehrdienstleistende, 32 Zeitsoldaten, drei Berufssoldaten. Diese Relationen entsprechen denen der vorhergehenden Jahre. 42 Prozent der Verdachtsfälle ereigneten sich in den Einberufungsmonaten der Wehrpflichtigen. Weit überwiegend handelte es sich um Propagandadelikte wie die Verwendung nationalsozialistischer Symbole, das Ausführen des »Hitlergrußes«, den Besitz bzw. die Verbreitung rechtsextremistischen Schrifttums bzw. solcher Musikerzeugnisse, das Singen entsprechender Lieder, Hakenkreuzschmierereien, Tätowierungen. Vor allem Musik wirke als Integrationsfaktor einer rechtsextremistischen Jugend-Subkultur.

Darüber hinaus ging die SOWI-Studie mithilfe der alljährlichen Allgemeinen Bevölkerungsumfrage des SOWI auch der Frage nach, ob es bei jungen Männern unter 25 Jahren einen auffälligen Zusammenhang gebe zwischen Bundeswehraffinität und rechtsextremen Neigungen. Die »jungen Befragten, die sich einen Dienst in der Bundeswehr vorstellen können, erreichen auf der Nationalismusskala, nicht aber auf der Fremdenfeindlichkeitsskala, deutlich erhöhte, wenn auch keine extremen Werte.« Interpretiert wird das als eine stärker nationalkonservative Einstellung dieser Gruppe.[10]

EINSATZARMEE – ANFÄLLIGER ODER WIDERSTANDSFÄHIGER?

Parallel zum SFOR-Einsatz in Bosnien-Herzegowina erfuhr die Einsatzrealität der Bundeswehr 1999 mit der Operation Allied Force und KFOR (Kosovo) sowie ab 2001 mit ISAF (Afghanistan) und Enduring Freedom (Horn von Afrika, Afghanistan) eine ungeahnte Ausweitung und Intensivierung. Ab 2008/2009 waren Bundeswehrsoldaten in Nordafghanistan mit einem Guerilla- und Terrorkrieg konfrontiert, standen erstmalig seit Bestehen der Bundeswehr in Gefechten. Der Krieg sickerte ein in den Alltag der Friedensarmee Bundeswehr, der kämpfende Einsatzsoldat rückte in den Vordergrund. Ging das einher mit zunehmender Gewaltbereitschaft und Verrohung, wie manche von außen meinen, und einer Aushöhlung der Inneren Führung? Wie entwickelte sich vor diesem Hintergrund die Rechtsextremismus-Lage in der Bundeswehr? Da hierzu umfassende und tiefer gehende Analysen fehlen und manche Wirkungen der verschärften Einsatzrealität erst mittelfristig erkennbar sind, muss ich mich mit einigen Schlaglichtern begnügen:

	Anzahl Verdachtsfälle	beteiligte Soldaten
1990	2	2
1991	10	10
1992	64	69
1993	52	60
1994	58	70
1995	57	81
1996	46	59
1997	209	253
1998	319	301
1999	135	159
2000	196	196
2001	186	188
2002	111	124
2003	133	133
2004	129	154
2005	142	131
2006	148	151
2007	118	117
2008	121	119
2009	122	126
2010	82	94
2011	63	63

»Besondere Vorkommnisse« mit rechtsextremistischem Hintergrund in der Bundeswehr.
Quelle: Jahresberichte des Wehrbautragten des Deutschen Bundestages 1991 bis 2011; Sven Bernhard Gareis, Peter-Michael Kozielski, Michael Kratschmar: Rechtsextreme Orientierungen in Deutschland und ihre Folgen für die Bundeswehr, SOWI-Arbeitspapier Nr. 129, Strausberg 2001, S. 23. Die Abweichungen gegenüber den Verdachtszahlen in den Jahresberichten des Wehrbeauftragten ergeben sich durch Nachmeldungen.

- Vorkommnisse: Von 186 gemeldeten Verdachtsfällen mit rechtsextremistischem und fremdenfeindlichem Hintergrund im Jahr 2001 gingen die Verdachtszahlen auf 148 im Jahr 2006 und 63 im Jahr 2011 zurück. Von insgesamt 572 Verdachtsfällen zwischen 2007 und Oktober 2012 geschahen nur sieben in den Einsatzgebieten. Der MAD bearbeitete 2011 und 2012 im Rahmen seiner weiteren Kriterien 963 Verdachtsfälle und bewertete 69 Bundeswehrangehörige als rechtsextrem. In seinem Jahresbericht 2011 meldete der Wehrbeauftragte, dass zwischen den gemeldeten besonderen Vorkommnissen und der rechtsextremistischen Szene keine Verbindungen festgestellt worden seien und dass bei den Tätern oft keine eindeutige rechtsextremistische Motivation zu erkennen gewesen sei. In allen bekannt gewordenen Fällen sei von den zuständigen Vorgesetzten konsequent und unnachsichtig eingeschritten worden.[11] Auffällig war aber, dass entdeckte Rechtsextremisten vorher oft als besonders »stramme« Soldaten galten.

Der Deutsche Bundeswehrverband und der Reservistenverband erklärten mit Vorstandsbeschlüssen die Unvereinbarkeit von extremistischen Aktivitäten mit der Mitgliedschaft in ihren Verbänden. In einzelnen Fällen wurden Ausschlussentscheidungen aus juristischen Gründen nicht rechtskräftig.

Rechtsextremistische Organisationen lehnen aktuelle Auslandseinsätze eher ab. Die Jungen Nationaldemokraten führen seit 2010 eine Kampagne »Kehrt marsch! Kein Bundeswehreinsatz in Afghanistan!« durch mit der Begründung »Kein Blut für die USA!« Bisher gibt es keine Hinweise, dass solche Kampagnen in die Bundeswehr getragen würden.

NPD-Demonstration in Saarlouis am 1. Juli 2006 gegen den Kongo-Einsatz der Bundeswehr.

Politische Einstellungen von Offiziersstudenten: Erst im Berichtsjahr 2009 erfuhr der Wehrbeauftragte Reinhold Robbe, dass das SOWI Ende 2007 im Auftrag des Ministeriums eine repräsentative Umfrage an den beiden Bundeswehr-Unis durchgeführt hatte. Außer zur sozialen Herkunft, Studienmotivation und -zufriedenheit, Studienleistung, beruflichen Bindungen und Erwartungen antworteten die 2300 befragten Studierenden auch zu ihren politischen Interessen und Präferenzen, zu politischen Zielen der »Neuen Rechten« und zu »weiteren populistischen Positionen«. »87 Prozent bezeichnen sich als politisch interessiert, zehn Prozent mehr als in der Gesamtbevölkerung. Parteipolitisch sieht sich die Mehrzahl der Studierenden am ehesten von CDU/CSU in ihren Interessen vertreten, während sie den Positionen von FDP, SPD und Bündnis 90/Die Grünen weniger nahestehen. [...] weniger als fünf Prozent fühlt sich von den Parteien am linken und rechten Rand des politischen Spektrums in seinen Interessen vertreten.«[12]

Im Bundesverfassungsschutzbericht von 2006 war die »Neue Rechte« beschrieben worden als ein Versuch der Intellektualisierung des Rechtsextremismus. Im Kampf um die kulturelle Hegemonie in Deutschland würden Milieus mit Nähe zum neurechten Gedankengut angesprochen und der Brückenschlag zur gesellschaftlichen Mitte versucht. In der heterogenen »Neuen Rechten« identifizierten die SOWI-Forscher sechs wesentliche Politikziele: Dafür sorgen, dass sich in Politik und Gesellschaft immer die Stärkeren durchsetzen und dass Deutschland wieder von einer starken Elite geführt wird. Deutsche Interessen gegenüber dem Ausland hart und energisch durchsetzen. Die nationale Identität Deutschlands stärken. Die Zuwanderung von Ausländern nach Deutschland stoppen. Den Einfluss der Parlamente einschränken.

Im Ergebnis lehnte die große Mehrheit der Studierenden diese Politikziele überwiegend ab (20 Prozent voll, 26 Prozent Zustimmung zu einem Ziel, 23 Prozent zu zwei Zielen). 18 Prozent stimmten drei Politikzielen zu, 13 Prozent mindestens vier der sechs Ziele (neun Prozent Zustimmung zu vier Zielen, drei Prozent zu fünf, ein Prozent zu allen sechs). Diese 13 Prozent weisen damit eine gewisse Affinität zu den Vorstellungen der »Neuen Rechten« auf.

Zum Vergleich: Von den jungen Frauen und Männern in Deutschland zwischen 15 und 32 Jahren stimmten im Jahr 2008 26 Prozent mindestens vier Politikzielen der »Neuen Rechten« zu, unter jungen Männern (15 bis 23 Jahre) sind es 30 Prozent, bei jungen Männern mit Hauptschulabschluss 43 Prozent. Offen bleibt bei einer solchen Umfrage, in welchem Ausmaß bestimmte Positionen den Diskurs an einer Bundeswehr-Uni prägen, möglicherweise sogar dominieren können. Aus meiner eigenen Erfahrung aus der westdeutschen 68er-Bewegung weiß ich, wie dominierend entschlossene und konzertiert auftretende Meinungsminderheiten wirken können.

▬ Milieuvielfalt: Die traditionelle Außenwahrnehmung von Militär ist geprägt von Uniformen, Marschkolonnen, Drill, Entindividualisierung, Kasernierung. Wo zugleich immer mehr Menschen in Deutschland noch nie engeren Kontakt mit der Bundeswehr hatten, ist der Eindruck verbreitet, die Bundeswehr sei ein geschlossenes homogenes Milieu, traditionell und konservativ – manche sehen sie unter dem Verdacht der Rechtslastigkeit. Die soziale Wirklichkeit der Bundeswehr ist überraschend bunt. Bei Besuchen in Einheiten und Dienststellen der Bundeswehr begegnen einem inzwischen regelmäßig Soldaten mit Migrationshintergrund. Überraschend sind die Ergebnisse einer Studie des SINUS-Instituts zu den in der Bundeswehr vertretenen sozialen Milieus – insgesamt zehn Gruppierungen von ähnlichen Lebensauffassungen und Lebensweisen. Zum traditionellen Milieu gehören 15 Prozent der deutschen Wohnbevölkerung, zwölf Prozent der Berufs- und fünf Prozent der Zeitsoldaten; zur bürgerlichen Mitte 14 Prozent der Bevölkerung, 24 Prozent der Berufs- und 26 Prozent der Zeitsoldaten; zum konservativ-etablierten Milieu zehn Prozent der Bevölkerung, 24 Prozent der Berufs- und zehn Prozent der Zeitsoldaten. Zum liberal-intellektuellen Milieu gehören sieben Prozent der Bevölkerung, zehn Prozent der Berufs- und acht Prozent der Zeitsoldaten; zum sozialökologischen Milieu sieben Prozent der Bevölkerung, zehn Prozent der Berufs- und sechs Prozent der Zeitsoldaten. Zum adaptiv-pragmatischen Milieu (ausgeprägter Lebenspragmatismus) gehören schließlich neun Prozent der Bevölkerung, acht Prozent der Berufs- und 18 Prozent der Zeitsoldaten; zum hedonistischen Milieu (Leben im Hier und Jetzt) 15 Prozent der Bevölkerung, zwei Prozent der Berufs- und acht Prozent der Zeitsoldaten.[13]

▬ Interkulturelle Kompetenz: Anzunehmen ist, dass interkulturelle Kompetenz mit rechtsextremistischen Einstellungen nur schwer vereinbar ist. Angesichts der zunehmenden multikulturellen Zusammensetzung der Bundeswehr und vor allem mit den Anforderungen der Auslandseinsätze wurde immer deutlicher, dass interkulturelle Kompetenz für Soldaten heutzutage zu einer Schlüsselqualifikation geworden ist. Für den Erfolg im multinationalen Einsatz und in einem fremden kulturellen Umfeld ist sie elementar. Interkulturelle Kompetenz beinhaltet Offenheit, Anerkennung kultureller Vielfalt, Einfühlungsvermögen, Aushalten von Widersprüchlichkeiten – alles Merkmale, die rechtsextremen Freund-Feind-Mustern zuwiderlaufen.

Im Jahr 2010 führte ein Team des SOWI erstmalig eine sozialwissenschaftliche Begleituntersuchung eines deutschen ISAF-Kontingents – des 22. – durch. Hierbei wurde auch die interkulturelle Sensibilität der Einsatzsoldaten erforscht und auf einer Skala von 0 bis 100 (Maximalwert) abgebildet. Vor dem Einsatz lag die interkulturelle Sensibilität der Offiziere bei 72, der Feldwebeldienstgrade bei 70, der Mannschaften bei 63.

Der Alpha-Zug der Quick Reaction Unit (QRU) der Bundeswehr in Kunduz am 19. Oktober 2012.

Im Einsatz ging der Indexwert bei allen Dienstgradgruppen um zwei bis drei Punkte zurück, um nach dem Einsatz bei allen wieder um ein bis zwei Punkte zu steigen. Ein vielfach angenommener Kulturschock ließ sich nicht nachweisen. Festgestellt wurde vielmehr »eine signifikante Zunahme interkultureller Sensibilität mit der Zahl der berichteten Auslandseinsätze. Der Einsatz selbst lässt sich demnach als Lernort für die Aneignung interkultureller Sensibilität, die zentrale Voraussetzung kulturkompetenten Handelns vor Ort ist, verstehen.«[14] Ein anderes Ergebnis der Kontingentstudie ist allerdings im Hinblick auf die Innere Führung ein Alarmzeichen: Die Einsatzsoldaten haben zu ihren nächsten militärischen Vorgesetzten ein hohes, gegenüber der Politik nur ein minimales Vertrauen.

■ Subjektive Erfahrungen: Die Einsatzrealität der Bundeswehr ist durchweg multinational, ihr Auftrag sind Kriegsverhütung und Friedenssicherung im UNO-Auftrag für internationale kollektive Sicherheit. Schützen, Helfen, Vermitteln, Kämpfen ist die Aufgabe von Bundeswehrsoldaten im Einsatz. Dabei sind sie strikt an Völkerrecht und Menschenrechte gebunden. Die Ziele, Regeln und Praxis einer Einsatzarmee für internationale Friedenssicherung stehen konträr zu rechtsextremistischen Positionen. Sie sind unvereinbar.

Diesen Weltenunterschied zwischen Rechtsextremismus und Bundeswehr habe ich als Mitglied des Verteidigungsausschusses seit 1994 bei Begegnungen mit sehr vielen Soldaten immer wieder erlebt: bei Informationsveranstaltungen, bei Truppenbesuchen, bei etwa 40 Besuchen in Einsatzgebieten, beim VN-Ausbildungszentrum in Hammelburg. Auch wenn Gesprächspartner eher Offiziere und Feldwebeldienstgrade und weniger Mannschaftsdienstgrade waren, auch wenn manche ihre Worte dem Besucher aus der

In Zusammenarbeit mit »Lachen Helfen e.V.« besuchte OTL Kurczyk häufig die Kinder im Dorf Camp Sakhi nahe Mazar-e Sharif und brachte ihnen Schulmaterial und Spielsachen, 2007.

Politik anpassen, blieb doch auffällig: die durchweg unzweifelhafte Loyalität dieser Soldaten zum demokratischen Rechtsstaat der Bundesrepublik Deutschland und die selbstverständliche Anerkennung des Primats der Politik – mag die Kritik an konkreter Politik noch so heftig sein. Ihre bemerkenswert unmilitaristische Haltung, wo Allgemeingut ist, dass sich Konflikte in der Regel mit Militär nicht lösen lassen, dass wirksame Sicherheitspolitik auf das Zusammenwirken von Politik, zivilen, polizeilichen und gegebenenfalls militärischen Akteuren angewiesen ist. Die alltägliche Multinationalität in vielen Verbänden und im Einsatz sowieso.

Seit 1996 unterstützt »Lachen Helfen e.V.«, die Initiative von Soldaten und Polizisten für Kinder in Kriegs- und Krisengebieten, Hilfsprojekte in Einsatzgebieten der Bundeswehr. Alljährlich am 21. Juli wird im Einsatzführungskommando der Bundeswehr bei Potsdam Generalmajor Henning von Tresckow gedacht, der Kopf und Herz des militärischen Widerstands gegen Hitler war. Es ist ein Beispiel demokratischer Traditionspflege. Zwei Initiativen, Momentaufnahmen, die nicht untypisch sind für die Einsatzarmee Bundeswehr heute. Und dennoch: Wenn bis 2009 beim Heer noch zwei Ausbildungshilfen verwandt wurden, deren Einsatzbild extensiv vom Krieg der Wehrmacht geprägt wurde, wenn immer mal wieder Fälle von demokratieferner Traditionspflege bekannt werden, dann erscheint mir das völlig aus der Zeit gefallen zu sein. Hier stehen die Politik und die Bundeswehr, die höheren und vor allem auch die direkten Vorgesetzten in der Verantwortung.

SCHLUSSFOLGERUNGEN

Der Rückgang bei Verdachtsfällen mit rechtsextremistischem und fremdenfeindlichem Hintergrund in der Bundeswehr ist erfreulich. Er ist möglicherweise auch Ergebnis eines konsequenteren Vorgehens gegen Rechtsextremismus seit einigen Jahren. Er ist aber kein Grund zur Entwarnung. Wo eine beträchtliche Minderheit der Bevölkerung einem geschlossen rechtsextremen Weltbild anhängt, bleibt das Risiko erheblich, dass solche Personen in die Bundeswehr gelangen.

Notwendig ist zuallererst Wachsamkeit auf allen Ebenen – statt Wegsehen einerseits und Alarmismus andererseits. Angesichts der Aussetzung der Wehrpflicht und der Anforderungen im Einsatz wird dies noch wichtiger. Die Bundeswehr verschwindet hierzulande immer mehr »aus der Fläche«. Notwendig ist daher ein aktuelles, realistisches Bild der inneren und sozialen Lage in den Streitkräften. Dafür braucht es auch mehr empirische Untersuchungen zu den politischen Einstellungen von Soldatinnen und Soldaten.

Die wichtigste Prävention ist der klare, eindeutige und unmissverständliche Auftrag der Bundeswehr: der Verteidigungs- und Friedensauftrag, der multinationale Einsatz für gemeinsame Sicherheit in internationaler Verantwortung – und damit die Absage an Krieg zur Durchsetzung partikularer Interessen. Die Auftragsklarheit ist auch die notwendige Voraussetzung für eine Nachwuchsgewinnung aus breiteren Teilen der Gesellschaft. Bisher wurden unter rot-grünen Koalitionen wohl die größten Bundeswehreinsätze gestartet. An ihrer Umsetzung sind aber Anhänger von SPD und Grünen sehr unterproportional beteiligt.

Die zweite wichtige Ebene der Prävention ist eine lebendige und überzeugende Innere Führung, ein offenes Diskussionsklima und eine demokratische Streitkultur. Eine ideologische Political Correctness verwischt den Unterschied von Meinungsfreiheit und Gefahrenabwehr zum Schutz der Verfassungsordnung. Die Innere Führung kann auf die Dauer nur leben, wenn die Streitkräfte nicht rechts liegen gelassen werden, sondern bei der großen Mehrheit in Politik und Gesellschaft Aufmerksamkeit und Rückhalt finden.

Da rechtsextremistische Orientierungen meist nicht offen gezeigt, sondern bewusst getarnt werden, ist die personenbezogene Aufklärung durch den MAD unverzichtbar. Bundeswehrsoldaten sind darauf vereidigt, das Recht und die Freiheit des deutschen Volkes tapfer zu verteidigen. Das verbietet eine unparteiische Haltung gegenüber Rechtsextremismus. Das verlangt auch vom Staatsbürger in Uniform Einsatz.

1 Jahresbericht 1991 des Wehrbeauftragten des Deutschen Bundestages, Bonn 1992, Bundestagsdrucksache 12/2200, S. 25. **2** Jahresbericht 1993 des Wehrbeauftragten des Deutschen Bundestages, Bonn 1994, Bundestagsdrucksache 12/6950, S. 13. **3** Jahresbericht 1994 des Wehrbeauftragten des Deutschen Bundestages, Bonn 1995, Bundestagsdrucksache 13/700, S. 15. **4** Jahresbericht 1997 der Wehrbeauftragten des Deutschen Bundestages, Bonn 1998, Bundestagsdrucksache 13/10000. **5** Stern 51 (1997). **6** Abschlussbericht des Verteidigungsausschusses als 1. Untersuchungsausschuss vom 17. Juni 1998, Bundestagsdrucksache 13/11005, S. 186. **7** Antwort der Bundesregierung auf die Kleine Anfrage der Abgeordneten Katja Keul und der Fraktion Bündnis 90/Die Grünen »Umgang der Bundeswehr mit Rechtsextremismus«, Bundestagsdrucksache 17/8720 vom 23. 2. 2012, S. 6. **8** Erschienen im rechtsextremistischen Arndt-Verlag in Kiel. **9** Sven Bernhard Gareis/Peter-Michael Kozielski/Michael Kratschmar: Rechtsextreme Orientierungen in Deutschland und ihre Folgen für die Bundeswehr, SOWI-Arbeitspapier Nr. 129, Strausberg 2001. **10** Ebd., S. 56. **11** Jahresbericht des Wehrbeauftragten des Deutschen Bundestages, Bundestagsdrucksache 17/8400, Berlin 2012, S. 13. **12** Thomas Bulmahn/Rüdiger Fiebig/Victoria Wieninger/Stefanie Greif/Max H. Flach/Manon A. Priewisch: Ergebnisse der Studentenbefragung an den Universitäten der Bundeswehr Hamburg und München 2007, Forschungsbericht 89, Strausberg 2010. **13** Marc Calmbach: Die Bundeswehr – soziokulturell so vielfältig wie unsere Gesellschaft, in: Kompass – Soldat in Welt und Kirche, 9 (2012), S. 4–7. **14** Phil C. Langer: Erfahrungen von »Fremdheit« als Ressource verstehen – Herausforderungen interkultureller Kompetenz im Einsatz, in: Anja Seiffert/Phil C. Langer/Carsten Pietsch (Hrsg.): Der Einsatz der Bundeswehr in Afghanistan – Sozial- und politikwissenschaftliche Perspektiven, Wiesbaden 2012, S. 123–142, hier S. 132.

Fotoprojekt
Rechtsextreme Gewalt in Deutschland

SEAN GALLUP IM GESPRÄCH MIT GORCH PIEKEN

GP Was waren Ihre Beweggründe für das Fotoprojekt »Rechtsextreme Gewalt in Deutschland«?

SG Meine Hauptmotivation zur Durchführung dieses Projekts war der Wunsch, die persönlichen Erfahrungen von Menschen zu zeigen, die mit Rechtsextremismus in Berührung gekommen sind. Ich lebe seit 2003 in Deutschland und hatte immer das Gefühl, dass in der medialen Berichterstattung zu diesem Thema irgendetwas fehlt, die menschliche Komponente sozusagen. In den Medien liest man zwar von Ereignissen, Reaktionen und Gerichtsurteilen, doch die Tatsache, dass dieses Thema viele Menschen ganz real betrifft und dass sie mit den Konsequenzen leben müssen, scheint allzu oft unterzugehen.

GP Wie nimmt ein amerikanischer Fotograf rechtsextreme Gewalt in Deutschland wahr?

SG Als ich noch in den USA lebte, interessierte ich mich nur wenig für Rechtsextremismus. Es gibt zwar eine amerikanische Nazi-Partei, doch die steht am äußersten Rand des Parteienspektrums und hat keinerlei politischen Einfluss. Und andere Formen des Rechtsextremismus wie der Ku-Klux-Klan sind mehr oder weniger aus der öffentlichen Wahrnehmung verschwunden. Rechte Skinheads kennt man dort eigentlich nur aus Filmen oder Büchern, jedoch nicht als ein populäres Phänomen innerhalb der Jugendkultur, wie es in einigen Regionen Deutschlands ganz offensichtlich der Fall ist. US-amerikanische Neonazis spielen jedoch eine wichtige Rolle für Rechtsextremisten in Europa, beispielsweise als ideologische Wortführer und im Bereich des Webseiten-Hostings. Ich glaube, der scheinbar laxe Umgang der Behörden in Deutschland mit rechtsextremistisch motivierter Gewalt war das, was mich am meisten überrascht hat. Immer wieder erfährt man von gewaltsamen Übergriffen, die mit Bewährungsstrafen oder ähnlich milden Urteilen für die Angreifer enden. Dies könnte sich nun allerdings aufgrund der Enthüllungen im Zusammenhang mit den NSU-Morden ändern.

GP Wie fühlen Sie sich in Deutschland? Als Ausländer?

SG Nein, überhaupt nicht. Ich lebe in Berlin, einer sehr kosmopolitischen, internationalen und offenen Stadt. Ich spreche auch Deutsch, was eine Grundvoraussetzung für eine weitgehende gesellschaftliche Teilhabe ist. Meine Mutter kam aus Deutschland, bevor sie mich in Amerika zur Welt brachte.

GP Das Besondere Ihres Projekts ist, dass Sie Menschen zeigen, die in ganz unterschiedlicher Beziehung zum Rechtsextremismus stehen – Opfer, Gegner, Aussteiger aus der rechten Szene und zwei aktive, gewaltbereite Neonazis. Wie entstanden diese Porträts? Wie kam es zur Begegnung mit den Menschen, die Sie fotografierten, und wie reagierten diese auf Ihr Vorhaben?

SG Fast alle Porträts sind dadurch entstanden, dass ich zu den Menschen Kontakt aufgenommen und gefragt habe, ob ich sie fotografieren und ein Interview mit ihnen machen darf. Ich habe dabei stets erklärt, um was für ein Projekt es sich handelt, und sobald sie verstanden hatten, worum es ging, haben nur wenige abgelehnt. Dabei hatte ich den Eindruck, dass diejenigen, die mir eine Absage erteilten, bereits Erfahrungen mit anderen Journalisten gemacht hatten, vielleicht enttäuschende.

GP Wie gelang es Ihnen, Kontakt zu Aussteigern aufzunehmen, die sich vor den Racheakten der rechtsextremen Szene verstecken müssen?

SG Alle Treffen mit Aussteigern kamen entweder über EXIT-Deutschland oder über Michael Ankele zustande. Er ist freier Sozialarbeiter in Sachsen, der es sich zur Lebensaufgabe gemacht hat, Aussteiger auf dem Weg in ein neues Leben zu unterstützen. EXIT-Deutschland und Michael Ankele leisten sehr wichtige Arbeit, und es ist sehr bedauerlich, dass sie so sehr um ihre Finanzierung kämpfen müssen.

GP Wie kam es zu dem Interview mit »Stürmer«, dem Mitbegründer der »freien Kameradschaft« »Sturm 34«, und wie erlebten Sie den Prozess gegen ihn und die Angeklagten vom »Sturm 34«?

SG Zunächst war ich an Tom W. herangetreten, einen der anderen Beschuldigten. Er lehnte sofort ab, doch noch während ich ihn überzeugen wollte, kam ich mit »Stürmer« ins Gespräch. Erst lehnte auch er ab, mit der Begründung, die Medien würden ohnehin nur verfälschen, was die Menschen sagten. Da versprach ich, ein Aufnahmegerät zu dem Interview mitzubringen und sämtliche Aussagen und Zitate von ihm direkt aus der Aufzeichnung heraus zu verwenden. Da willigte er ein. Ich reiste mehrmals nach Dresden, um den Gerichtsprozess zu verfolgen. Was mir dabei besonders auffiel, war weniger die Prahlerei und Arroganz der »Sturm 34«-Mitglieder, sondern vielmehr die Frau mittleren Alters, die eine Gruppe von jugendlichen Prozessbesuchern eskortierte und die augenscheinlich mit den Angeklagten sympathisierte. Sie sah so normal aus, so bürgerlich. Es wirkte alles vollkommen deplatziert, und ich fragte mich, wie sie wohl aus ihrer eigenen Sicht heraus die Taten der Beschuldigten rechtfertigen würde.

GP Als Journalist sind Sie es gewohnt, ganz nah am Geschehen zu sein. Warum wählten Sie für dieses Projekt einen anderen Zugang und suchten die Schauplätze und Menschen erst lange nach der Tat auf?

SG Die Hauptursache hierfür ist wahrscheinlich, dass ich erst weit später von den Ereignissen erfuhr. In manchen Fällen dauerte es außerdem sehr lange, bis ich die entsprechenden Personen ausfindig machen oder zu einem Treffen bewegen konnte. Ich denke auch, dass es den Menschen leichter fiel, mit mir zu sprechen, wenn schon einige Wochen oder Monate seit dem Ereignis vergangen waren. So hatten sie sich schon von dem Geschehenen erholen oder damit auseinandersetzen können.

GP Beeinflusst aus Sicht des Fotografen die innere Haltung der Opfer und sich Wehrenden die äußere Haltung, das Auftreten im Bild? Setzten sich die Akteure selbst ins Bild?

SG Nein, denn ich habe die Schauplätze, den Hintergrund und die Komposition selbst ausgewählt. Allerdings hatte ich bei manchen Aufnahmen, etwa bei denen der Dortmunder Bürger, von Heinz Fromm oder von den Töchtern der NSU-Opfer, keinen direkten Einfluss auf das Arrangement, da ich hier im Rahmen meiner Tätigkeit für eine Pressebildagentur unterwegs war.

GP Steht die Ästhetik der Fotografie nicht in einem eklatanten Widerspruch zum Gewaltthema?

SG Keinesfalls. Fotojournalismus ist eine visuelle Variante der Kommunikation, wobei die Ästhetik wesentlich zur Schärfung dieser Ausdrucksform beiträgt. In diesem Projekt ist die Bildsprache absichtlich sehr einfach gehalten, da ich die Aufmerksamkeit des Betrachters vor allem auf die porträtierte Person selbst lenken wollte.

GP Welche Begegnung ist Ihnen noch heute besonders wichtig, und warum?

SG Sie sind mir alle wichtig. Jeder einzelne dieser Menschen hat eine eigene Erfahrung gemacht und jeder hat seine ganz persönliche Art, sich damit auseinanderzusetzen. Manche waren bereit, nach vorne zu schauen, anderen setzt das Geschehene bis heute sehr zu. Einige entschlossen sich, an die Öffentlichkeit zu gehen, um zu einem Bewusstseinswandel in der Gesellschaft beizutragen, andere setzten sich auf sehr private Weise mit den Ereignissen auseinander. Ich bin einfach nur allen dankbar dafür, dass sie bereit waren, ihre Erfahrungen mit mir zu teilen.

GP Seit 2007 beschäftigen Sie sich näher mit rechtsextremer Gewalt in Deutschland und begannen Ihr Fotoprojekt. Hat sich seitdem etwas verändert – zum Besseren oder zum Schlechteren?

SG Das Ereignis mit dem größten Widerhall in der Bevölkerung war die Aufdeckung der NSU-Mordserie. Die Morde und die Unfähigkeit der Ermittler waren tragisch, doch immerhin hat der Fall den öffentlichen Diskurs verändert und hoffentlich auch die Haltung derjenigen, die die potenzielle Gefahr des Rechtsextremismus vorher nicht sonderlich ernst genommen hatten. Der Rechtsextremismus floriert besonders an Orten, wo Menschen das Problem ignorieren oder nicht stark genug sind, um ihre Stimme zu erheben. Ich hoffe nur, dass der NSU-Fall genug Leute aufgeweckt hat, um sie zu einem aktiven Engagement gegen Rechtsextremismus in ihrer Gemeinde oder Stadt zu bewegen.

GP Was oder wen möchten Sie mit Ihrem Projekt erreichen? Was, glauben Sie, kann Fotografie überhaupt bewirken?

SG Ich würde mich freuen, wenn die Ausstellung auch an einigen Brennpunkten gezeigt werden würde, wo Rechtsextremismus ein Problem ist, gerade im Osten Deutschlands, wo sich nach meinem Eindruck viele Menschen nicht tiefergehend mit der deutschen NS-Vergangenheit auseinandergesetzt haben oder andere Menschen und Kulturen abwerten, die sie gar nicht kennen. Meine Hoffnung ist, dass die Ausstellung Menschen daran erinnert, dass Opfer und Täter ganz reale Menschen mit komplexen Erfahrungen sind und dass beide vor allem Menschen und keine Kategorien sind.

RHEI
GRILLHA
Deutsch Türkische Spezialitä

Mehmet Cimendag

»Ich habe ehrlich gesagt keine Kraft mehr«

In seinem Verkaufsstand begrüßt Mehmet Cimendag lächelnd seine Kunden und spricht sie mit ihren Vornamen an. Er verkauft Döner und andere Snacks in der ostdeutschen Stadt Rheinsberg, etwa eine Autostunde nördlich von Berlin. Den ganzen Tag über erscheinen Menschen mit ihren Autos oder Fahrrädern, und wenn Cimendag Späße macht, während er die Fladenbrote mit Krautsalat und gegrilltem Fleisch füllt, erwidern sie seinen freundlichen Humor in ihrem eigenen, brandenburgisch gefärbten Dialekt.

Cimendags Begegnungen mit den Menschen aus der Nachbarschaft sind nicht immer so freundschaftlich. Seit seinem Umzug nach Rheinsberg im Jahr 2003 hat Cimendag etwa 20 Vorfälle von Beschimpfungen und Gewalttaten gegen sich und seine Familie erlebt. Trotz seiner stoischen Gelassenheit im Angesicht dieser Anfeindungen lässt seine Standhaftigkeit allmählich nach: »Ich habe ehrlich gesagt keine Kraft mehr«, sagt der in der Türkei geborene Kurde Cimendag, der 1996 als Asylsuchender in Deutschland ankam.

Etwa einen Monat nachdem er sich in dem schönen, tourismusgeprägten Städtchen niedergelassen hatte, das für sein Schloss und ein Musikfestival im Sommer bekannt ist, versuchten Unbekannte, einen Brandanschlag auf seinen Verkaufsstand auszuüben. Nach einem ähnlichen Übergriff im Jahr 2004 schafften es Angreifer schließlich ein Jahr später, seinen Stand vollständig niederzubrennen. Hinzu kommen eine ganze Reihe kleinerer Vorfälle, wie Cimendag es nennt, so etwa das Bewerfen seines Standes mit Bierflaschen, Beschimpfungen durch Jugendliche aus einem Auto heraus oder beleidigende Telefonanrufe bei ihm zu Hause.

Der Brandanschlag sorgte für große gesellschaftliche Aufmerksamkeit und fand auch Eingang in die mediale Berichterstattung. Lokal- und Bundespolitiker, einschließlich eines Busses mit 55 Bundestagsabgeordneten, wie Cimendag erzählt, kamen herbei, um ihm ihre Sympathie zu bekunden und ihm ihre Unterstützung zuzusichern. Menschen veranstalteten Demonstrationen, um gegen die rechte Gewalt in Rheinsberg zu demonstrieren. Und sowohl lokale Behörden als auch Opferverbände halfen Cimendag, das Geld zusammenzubekommen, das er für den Wiederaufbau seines Verkaufsstandes benötigte. »Unser Bürgermeister hat sich Mühe gegeben«, sagt Cimendag.

Dennoch bleibt Cimendag skeptisch, was seine Zukunft und die seiner Frau und seiner beiden kleinen Kinder in Rheinsberg anbelangt. Das größte Problem, glaubt er, ist die Einstellung der Leute: »Die Bürger haben kein Interesse. Die meisten, die gekommen sind, um zu protestieren, waren nicht von hier.« Obwohl er die Stadtverwaltung für ihren Umgang mit seinem Fall ausdrücklich lobt, glaubt er, dass mehr getan werden könnte. »Irgendwas stimmt nicht mit der Politik«, meint Cimendag und erläutert: »Wo die Probleme liegen? Die liegen hier bei mir in Rheinsberg.«

Cimendags Freund Amad, ein afghanischstämmiger Arzt mit Praxis in Rheinsberg, stimmt zu. Er spüre eine »latente Fremdenfeindlichkeit« innerhalb der Rheinsberger Bevölkerung, die sich nicht auf die Übellaunigen oder die Arbeitslosen beschränke und die er in seinen vielen Jahren in Westdeutschland so nicht erlebt habe. Er berichtet von typischen fremdenfeindlichen Vorurteilen, die in Gesprächen mit Einheimischen immer wieder hervorträten, etwa dass Ausländer die Sozialsysteme ausnutzen oder den Deutschen die Jobs wegnehmen. Über die deutschlandweite Diskussion über die Integration von Ausländern kann er nur den Kopf schütteln. Er verweist auf den Umstand, dass Ausländer in großen Städten wie Berlin in ethnisch konzentrierten Vierteln leben und dass ihre Kinder in der Schule und im Alltag nicht ausreichend mit der deutschen Sprache in Kontakt kommen, um die Sprache richtig zu lernen. »Wir wollen uns integrieren«, sagt Amad, und er glaubt, dass das Leben in einer kleineren Stadt wie Rheinsberg die perfekte Gelegenheit dazu abgäbe, wenn nur die örtliche Bevölkerung offener auf die ausländischen Mitbürger zugehen würde.

Auch wenn die Polizei niemanden für die Brandanschläge auf Cimendags Stand zur Verantwortung ziehen konnte, hat sie später vier Jugendliche festnehmen können, die eine Reihe von Sachbeschädigungen gegen von Ausländern betriebene Geschäfte verübt hatten, darunter ein chinesisches Restaurant und einen von Chinesen betriebenen Gemüseladen. Einer der Jugendlichen, der 19-jährige Markus M., den die Medien als Neonazi-Sympathisanten und Vertreiber rechtsextremer Musik-CDs bezeichneten, räumte eine rechtsextreme Motivation ein. Laut brandenburgischem Innenministerium hatte Rheinsberg im Jahr 2006 eine wohlbekannte, etwa 20 Mann starke Neonaziszene (2012 schätzt das Ministerium sie auf etwa zehn Mitglieder). Zeitungen berichteten von Übergriffen durch Neonazis sowie von Aufklebern und Graffiti mit rechtsextremen Inhalten im Stadtzentrum.

Obwohl Cimendag nicht sicher ist, wie lange er noch in Rheinsberg bleiben wird, hat er nicht die Absicht, Deutschland ganz zu verlassen. In seinem Verkaufsstand erweitert er während der Pausen mit Hilfe eines Laptops seine Deutschkenntnisse. »Deutschland ist unsere Heimat«, sagt er, und berichtet stolz von der kürzlich erfolgten Anerkennung der von ihm beantragten deutschen Staatsbürgerschaft durch die deutschen Behörden. Cimendag ist davon überzeugt, dass die Zahl fremdenfeindlicher Zwischenfälle abnehmen würde, wenn die örtliche Bevölkerung nur den Mund aufbekäme. Er berichtet, wie ein Jugendlicher mit kahl rasiertem Kopf seine kurdischstämmige Frau bespuckt hatte, als sie mitten am Tag die Straße entlanglief. »Hätte jemand was gesagt, dann würde er sich nicht trauen, es noch einmal zu machen.«

Bernd Köhler

»massivste Kopf- und Gesichtsverletzungen«

»Irgendwie kommt det bei mir nicht richtig an, det er nicht mehr da ist«, sagt Waltraud Krüger, 65 Jahre alt, über ihren Bruder Bernd »Stippi« Köhler, ein Jahr nachdem ihr Bruder tot aufgefunden wurde, mit eingeschlagenem Schädel und halbverbranntem Körper, in der Werkstatt nahe ihres Hauses in dem beschaulichen Kurort Templin, etwa anderthalb Stunden nördlich von Berlin. Nur wenige Stunden nach der Entdeckung nahm die Polizei zwei Jugendliche fest, Sven P., 18, und Christian W., 21, beide aktive Mitglieder der rechtsextremen Szene in Templin. Sven wurde unter Mordanklage gestellt.

Als jüngstem von acht Kindern sei Bernd in seiner Kindheit immer besonders viel Aufmerksamkeit zuteil geworden, erzählt Frau Krüger. In einem alten Familienalbum deutet sie auf einen kleinen Jungen auf seinem Fahrrad, kaum sichtbar hinter dem großen Lenker, und auf das Mädchen, das hinter ihm hergeht. »Det bin ick«, sagt sie, und erzählt, wie Bernd an jenem Tag lernte, Fahrrad zu fahren. Auf einem anderen Bild sieht man Köhler in einer Militäruniform während seines Wehrdienstes in der NVA, mit einem Lächeln auf dem runden Gesicht und Haarbüscheln, die unter der Soldatenmütze hervortreten.

Später war Bernd Köhler in der Geländeerschließung tätig, doch nach der Wende verlor er seine Arbeit und wurde schwerer Alkoholiker. Obwohl er in Templin sehr beliebt war, räumt Frau Krüger ein, dass er schwierig sein konnte. »Er hat viel Scheiße gebaut«, sagt sie, und erzählt, dass er wegen eines alkoholbedingten Motorradunfalls mit Todesfolge für den Beifahrer zwei Jahre im Gefängnis hatte verbringen müssen. Bernd und seine Frau trennten sich, er lebte aber noch im gleichen Haus mit ihr und den Kindern, obwohl er die Nächte meistens in seiner baufälligen Fassbinderwerkstatt in der Nähe der historischen Stadtmauern verbrachte.

Medienberichten zufolge verbrachte Köhler den Abend des 21. Juli 2008 damit, mit Sven und Christian in seiner Werkstatt Bier zu trinken, bevor die drei in den Morgenstunden in einen Streit gerieten. Die BILD-Zeitung schreibt, einer Aussage von Svens 17-jähriger Freundin Stephanie folgend, dass Christian W. Köhler mit einem Faustschlag ins Gesicht niedergestreckt hatte, woraufhin Sven ihn mehrfach ins Gesicht und gegen den Kopf trat. Staatsanwältin Lolita Lodenkämper weist darauf hin, dass Köhler »massivste Kopf- und Gesichtsverletzungen« erlitten habe.

Sven und Christian flüchteten nach der Tat aus der Werkstatt, wobei Sven noch einmal zurückkehrte und versuchte, den Körper von Köhler zu verbrennen, um die Spuren zu verwischen. Später gingen beide zu Christian nach Hause, wo sie Stephanie erzählten, was sie getan hatten. Dabei betonte Sven, wie sehr er schon immer mal einen Menschen habe umbringen wollen. Nach ihrer Festnahme war es dann Christian, der vor der Polizei umfassend aussagte.

Karin Dörre vom Regionalbüro des Mobilen Beratungsteams in Brandenburg, das Gemeinden und Lokalregierungen in Demokratiefragen und Strategien zur Bekämpfung von Rechtsextremismus berät, erkennt bei Köhler ein typisches Opferprofil im Zusammenhang mit rechten Gewaltdelikten: »Menschen, die ein Problem darstellen, die minderwertig erscheinen, gehören zu den Feindbildern der Rechtsextremen.«

Stippi,
wir denken an Dich.
* 27.7.1952
† 22.7.2008
Deine Geschwister
mit Familien

Sven stand zur Zeit des Mordes unter Bewährung für eine Tat, die er ein Jahr zuvor verübt hatte. Damals hatte er einen Mann, den er »Jude« genannt hatte, mit einem Teleskopschlagstock verprügelt. Bereits 2007 hatte er einen afrikanischstämmigen Mann attackiert und war für das Zeigen des Hitlergrußes und den Ausruf »Sieg Heil!« in der Öffentlichkeit verurteilt worden. Christians Vorstrafen umfassen Körperverletzung, Brandstiftung und Volksverhetzung.

In der Nacht des Mordes an Köhler trug Sven ein T-Shirt mit dem Konterfei von Rudolf Heß, auf dem von Christian prangte der Schriftzug »Frontkämpfer«. Beide Männer waren Führungsfiguren in Templins aggressiver Neonaziszene, die nach Angaben des brandenburgischen Verfassungsschutzes etwa 80 meist junge, männliche Mitglieder umfasste, von denen 30 als potenziell gewalttätig galten. Die Gruppe wird als nur oberflächlich ideologisch und hauptsächlich nationalistisch und fremdenfeindlich motiviert beschrieben. Der gemeinnützige Verein »Opferperspektive« schreibt der Neonaziszene für die zwölf Monate vor Köhlers Tod neun Gewaltdelikte in Templin zu, meist Angriffe auf Angehörige von Minderheiten oder Punks. Mit seinen nur 17000 Einwohnern steht Templin damit auf einem ähnlichen Niveau rechter Gewalttaten wie weitaus größere ostdeutsche Städte, etwa Cottbus oder Potsdam.

Dies sind alles andere als gute Nachrichten für den damaligen Templiner Bürgermeister Ulrich Schöneich, 61, der sich viel Kritik gefallen lassen musste, weil er in den Augen seiner Kritiker nicht einmal nach dem Mord eingestehen wollte, dass Templin überhaupt ein Rechtsextremismus-Problem habe. Köhlers Neffe Jörg behauptet, Schöneich habe sein Ersuchen, ein Benefizkonzert zugunsten der Familie seines Onkels abzuhalten, abgelehnt, nur um dann umzuschwenken, als die Zahl der Kritiker und die mediale Aufmerksamkeit größer wurden. Templin, bekannt für sein historisches Stadtzentrum, sein Thermalheilbad und als Kindheitswohnort von Kanzlerin Angela Merkel, ist stets bemüht, Touristen anzulocken, und das Letzte was es braucht, ist der Ruf, eine Brutstätte für Neonazis zu sein.

In den Monaten nach dem Mord begannen die lokalen Behörden, sich des Problems anzunehmen. Katrin Dörre vom Mobilen Beratungsdienst weist darauf hin, dass sie und ihre Kollegen vorher in Templin lediglich mit Sozialarbeitern in Kontakt gewesen seien. Nun arbeiteten sie auch aktiv mit den jeweiligen Ämtern zusammen. »Es hat sich eine Menge getan in der Zwischenzeit«, sagt sie und führt einige Beispiele an: ein verbessertes Bewusstsein der Beamten, die Entstehung parteienübergreifender Arbeitsgruppen, öffentliche Diskussionsveranstaltungen, zweimonatliche Treffen zwischen dem Bürgermeisteramt und der städtischen Polizei sowie eine große Jugendinitiative, die im September 2008 ein »Demokratiefest« veranstaltet hatte. All dies habe schon innerhalb der drei Monate nach Köhlers Ermordung zu einer Verringerung der Rate rechtsextremer Gewalttaten geführt.

»Wir haben nicht alles richtig gemacht«, räumt Ex-Bürgermeister Schöneich ein und merkt an, er habe nicht einmal Kenntnis von der Existenz einer rechten Szene in Templin gehabt, noch wäre er in der Lage gewesen, einen »modernen« Neonazi an seiner Kleidung zu erkennen. Er habe jedoch im Zuge der regelmäßigen Treffen mit der Templiner Polizei einiges gelernt, so habe er auch konkrete Informationen über einzelne Mitglieder der Szene erhalten. Seine Politik sei die der freundlichen Einladung zum Gespräch: »Wir müssen sie direkt ansprechen. Wir wollen direkt dorthin, zu den Parkplätzen und den Tankstellen, wo sie sich treffen.« Schöneich weist auf die massiven Probleme der Templiner Jugend hin, darunter eine regionale Arbeitslosenquote von 20 Prozent, Alkoholismus und eine lokale Wirtschaft, die sich von der Industrie auf den Tourismus verlegt und dementsprechend auf der Suche nach veränderten beruflichen Qualifikationen ist. »Menschen werden abgestempelt«, sagt Schöneich und hofft, dass eine konstruktive Annäherung, also eine Lösung jenseits einer verstärkten Polizeipräsenz, den nach rechts drängenden Teil der Templiner Jugend wieder auf die richtige Bahn bringen kann.

Angelika

»

Die haben mich fallengelassen

«

»Ich habe mich immer so gesehen, dass ich vor einer Tür sitze und kratze und kratze, aber keiner macht auf.« So beschreibt »Angelika«, die ihren echten Namen lieber nicht verraten möchte, ihr Verhältnis zur modernen deutschen Gesellschaft, die sie immer als oberflächlich und kalt empfand. Es war dieses Empfinden, das sie tief in idealistische Träumereien und in die Nazi-Ideologie abdriften ließ – und sie geradewegs in die offenen Arme einer Neonazi-Kameradschaft trieb.

Im Südwesten Deutschlands aufgewachsen, wurde Angelika stark von den Ansichten ihres Großvaters geprägt, der in Adolf Hitler einen Helden der Arbeiterklasse gesehen hatte, der den Menschen Fleisch auf den Tisch brachte. Ihre Mutter beschreibt Angelika als eine Alkoholikerin, die sie nur selten zu Gesicht bekam, ihren Vater als Pillenabhängigen. Ihre Eltern trennten sich, als sie noch klein war, und so wuchs sie im Hause der Großeltern auf. Als Jugendliche hatte sie türkische Freunde, aber ihr Großvater erlaubte ihr nicht, sie mit nach Hause zu bringen. In dieser Zeit schloss sie sich einer örtlichen Skinhead-Clique an. Eines Nachts sah sie mit an, wie die anderen einen jungen Türken nach einem »Böhse Onkelz«-Konzert in Brand steckten. Sie war entsetzt und verließ die Gruppe.

Mit Anfang 20 war Angelika bereits alleinerziehende Mutter zweier Jungen. Sie zog mit ihnen in einen anderen Ort, wo sie niemanden kannte und einsam war. In einem Internetforum lernte sie einen Mann kennen, der nett zu sein schien. »Kurz vor dem Treffen kam ein Bild rüber und da dachte ich mir: Naja, Glatze, kenn ich irgendwoher, aus früheren Zeiten«, erinnert sie sich. Er stellte sie seinen Freunden vor, allesamt Neonazis, und sie schloss sich bereitwillig an, froh, Teil einer Gruppe zu sein. Sie besuchten gemeinsam Konzerte und Partys. Für Angelika war das Gefühl, dazuzugehören und Leute kennenzulernen, das Entscheidende, unabhängig von ideologischen Ausrichtungen. Nach sechs Monaten gründete die Gruppe eine Kameradschaft, die sie als »autonom« beschreibt, also ohne Interesse an Parteipolitik, etwa in der NPD, sondern eigene Wege verfolgend mit starker nationaler Vernetzung.

Angelika verliebte sich in den Anführer der Gruppe, ein Schwergewicht in der Szene, mit Kontakten zu Neonazis in ganz Deutschland. Sie zog mit ihm zusammen und übernahm mehr Verantwortung in der Gruppe. »Ich habe immer Aufgaben gesucht«, erzählt sie, »und allein, nur Kinder, fand ich doof.« Sie beaufsichtigte eine Dating-Plattform für Neonazis im Internet und gab der Kameradschaft »Nachhilfe« in deutscher Geschichte, brachte ihnen Figuren wie Rudolf Heß und Baldur von Schirach näher, Hitlers Stellvertreter der eine, Reichsjugendführer der andere und beide Kriegsverbrecher. Sie knüpfte Kontakte zu neonazistischen Frauenorganisationen in ganz Deutschland. Sie trat der Elternpflegschaft im Kindergarten bei und konnte nach eigenen Angaben drei Familien zum Eintritt in die Kameradschaft bewegen.

Die Arbeit für die Kameradschaft bereitete Angelika Freude und gab ihr das Gefühl, zu etwas bestimmt zu sein. »Ich habe schon viele Ideen gehabt, die ich aber alleine auch nicht umsetzen konnte«, erzählt sie. Die wichtigste von ihnen: die »Volksgemeinschaft« – die Vorstellung von einem Kollektiv mit starker nationaler Identität, die sich die Nazis als Grundlage für die Verbreitung ihrer Ideologie zu Eigen gemacht hatten. Dies war für Angelika der Inbegriff Nazi-Deutschlands, starker Zusammenhalt und die gemeinsame Sache. »Ich hatte utopische Vorstellungen«, gibt sie zu. Sie habe sich eine Gesellschaft gewünscht, die als riesige Familie handelt und in der das Kollektiv den Schutz des Einzelnen sicherstellt. Sie träumte sogar von einem neuen Agrarsystem, das Geld überflüssig machen und den Tauschhandel wieder einführen würde, Rückgang der Gewalt- und Mordraten inklusive. Die Kameradschaft gab ihr ein Gefühl von Verantwortung, und sie trug einen Talisman um ihren Hals, Thors Hammer, um ihrer neu gewonnenen Stärke Ausdruck zu verleihen.

Irgendwann wurde ihr klar, dass diese Ideen über die Ideale ihrer Kameraden weit hinausgingen. »Die sind völlig konträr, leben nicht, was sie predigen«, meint Angelika. Viele Mitglieder der Kameradschaft waren vorbestraft, einige sogar wegen Mordes oder Totschlags, und die große Mehrheit war arbeitslos und lebte von Hartz IV. Ihr Ex-Freund, der Anführer der Kameradschaft, wetterte immerzu gegen die USA und gegen Ausländer, um dann zu McDonald's zu gehen oder chinesisches Essen zu bestellen. Angelika erinnert sich an eine Kameradschafts-Demonstration in Lübeck: »Nach dieser Demo sind 35 Glatzen am Dönerstand gestanden, in der Reihe, und haben sich Döner geholt, vorher aber noch: ›Ausländer raus!‹«

Noch verstörender empfand Angelika den mangelnden Sinn der Kameraden für familiäre Verantwortung. Zwar seien Loyalität und Familie als Werte stets hochgehalten worden, so Angelika, doch die Väter in der Gruppe hätten nur wenig Interesse für ihre Kinder gezeigt, Ehebruch sei ungezügelt betrieben worden, und die vielen Demonstrationen und Partys hätten nicht viel Zeit für familiäre Aktivitäten übriggelassen. Auch wenn sie einräumt, sich bei Demos gern mal mit der Polizei oder den Linken gebalgt zu haben, beteuert sie, die Gewaltbereitschaft der Kameradschaft habe sie beunruhigt: »Ich habe immer versucht, es irgendwie gewaltfrei zu regeln, aber damit kam ich nicht durch. Wenn man da dann ankommt und in gewisser Form Pazifismus predigt, da lachen die einen aus.«

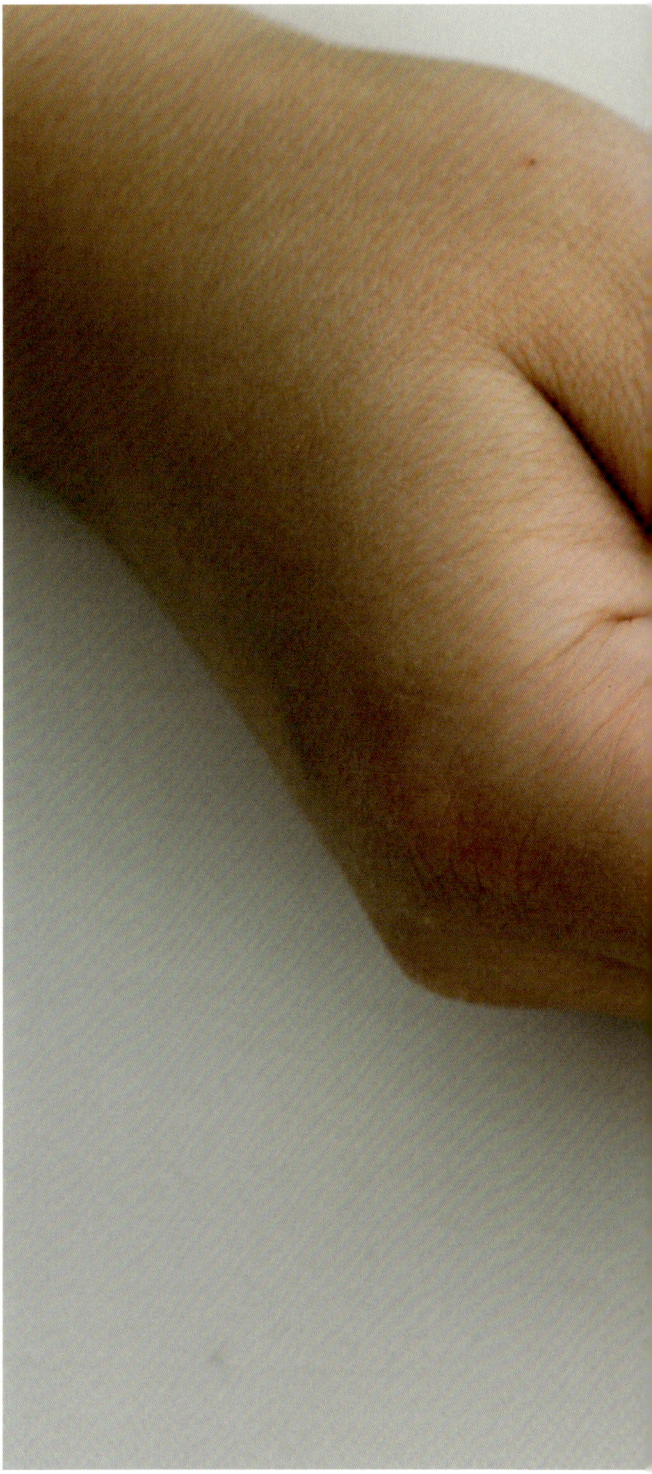

Angelika war auch enttäuscht vom Stellenwert der Frauen in der Kameradschaft. Obwohl sie gut ein Viertel der Mitglieder ausmachten und eine zentrale Rolle in der Öffentlichkeitsarbeit, der Veranstaltungsplanung und beim Entwerfen von Flyern und Spruchbändern spielten, hatten die Frauen in der politischen Arbeit nur wenig Mitspracherecht gehabt. »Sie sollten schön ihr eigenes Ding machen, und die Männer machen ihr eigenes Ding. Ich habe immer versucht, das zusammenzukriegen, aber das hat nicht funktioniert«, erzählt sie. Während Frauen in der rechten Szene im Allgemeinen durchsetzungsfähiger würden, seien diejenigen in ihrer Kameradschaft eher unterwürfig gewesen, so Angelika, ein Umstand, der noch entfremdender auf sie wirkte.

Nach viereinhalb Jahren in der Kameradschaft wollte Angelika nur noch raus. Sie hatte das Gefühl, nichts zu erreichen, und zu allem Überfluss begann ihr Freund, ihre Söhne zu schlagen. Sie erstattete Anzeige bei der Polizei. Kurz darauf stand jemand vor ihrer Tür, der vorgab, für ein Ministerium zu arbeiten und seine Hilfe anbot. Heute ist sie davon überzeugt, dass diese Person ein Mitarbeiter des Bundesverfassungsschutzes gewesen ist. »Die haben mir dann geholfen, auch finanziell, für eine neue Wohnung, um ein neues Leben zu beginnen. Tja, und vier Monate später hieß es dann: ›Entweder arbeitest Du für uns oder Deine Kinder sind weg‹«, erzählt Angelika.

Im Auftrag der Behörde trat Angelika dann einer rechtsextremen Partei bei und nahm einen Job bei einem rechten Internet-Radio an, wo sie in Kontakt mit Neonazis aus ganz Deutschland kam. Sie berichtet, der Verfassungsschutz habe ihr ein spärliches Gehalt, den Mitgliedsbeitrag für die Partei, ihr Handy und die Reisekosten bezahlt. Sie sagt, die Behörde habe sogar einen regionalen Parteiverein finanziert, den sie gegründet hatte, und ist, über Angelika, für die Mitgliedsbeiträge von zwei Personen aufgekommen, die nicht genug Geld gehabt hätten. Über das Internetradio habe sie verbreitet, was die Leute hören wollten: Gewaltaufrufe und Hetze gegen Juden und Ausländer. Zwei Jahre lang versorgte Angelika den Verfassungsschutz mit Informationen über die Pläne anderer Rechtsextremisten.

»Ist ja auch widerlich, in so einer Parallelwelt zu leben. Man hat mit der Ideologie komplett abgeschlossen, muss aber weiterhin dort mitmachen«, erzählt sie. Das Internetradio spielte verbotene Neonazi-Musik und stellte auf seiner Website beispielsweise Anleitungen zum Bau von Bomben zur Verfügung.

2009 war ihr unfreiwilliges Engagement zu Ende. Eines Morgens führte die Polizei deutschlandweit Razzien gegen den Radiosender durch. Der Sender wurde abgeschaltet und sieben Personen festgenommen, darunter Angelika. »Für mich war das so, als die Polizei bei mir zu Hause einmarschierte mit 20 Mann mit schwarzen Helmen und MG im Anschlag, natürlich war's schlimm auf der einen Seite, auf der anderen Seite war das aber wie eine Befreiung: ›Jetzt ist alles vorbei. Gott sei Dank!‹«, erinnert sie sich und ist sich sicher, dass die Polizei unabhängig vom Verfassungsschutz operierte. Es dauerte längere Zeit, bis der zuständige Richter ihre Rolle als V-Frau bestätigte, und dennoch musste sich Angelika für eine ganze Reihe von Anklagen verantworten, darunter ihre Mitgliedschaft in einer kriminellen Vereinigung, die Verbreitung volksverhetzenden Materials, die Leugnung des Holocausts und den Verstoß gegen das Waffengesetz; und das, obwohl die Vergehen für ihre Informantentätigkeit unerlässlich waren. »Die haben mich fallengelassen«, sagt Angelika.

Letztlich erhielt Angelika eine Bewährungsstrafe. Während ihrer Zeit in der U-Haft kam sie mit EXIT-Deutschland in Kontakt, einer Organisation, die Aussteigern aus der rechten Szene beim Start in ein neues Leben hilft. Die Unterstützung durch EXIT sei von entscheidender Bedeutung dabei gewesen, bürokratische und rechtliche Hürden zu überwinden, die durch ihre Verurteilung entstanden waren, so Angelika.

Heute versucht sie, sich bedeckt zu halten. Neonazis zögen im Internet noch immer über sie her, erzählt sie. Sie geht zur Therapie und nimmt Medikamente gegen die Panikattacken, die sie manchmal erleidet. »Ich habe schon Ziele, die für manche vielleicht recht klein sind. Aber im Moment, wie gesagt, ist es mir wichtig, mit mir leben zu können und mit der Schuld leben zu können«, sagt sie.

Das Schlimmste bei alldem seien die Auswirkungen ihrer Vergangenheit auf ihre beiden Söhne gewesen, die sowohl die Prügel von ihrem Ex-Freund als auch die Polizeirazzia über sich ergehen lassen mussten. Einer von beiden sagt, er hasse den Staat, und Angelika macht sich Sorgen, er könne eines Tages ebenfalls in die rechte Szene gezogen werden. Ihr anderer Sohn spricht sehr wenig und tut sich schwer, anderen Menschen zu vertrauen, Angelika eingeschlossen. »Man weiß es ja selbst. Ich bin diejenige, die dem Kind alles genommen hat, die Entfaltung. Ich meine, wäre ich nicht zu der Gruppe dazugestoßen, wäre auch nicht der Verfassungsschutz auf mich zugekommen, wäre das Ganze nicht entstanden, aber es war halt so, ich kann's nicht ändern und ich muss gucken, wie ich weiterkomme.«

Tamas Blenessy

»Ich find's billig, wenn die Gesellschaft sagt, es gibt Probleme und der Staat soll kommen und sie lösen«

In der ostdeutschen Kleinstadt Eberswalde aufgewachsen, war die Außenseiterrolle für Tamas Blenessy praktisch von Beginn an Teil seiner Lebenswirklichkeit. In der Grundschule machten sich die anderen Kinder lustig über seinen fremd klingenden Namen, den er von seinem ungarischen Vater hat, und pöbelten ihn an. »Sie haben ›Gulaschfresser‹ zu mir gesagt«, sagt Blenessy. Er sei zwar nicht permanent beleidigt worden, aber doch in regelmäßigen Abständen, »ausreichend, um mich daran zu erinnern, dass ich nicht dazugehörte«.

Im Teenageralter angelangt, hatte diese soziale Ausgrenzung ihn in Richtung der lokalen linksextremen Szene gelenkt, und er wurde schließlich Mitglied der Antifa-Bewegung. Eberswalde und Umgebung beherbergten eine ganze Reihe neonazistischer Gruppierungen, die 2001 in der Kameradschaft »Märkischer Heimatschutz« aufgingen. Auseinandersetzungen zwischen linker und rechter Szene seien an der Tagesordnung gewesen, so Blenessy, der sich hauptsächlich mit der Dokumentation rechter Aktivitäten und der Überwachung von Führungsfiguren der rechten Szene beschäftigte. Er half, Demonstrationen und Anti-Nazi-Feste zu organisieren und Flyer zu verteilen.

Da Demonstrationen und andere öffentliche Veranstaltungen genehmigungspflichtig sind, erklärte Blenessy sich bereit, die Anträge bei der Stadtverwaltung auf seinen Namen laufen zu lassen. So wurde er in kurzer Zeit zum Namen und zum Gesicht der antifaschistischen Bewegung in der Region, was auch den Neonazis nicht entging. »Sie filmten mich bei Veranstaltungen, wussten, wo ich wohne«, so Blenessy. Eines Tages lag ein Flyer mit rechtsextremem Inhalt vor seiner Haustür.

Im Jahr 2005 erreichte die Aktivität der rechtsextremen Szene einen Höhepunkt in der Region, in und um Potsdam wurde ein »Summer of Hate« angekündigt. Mehrere Gruppen marschierten in die Stadt, um gegen zwei zeitgleich laufende Gerichtsverfahren gegen Neonazis zu protestieren, die der Brandstiftung beschuldigt wurden. Die Lage war äußerst angespannt.

Zu dieser Zeit lebte und studierte Blenessy bereits in Potsdam. Als er am 3. Juli spätabends mit einem Freund durch das Stadtzentrum spazierte, kam eine Straßenbahn in ihrer unmittelbaren Nähe plötzlich zum Stehen. Blenessy berichtet, er habe in der Bahn eine Gruppe von etwa 20 Neonazis gesehen, von denen er einige erkannte, und als die Türen geöffnet wurden, rannten sie direkt auf ihn zu und riefen »Scheißzecken!«, eine in der rechten Szene gebräuchliche Beleidigung gegen Linke und Punks. »Ich aß gerade einen Döner«, sagt Blenessy, »und aß einfach weiter, weil ich wusste, dass ich ohnehin nichts machen konnte.«

Er erinnert sich an eine Frauenstimme hinter ihm, die laut fragte: »Welcher von den beiden war's?« Sekunden später wurde eine volle Bierflasche auf seinen Kopf geschlagen. Im späteren Prozess wurde die 18-jährige Sandra C. dieser Attacke für schuldig befunden. Blenessy verlor sofort das Bewusstsein und fiel zu Boden, nur um kurze Zeit später von Tritten gegen Gesicht und Körper wieder aufzuwachen. Dann rannten die Angreifer davon.

LOVE MUSIC:
HATE RACISM
ENGLAND

Doch Blenessy sagt, er werde niemals vergessen, was dann noch passierte. Es komme ihm immer vor, als werde »ein Video« vor seinem geistigen Auge abgespielt. Einer der Davonlaufenden hielt inne, kam zurück und stieß Blenessys Freund die zersplitterte Hälfte einer Bierflasche in den Nacken, wobei die Drosselvene nur knapp verfehlt wurde.

Die Polizei reagierte schnell, sperrte das Gelände weiträumig ab und nahm die gesamte Gruppe fest. Blenessy verbrachte drei Tage im Krankenhaus, wo er sich von einer schweren Gehirnerschütterung erholte. Seinen Freund hatte es weitaus schlimmer erwischt: Er trug von den Schnittwunden im Gesicht tiefe Narben davon und erlitt ein psychisches Trauma durch die Attacke. Mithilfe der Videoaufzeichnung aus der Straßenbahn konnten viele der Angreifer identifiziert werden. Schuldig gesprochen wurden letztlich zehn Personen, darunter der 32-jährige Markus S., der zu einer fünfjährigen Haftstrafe verurteilt wurde und zu diesem Zeitpunkt schon 20 Vorstrafen in seiner Polizeiakte hatte.

Blenessy führt derzeit sein Studium fort, arbeitet ehrenamtlich in einem studentischen Kulturverein und dokumentiert weiterhin für die Antifa die Aktivitäten der lokalen Neonaziszene. Er sagt, er habe unter keinerlei Spätfolgen des Übergriffs zu leiden und betont die große Bedeutung der Rechtshilfe und der psychologischen Beratung, die er von einer örtlichen Opferberatungsstelle das ganze, teilweise zermürbende Gerichtsverfahren über erhalten hat. Unzufrieden zeigt sich Blenessy hingegen mit den politischen Entscheidungsträgern in der Stadt. Ihre größte Sorge gelte der Außendarstellung Potsdams als Touristenziel, und sie rührten sich beim Thema Rechtsextremismus erst dann, wenn massiver medialer Druck auf sie ausgeübt werde.

Blenessy hält Rechtsextremismus für ein Problem, das vorwiegend junge Menschen betrifft, und ist der Auffassung, dass seine Anziehungskraft im ländlichen ostdeutschen Raum durch die Schaffung von Alternativen für Jugendliche, vor allem in Form von aktiven Jugendclubs, eingedämmt werden könne. Bei der Finanzierung solcher Alternativen sei zwar in erster Linie der Staat in der Pflicht, Blenessy appelliert aber auch an die Verantwortung des privaten Sektors. »Ich find's billig, wenn die Gesellschaft sagt, es gibt Probleme und der Staat soll kommen und sie lösen«, meint er. Außerdem sieht er die ländliche Bevölkerung Ostdeutschlands in der Pflicht, ihren weit verbreiteten Argwohn gegenüber Ausländern zu überwinden. »Menschen in kleinen ostdeutschen Gemeinden und Städten haben eine Gruppenmentalität und sehen alle Ausländer, auch Deutsche von anderswo, als fremd an«, so Blenessy.

Mindestens eine der Personen, die Blenessy angegriffen haben, ist wieder auf freiem Fuß: Es ist Sandra C., diejenige, die ihn mit der Bierflasche niedergestreckt hat. »Ich habe sie ein paar mal gesehen«, sagt er, »sie hat ein Kind.«

Dortmund

»

Wieso kann die Polizei einen normalen Bürger nicht beschützen?

«

Auch wenn Ostdeutschland häufig im Mittelpunkt der Diskussionen um Rechtsextremismus steht, nicht zuletzt aufgrund des dortigen Erfolgs rechtsgerichteter Parteien bei Landtags- und Kommunalwahlen, kann von einer Immunität Westdeutschlands gegen rechtsextreme Gewalt keine Rede sein. Nirgendwo wird dieser Umstand augenscheinlicher als in Dortmund, wo Neonazis seit Jahren ganze Stadtteile terrorisieren. Dennoch kann Dortmund, dank der gemeinsamen Anstrengungen von Bürgern, Stadtverwaltung und Polizei, anderen Städten, die mit Rechtsextremismus zu kämpfen haben, als Vorbild dienen.

Im Zentrum des Ruhrgebiets gelegen, war auch Dortmund von tiefgreifenden wirtschaftlichen und sozialen Veränderungen betroffen, die der Niedergang der Kohle- und Stahlindustrie bewirkt hatte. Tausende Menschen verloren damals ihre Jobs. Traditionell ist das Ruhrgebiet eine Region mit vielen Einwanderern. In diesem Zeitraum sahen sich jedoch Emigranten aus der Türkei und außereuropäischen Staaten mit einer zunehmenden Fremdenfeindlichkeit konfrontiert, von der rechtsextremistische Parteien und Gruppierungen profitierten.

Dietmar Komper, Bewohner des Dortmunder Nordstadt-Viertels, erinnert sich an das Auftauchen einer Skinhead-Gang in den 1980er Jahren, die von Siegfried Borchardt, genannt SS-Siggi, geführt wurde. »Da wurden die Ausländer am helllichten Tag richtig gejagt«, berichtet Komper. Borchardt fand seine Anhänger in der lokalen Hooliganszene und knüpfte Kontakte zu Neonazis in ganz Westdeutschland. Wegen Körperverletzung wurde er mehrfach verurteilt, und 2005 wurde einer seiner Untergebenen, Sven Kahlin, wegen Mordes zu einer Haftstrafe verurteilt. Bedeutender jedoch war seine Rolle als Helfer von Dennis Giemsch, einem rechten Aktivisten aus Berlin, der im Jahr 2000 nach Dortmund gekommen war, um eine neue Generation von Neonazis aufzubauen, die »Autonomen Nationalisten«.

Giemsch gründete den »Nationalen Widerstand Dortmund«, mit Basis in der Nähe des Wilhelmplatzes in Dortmund-Dorstfeld und mit dem Ziel, eine »national befreite Zone« zu errichten. Nachts durch Dorstfeld zu gehen, bedeutete: »Man kriegt Angst, richtige Angst«, sagt Kebra, eine junge muslimische Frau, die in Dortmund aufgewachsen ist. Sie erzählt, die »Autonomen« würden sich regelmäßig am Wilhelmplatz versammeln, um Menschen zu bepöbeln oder anzugreifen, die sie als Linke ansehen. Anders als Skinheads, die häufig hoch geschnürte Springerstiefel und Bomberjacken tragen und viele Tätowierungen haben, tragen die »Autonomen« schwarze Kleidung und Baseballkappen und haben gewöhnliche, adrette Frisuren. Außerdem haben sie stark ideologisch geprägte Ansichten. »Unser Kreuz braucht keinen Stimmzettel«, sagte Giemsch einmal einem Journalisten.

Über ihre Plattform versprechen Giemschs »Autonome« potenziellen jungen Rekruten einen sozialen Wandel. »Sie verstehen sich als Widerstandsbewegung gegen das demokratische System und den Kapitalismus sowie als junge Avantgarde einer nationalsozialistischen revolutionären Bewegung«, schreibt eine Forschergruppe, die Dortmunds Problem mit Rechtsextremismus untersucht. Eines der wichtigsten Betätigungsfelder von Giemsch ist das Internet.

Dazu zählt auch sein »Resistore«-Onlineshop, über den er rechte Kleidung, Sticker, Musik und andere Artikel vertreibt. Außerdem betreut er die Internetauftritte anderer rechter Gruppen aus ganz Deutschland und sorgt mit seinem eigenen Blog, dem harmlos klingenden infoportal.dortmund, für die Koordination rechter Events in der Stadt. Zu den weiteren Aktivitäten der Gruppe gehören die Verteilung von Flyern an Schulen, die Organisation von Kundgebungen, das Platzieren von Propagandastickern in der ganzen Stadt und die aktive und häufig in Gewaltakten mündende Einschüchterung und Drangsalierung von politischen Gegnern.

Die Musiklehrerin Barbara Engelhardt hat diese Praktiken am eigenen Leib erfahren. Als alteingesessene Dorstfelderin hat sie 2009 lautstark Stellung gegen Giemsch bezogen und sämtliche rechte Sticker entfernt, an denen sie vorbeikam. Die »Autonomen« reagierten darauf, indem sie Engelhardt und ihren Sohn beschatteten und nachts vor ihrem Haus Wache hielten. Ihr Auto wurde erst mit Farbe besprüht, später wurde die Windschutzscheibe eingeschlagen. Eines Nachts warfen Angreifer einen Pflasterstein durch ihr Küchenfenster. »Wieso kann die Polizei einen normalen Bürger nicht beschützen? Also wofür ist die Polizei da, frage ich mich dann«, sagte Engelhardt in einem Fernsehinterview.

Der damalige Polizeipräsident der Stadt, Hans Schulze, verwies in diesem Zusammenhang auf eine unzureichende Beweislage, die Festnahmen unmöglich machte. Engelhardt wandte sich an die Medien, was zwar eine Welle von Unterstützungsversicherungen vonseiten vieler Politiker ins Rollen brachte, jedoch nicht zu einer Verbesserung ihrer eigenen Situation beitrug. Nachdem sie sechs Monate lang die Drangsalierung durch die »Autonomen« ertragen hatte, zog sie mit ihrer Familie schließlich aus Dortmund weg.

„Ihr werdet Vergangenheit sein
und unsere Demokratie wird leben.“
Bundespräsident Joachim Gauck, Deutschland
WIR IN DORTMUND

Giemschs wichtigstes Projekt seit 2005 ist ein alljährlicher Gedenkmarsch am 1. September anlässlich des Jahrestages der deutschen Invasion in Polen 1939, der in Deutschland eigentlich als »Antikriegstag« gefeiert wird. Eine Höchstbeteiligung wurde 2008 erreicht, als 1500 Neonazis aus ganz Deutschland zum Marsch nach Dortmund kamen. Giemsch war außerdem eine der Hauptfiguren bei einem Angriff mehrerer hundert Neonazis auf eine Kundgebung des Deutschen Gewerkschaftsbundes (DGB) am 1. Mai 2009, bei dem zahlreiche Menschen verletzt wurden und über 300 Personen von der Polizei festgenommen wurden.

In Dortmund gehörten Neonazis beinahe zum Stadtbild. »Es ist alltäglich, auch am Borsigplatz, in der Innenstadt, dass man mit Hakenkreuzen tätowierte Menschen sieht«, erzählt Kebra.

Im Jahr 2007 entstand eine aus verschiedenen Gruppen zusammengesetzte Bürgerbewegung mit dem Ziel, der Nazipräsenz entgegenzutreten, darunter der »Dortmunder Arbeitskreis gegen Rechtsextremismus«, ein Zusammenschluss von politischen Parteien, Gewerkschaften und Kirchen, das eher linksgerichtete »Bündnis Dortmund gegen Rechts« und der »Dorstfelder Runde Tisch«, eine Initiative von örtlichen Vereinen, Kirchen und Bürgern in Dortmund-Dorstfeld. Hauptziel dieser Basisbewegung war es, das öffentliche Bewusstsein für das Nazi-Problem zu steigern. Der Erfolg dieses Engagements ist an den Zahlen der Gegendemonstranten anlässlich der Septembermärsche der Neonazis deutlich ablesbar: 2009 wurde erstmals die 1000er-Marke übertroffen, 2011 kamen über 10 000 Menschen zusammen, 2007 hatte die Stadt einen eigenen Aktionsplan angekündigt, der die Berufung eines Sonderbeauftragten, die Koordination antifaschistischer Organisationen und die Finanzierung einer Opferberatungsstelle beinhaltete.

Der evangelische Pfarrer Hartmut Anders-Hoepgen, der die Rolle des Sonderbeauftragten damals übernommen hatte, hält die Opferberatung dabei für besonders wichtig, nicht nur weil sie Opfern die dringend benötigte Hilfe zur Verfügung stellt, sondern weil sie die Menschen gleichzeitig dazu ermuntert, vor Gericht gegen die Täter auszusagen. Ein Mitglied des »Runden Tischs«, eine Dorstfelder Ärztin, die aus Angst vor Repressalien ihren Namen nicht nennen möchte, glaubt, dass viele Dorstfelder das Problem nicht voll verinnerlichen konnten und dass der »Runde Tisch« dabei half, den Anwohnern die wahre Natur der Rechtsextremen näherzubringen. »Die ›Autonomen Nationalisten‹ waren vor allem dabei erfolgreich, die jüngeren Generationen für sich zu gewinnen, die Kinder aus der Nachbarschaft«, erzählt sie. 2011 kaufte die Stadt das Gebäude, das die »Autonomen« als Hauptquartier genutzt hatten, und machte damit den Weg für eine Kündigung des Mietvertrags frei. »Das tat denen weh, und das ist auch gut so«, erinnert sich Pfarrer Hoepgen mit einem Lächeln.

Im Jahr 2011 schlug eine Nachricht wie eine Bombe bei den Polizeibehörden in Nordrhein-Westfalen und in ganz Deutschland ein: Der gemeinsame Selbstmord von zwei rechtsradikalen Bankräubern in Thüringen führte zu der Erkenntnis, dass die beiden für die Morde an neun Einwanderern über einen Zeitraum von sieben Jahren verantwortlich waren. Eines ihrer Opfer war Mehmet Kubaşık, der 2006 in seinem Dönerladen in Dortmund erschossen worden war. Erste Ermittlungen führten rasch zu dem dringenden Verdacht, dass die beiden Männer logistische Hilfe aus der Dortmunder Neonaziszene erhalten haben könnten.

2012 gründete die Dortmunder Polizei eine Task Force, die eine neue Ära der Bekämpfung rechter Gewalt einläutete. Im August 2012 wurden Razzien in ganz NRW gegen drei Neonazi-Kameradschaften durchgeführt, darunter der »Nationale Widerstand Dortmund«. Etwa 900 Beamte durchsuchten 146 Wohnungen und Vereinshäuser, beschlagnahmten Computer, Telefone, Waffen und Nazi-Devotionalien. Im Vereinshaus des

»Nationalen Widerstands Dortmund« fand die Polizei 1000 NPD-Wahlplakate, wodurch eine eindeutige Verbindung zwischen Giemschs Gruppe und der Partei hergestellt werden konnte.

Gleichzeitig verbot der nordrhein-westfälische Innenminister Ralf Jäger die drei Kameradschaften, was zu einer Entwicklung führte, von der viele Dortmunder Bürger bis dahin nicht zu träumen gewagt hatten: Da Giemsch jetzt einer illegalen Vereinigung angehörte und gleichzeitig derjenige war, der den bevorstehenden Trauermarsch am »Antikriegstag« angemeldet hatte, besaß die Stadt nun den rechtlichen Rahmen, den Marsch zu verbieten, was in der Vergangenheit zwar schon versucht, aber durch Entscheidungen des Bundesverfassungsgerichts verhindert worden war.

»Wir sind natürlich heilfroh. Ehrlich gesagt hatte ich kaum damit gerechnet«, sagt Heiko Hamer, ebenfalls Mitglied des Dorstfelder »Runden Tischs«. Einen Tag vor dem Marsch bestätigte das Bundesverfassungsgericht das Versammlungsverbot. Anstatt die Neonazis mit ihren Flaggen und Spruchbändern aufmarschieren sehen zu müssen, konnten die Dortmunder nun in der ganzen Stadt feiern, unter anderem auf einem Friedensfest am Wilhelmplatz.

Viele Anwohner betrachten die Verbote als das Ergebnis der jahrelangen Arbeit der Bürgerinitiativen, ohne die die Stadtverwaltung ihrer Meinung nach nicht tätig geworden wäre. Sie verweisen dabei auch auf andere positive Entwicklungen, etwa den Prozess gegen Giemsch und einige seiner Unterstützer aufgrund ihrer Rolle bei den Attacken gegen den DGB im Jahr 2009. Doch die meisten bleiben vorsichtig. »Das hebt das Problem natürlich nicht auf, deswegen sind die Rechten hier noch nicht weg«, sagt Hamer und weist darauf hin, dass die Neonazis mit Sicherheit nach neuen Räumen für ihre Aktivitäten suchen werden oder mit verstärkter Aggression auf die Verbote reagieren könnten. »Wir müssen weitermachen«, sagt Hamer.

Sven

»Ein doofes Wort und schon hat's gekracht«

»Ich habe nie nachgedacht, immer gleich zugeschlagen«, erinnert sich Sven an die Jahre, in denen er sich als »White power skinhead« bezeichnete. Die Gewalt war es, die ihm seinen Kick verschaffte und ihm Respekt einbrachte, und sie wurde zum roten Faden der sieben Jugendjahre, in denen er Skinhead war.

Sven, der seinen richtigen Namen nicht preisgeben möchte, erzählt, er sei mit zwölf in die rechte Szene hineingerutscht, in dem kleinen Ort in Sachsen, wo er von Geburt an aufgewachsen war. In der Rückschau beschreibt er sich als eher schmächtigen Jungen und erinnert sich, dass er von anderen Kindern auf seinem Gymnasium hin und wieder herumgeschubst wurde. Etwa zu dieser Zeit stellte ein Freund ihm einen 25-jährigen Skinhead vor, der in der Nähe wohnte, und die drei begannen damit, in der Wohnung des älteren herumzuhängen und Bier zu trinken. Er erzählte ihnen vom Deutschland von heute und seinen Problemen, vom Zweiten Weltkrieg und davon, dass unter der Nazi-Herrschaft alles besser gewesen sei. Eines Tages rasierte sich Sven den Schädel und kaufte sich ein Paar weinrote Springerstiefel mit Stahlkappen, die er fortan hoch zugeschnürt trug. Er begann, gestreifte Lonsdale-T-Shirts und Polohemden mit schwarz-weiß-rotem Kragen zu tragen, den Farben des Deutschen Reichs.

Sein neues Erscheinungsbild rief gemischte Reaktionen unter seinen Mitschülern hervor: »Manche nahmen Abstand, andere provozierten«, sagt er. Sven begann, eine gewisse Reizbarkeit zu entwickeln, er selbst spricht von einer »Wut«, die er schon bald in Schulhofprüge-

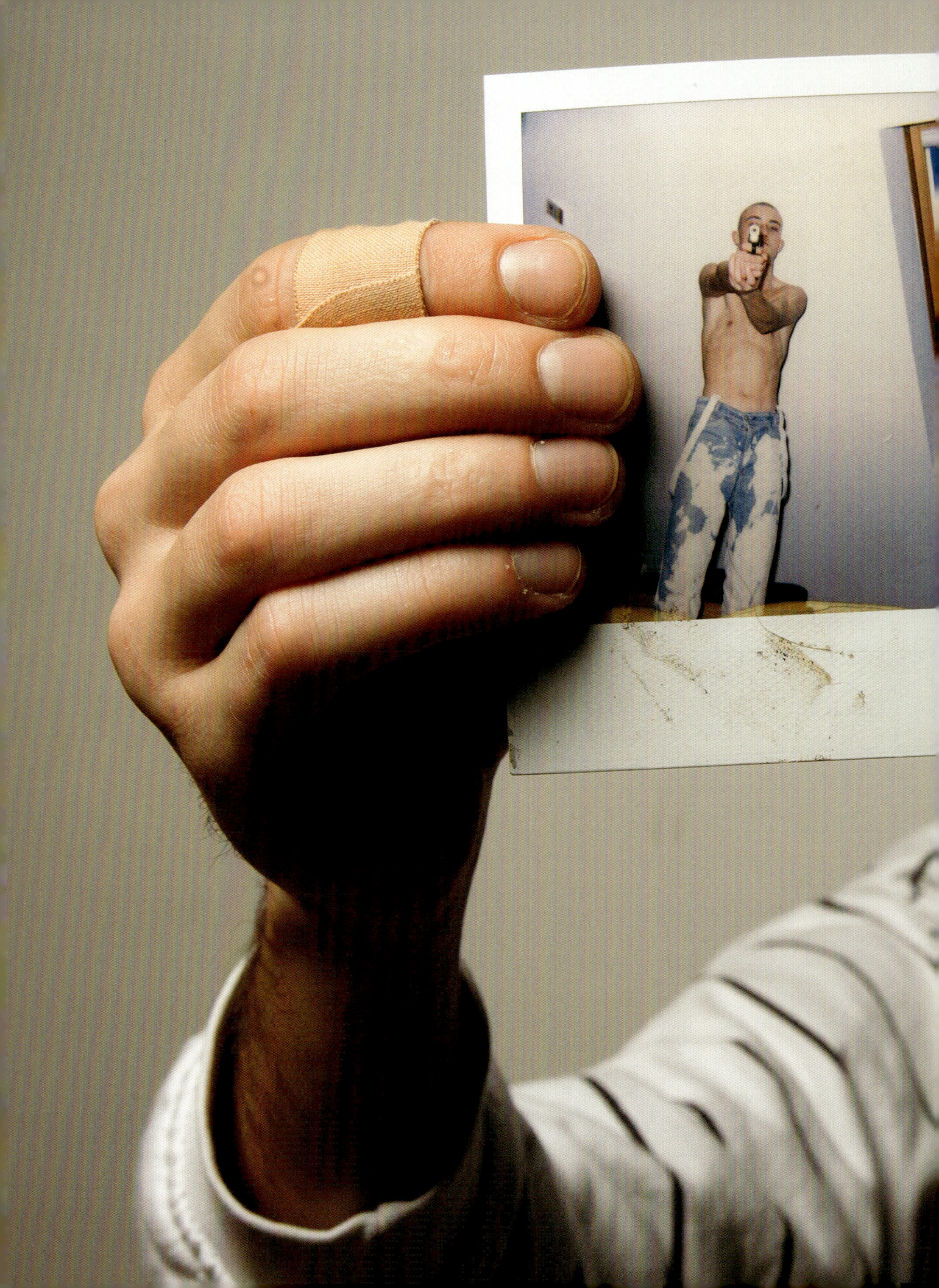

leien kanalisierte. Als er eines Tages mit einer Hakenkreuzflagge nach Hause kam, fragte ihn sein Vater, ein arbeitsloser Tischler, ob er den Verstand verloren habe, doch im Allgemeinen tolerierten seine Eltern die neue Kleidung. Vielmehr war es Svens Hinwendung zur Gewalttätigkeit, die zu Auseinandersetzungen im Elternhaus führte: »Meine Mutter war von mir enttäuscht, mein Vater wütend.« Wenn seine Eltern ihn mit ihrer Sicht der Dinge konfrontierten, wischte er ihre Argumente einfach weg. Dass sein Vater ihn manchmal schlug, sieht Sven heute als Ergebnis dessen vollkommener Verzweiflung.

Irgendwann begann Sven die Schule zu schwänzen, um mit einer Gruppe örtlicher Skinheads herumzuhängen. In der sechsten Klasse flog er von seinem Gymnasium und kam auf eine Realschule, bevor er in der achten Klasse endgültig die Schule abbrechen musste. Während es mit seiner Schullaufbahn bergab ging, häuften sich die disziplinarischen Termine, erst mit den Lehrern, dann mit der Polizei. Im Alter von 14 Jahren, erinnert sich Sven, verprügelte er einen Jungen, von dem er glaubte, er habe das Fahrrad eines Freundes gestohlen. Die Eltern des Jungen riefen die Polizei, woraufhin am nächsten Tag Beamte vor Svens Haustür standen. Er erinnert sich, wie »cool« er sich dabei fühlte, mit dem Polizeiwagen auf die Wache gebracht zu werden, gibt aber zu, dass es ihm peinlich war, als seine Mutter ihn später von dort abholen musste.

Mit 16 begann er in einem nahegelegenen Ort eine Bäckerlehre, die gleichzeitig den Startpunkt dessen markiert, was Sven als die intensivsten Jahre seiner Zeit in der rechten Szene bezeichnet. In der Bäckerei freundete er sich mit einem Skinhead an, der ihn in einen harten Kern von mehreren Dutzend weiterer Skins, darunter auch Frauen, einführte, die sich meist in einer örtlichen Gaststätte trafen. Viele hatten Hakenkreuze und andere rechte Symbole auf ihren Körpern tätowiert. Es wurde schwer getrunken und sich darüber ausgelassen, wie man von der aktuellen politischen Führung Deutschlands im Stich gelassen werde, wie einem der Mangel an Jobs eine unsichere Zukunft beschere und wie weitaus besser all diese Dinge unter der Nazi-Herrschaft gewesen seien. Am allermeisten aber wurde über die Ausländer hergezogen, über die, die man der Vergewaltigung deutscher Frauen für schuldig befand, über die vietnamesischen Zigarettenschmuggler um die Ecke, die Drogendealer und darüber, wie Ausländer ihnen die Jobs wegschnappten.

Sven sagt, Adolf Hitler habe ihn nie besonders interessiert, es habe ihn vielmehr wütend gemacht, dass Hitler so viele deutsche Soldaten in den Tod geschickt habe. Allerdings räumt er seine große Faszination für die Waffen-SS ein, jene Elitetruppe, die Hitler zur Macht verholfen hatte und die später für viele der grausamsten Naziverbrechen verantwortlich zeichnete. »Sie hatten Disziplin, die besten Waffen«, erklärt Sven, »und sie waren gefürchtet.« Innerhalb seiner Gruppe von Skinheads, sagt er, seien der Holocaust und andere Nazi-Verbrechen als »Lügen« bezeichnet worden, die mit Hilfe einfacher Mathematik als solche entlarvt werden könnten.

Kneipenschlägereien, die sich auf die Straße verlagern konnten, wurden zu einer der Lieblingsbeschäftigungen von Sven und den anderen Skinheads. Ihre Gegner waren meistens Punks, Hip-Hopper oder andere, von denen sie sich provoziert fühlten, wozu es üblicherweise nicht allzu viel bedurfte. »Ein doofes Wort und schon hat's gekracht«, sagt Sven. Innerhalb der Gruppe betrachtete sich Sven stets als Kämpfer, als einen derjenigen, die meist die ersten Schläge austeilten. Auch wenn er sich an keine lebensgefährlichen Verletzungen erinnert, gibt er zu, dass die Kämpfe meist brutal waren, da die Skinheads häufig mit Schlagringen oder Teleskop-Schlagstöcken bewaffnet waren.

Eine weitere Lieblingsbeschäftigung der Gruppe war der Besuch von Rechtsrock-Konzerten, was heimlich geplant werden musste, da solche Konzerte illegal sind. Sven sagt, der Hass und der Extremismus, die aus den Stammtischgesprächen entstanden, seien durch die Texte seiner Lieblingsbands dieser Zeit noch verstärkt worden, Bands mit Namen wie »Kraftschlag«, »Endstufe«, »Landser« oder »Bound for Glory«. Da diese Konzerte häufig von der Polizei gestürmt wurden, entwickelten auch diese sich mehr und mehr zum Schauplatz von Schlägereien. Sven erinnert sich besonders gut an ein Ereignis, bei dem eine 150 Mann starke Polizeitruppe, gepanzert und mit Pfefferspray und Schlagstöcken bewaffnet, ein von etwa 100 Skinheads besuchtes Konzert gestürmt hatte. Sven und viele andere wurden überwältigt und mit Kabelbindern gefesselt, wobei jedoch ein noch freier Skinhead es in der allgemeinen Verwirrung schaffte, die Fesseln seiner Kameraden aufzuschneiden. Laut Sven formierten sich die Skinheads dann neu und rannten gegen die Polizei an. Sven eröffnete die zweite Runde der Schlägerei, indem er einem Polizisten eine Bierflasche in das ungeschützte Gesicht warf. Sven und seinen Kameraden gelang schwer zerschrammt die Flucht.

Sven genoss das Gefühl, Menschen auf der Straße einschüchtern zu können. »Gewisse Leute hatten Angst«, und andere behandelten ihn plötzlich mit mehr Respekt. Er hatte auch eine neue Freundin, »eine echte Renee«, erinnert er sich und lacht dabei. »Renee« ist ein in der Szene weit verbreiteter Begriff für weibliche Skinheads.

Mit 17, etwa anderthalb Jahre nach Beginn der Bäckerlehre, brach Sven die Ausbildung ab. Sechs Monate später begann er eine Malerlehre, während der er einen Skinhead kennenlernte, der Schlagzeug spielte. Da Sven Gitarre spielte, gründeten die beiden eine Band. Sie fanden einen Proberaum in einer alten Lagerhalle, und es kamen noch ein Bassist und ein Sänger hinzu. Schon bald kamen Skinheads aus der Umgebung, um ihnen zuzuhören. »Der Proberaum wurde zu einem Treffpunkt«, sagt er, an Wochenenden kamen bis zu 50 Skinheads. »Man hat sich einen Namen gemacht«, sagt Sven.

Mit 19 traf Sven ein anderes Mädchen. Sie war in der Gothic-Szene und weder Skinhead noch rechtsextrem. Zum ersten Mal seit Sven in die rechte Szene gerutscht war, begann sein sozialer Horizont sich zu erweitern. Sie war nicht politisch, und er sagt, sie habe sein Skinhead-Aussehen »sexy« gefunden. Sie nahm ihn zu Hardcore- und Heavy-Metal-Konzerten mit, wobei Sven gefiel, wie die Metal-Fans beim Headbangen ihre Köpfe mit den langen Haaren schüttelten. Eines Abends schloss er eine Wette mit einem anderen Skinhead ab, um herauszufinden, wer sich das Haar am längsten wachsen lassen würde. Der andere gab nach zwei Monaten auf, aber Sven entschied sich, die Haare weiter wachsen zu lassen. Nach sieben Jahren war es »ein tolles Gefühl, wieder Haare auf dem Kopf zu haben«, sagt er. Die anderen Skinheads merkten, dass seine Haare länger wurden und waren nicht erfreut. »Willst Du Zecke werden?«, fragten sie ihn. »Zecke« ist in der rechten Szene ein Begriff für Personen, die sich politisch links befinden. Mit den größer werdenden Aggressionen stieg auch Svens Entschlossenheit, seine Haare zu behalten, und er entwickelte eine immer stärkere Abneigung gegen die Szene, der er so lange angehört hatte.

Ein weiterer wichtiger Faktor für Svens Veränderung war die Familie seiner Freundin. Obwohl sie beim ersten Treffen aufgrund seines Äußeren aus der Fassung geriet, akzeptierte sie ihn schon bald: »Die haben mich genommen wie ich war, meine Person geschätzt und mich nicht nach meinem Äußeren beurteilt.« Diskussionen mit dem Bruder seiner Freundin, der sich viel mit der deutschen Geschichte beschäftigte, halfen dabei, einen gewissen Teil der revisionistischen Mythen auszulöschen, die Sven als erwiesen angesehen hatte. Und dann war da noch die portugiesische Frau des anderen Bruders seiner Freundin, die ihn so beeindruckte, wie er sagt, dass sie sein »letztes Vorurteil über Ausländer wegpusten konnte.« Sven erzählt, die neuen Menschen, die er nun kennenlernte, und die neuen sozialen Gruppen, die er erlebte, hätten ihn fasziniert und ihm bewusst gemacht, wie beschränkt sein Dasein als Skinhead gewesen war. »Unter den Rechten musst Du aufpassen, was Du denkst und sagst«, erzählt Sven.

Er erinnert sich, wie er die dunkelhäutige amerikanische Sängerin Alicia Keys einmal in einem Musikvideo gesehen hatte und wie er sich von ihrer Schönheit angezogen fühlte: »Natürlich durfte ich das keinem sagen.«

Zu dieser Zeit entschloss sich Sven, auch einen anderen Aspekt seiner Skinhead-Zeit abzulegen: seine Gewalttätigkeit. Seine stetig wachsende Polizeiakte hatte ihm bisher nur Bewährungsstrafen eingebracht, hätte ihn aber leicht auch ins Gefängnis bringen können, was bei einem Zwischenfall am Silvesterabend auch fast passiert wäre. Sven rang einen Mann zu Boden und trat ihm wiederholt mit seinen stahlkappenbesetzten Schuhen ins Gesicht, bis der Mann blutüberströmt war und Zähne auf dem Asphalt umherlagen. Einzig durch die Unterstützung eines Sozialarbeiters, der mit Svens Vergangenheit vertraut war, kam Sven mit nur dreieinhalb Jahren Haft auf Bewährung davon.

Die Loslösung von seinen Skinhead-Kameraden war nicht leicht. Sven erhielt Warnungen, auch Morddrohungen, und er erinnert sich an einen Samstagabend, als er eine örtliche Diskothek besuchen wollte, um dann von einem befreundeten Skinhead zu erfahren, dass 40 seiner alten Kameraden auf dem Weg dorthin seien, um ihn zu verprügeln. Als seine Freundin eine Stelle in Westdeutschland annahm, packte er seine Sachen und folgte ihr dorthin.

Heute lebt Sven wieder in Sachsen. Auch wenn er lange Haare hat, ist sein Körper noch voller Tätowierungen aus seiner Vergangenheit und zeigt dabei die ganze Bandbreite neonazistischer Symbole. Auf seiner rechten Schulter prangt noch immer das blitzförmige Doppel-S über einem gekrümmten Hakenkreuz. Auf seinen Unterarmen können übertätowierte Engel nur schwer die darunter liegenden Motive überdecken: einen Skinhead, der eine schwarz-weiß-rote Fahne hisst und einen Baseballschläger schwingt. Weiter unten sieht man eine geballte White-Power-Faust auf einem dreizackigen Hakenkreuz und die Zahl 14, ein Verweis auf die »vierzehn Wörter« des US-amerikanischen Rechtsextremisten David Lane: »Wir müssen die Existenz unseres Volkes und die Zukunft für die weißen Kinder sichern.« Auf seiner anderen Schulter prangt das bedrohliche Gesicht eines Wikingers.

Sven lebt von Hartz IV und hat etwa zwei Drittel der Sozialstunden abgeleistet, zu denen er im Jahr 2007 nach einem »Rückfall« – er hatte einen Mann geschlagen, der eine Bemerkung über seine Mutter gemacht hatte – verurteilt worden war. Er ist nach wie vor auf der Hut vor Begegnungen mit seinen früheren Gefährten und vermeidet es, sich an Orte zu begeben, an denen sich Skinheads aufhalten könnten.

Doch Sven ist optimistisch. Die Skinhead-Szene verlassen und sich einem neuen Umfeld ausgesetzt zu haben, hat ihm dabei geholfen, »ein neues Leben zu finden, wie bei einer Wiedergeburt«. Er sagt, er habe zweimal die Bibel gelesen. »Gott hilft auch den bösen Kindern, und die bösen Kinder können auch mal lieb werden«, sagt er. Sven hat den Wunsch zu reisen, vielleicht nach Afrika, und fühlt sich ermutigt durch seine Arbeit für ein Aufklärungsprogramm über Rechtsextremismus. Wenn er den Schülern von seinen Konflikten mit dem Gesetz erzähle, sagt Sven, sperrten sogar diejenigen Kinder die Ohren auf, die bereits ihre kahl rasierten Köpfe zur Schau stellen. »Ich habe eine Geschichte zu erzählen, und wenn's den Jugendlichen hilft, warum nicht?«, meint er. Er hält den Rechtsextremismus in Ostdeutschland für ein allgemeines Jugendproblem, eine Form der Rebellion, der weniger Jugendliche verfallen würden, wenn es mehr soziale Alternativen gäbe. »Was machen die Jugendlichen auf der Straße?«, fragt Sven. Die Antwort gibt er selbst: »Sie sitzen rum und bauen Scheiße.«

Sven gesteht ein, dass es ihm schwerfällt, seine Skinhead-Phase zu erklären und dass es für seine Taten keine einfache logische Erklärung gibt. »Was wollte ich im Endeffekt erreichen? Ein ganz normaler Jugendlicher zu sein, der halt geachtet wird.«

Jamel Hichri

»Ein bisschen Angst ist immer da«

Etwa einen Monat nach der Eröffnung seines Restaurants auf dem zentralen Platz der beschaulichen Kleinstadt Pritzwalk nordwestlich von Berlin, so berichtet es Jamel Hichri, verhöhnten ihn zwei junge Skinheads als »Kanaken« und verlangten von ihm, die Stadt zu verlassen. Sie sagten ihm, andere Rechtsextreme hätten vor, ihn anzugreifen. Er nahm die Drohungen zunächst nicht ernst, wurde jedoch zehn Tage später eines Besseren belehrt. Es geschah an einem Freitagabend gegen halb zwölf, am 24. August 2007.

Jamel erzählt, er und sein Koch hätten gerade den Laden für diesen Abend geschlossen, als zwei Jugendliche mit rasierten Köpfen und Bomberjacken auftauchten und sie zu beschimpfen begannen. Jamel sagt, einer der beiden habe dann einer weiteren Gruppe auf der anderen Seite des Platzes, die meisten von ihnen vermummt und schwarz gekleidet, ein Zeichen gegeben, woraufhin diese dazugekommen seien und damit begonnen hätten, die Außenmöblierung von Jamels Restaurant zu demolieren. Dann hätten sie die Betonfüße der Sonnenschirme zertrümmert und die Bruchstücke durch die Fensterscheiben geworfen. Jamel erzählt, sie hätten »Verpisst euch von hier!« geschrien.

Jamel und der Koch waren im Laden in Deckung gegangen, hatten die Tür abgeschlossen und die Polizei gerufen. Draußen, berichtet Jamel, hätten einige der Männer sich die größten Schirme geschnappt, um sie als Rammbock gegen die Eingangstür zu benutzen. Dabei verletzten sie Jamel, der gerade die Tür verbarrikadieren wollte. Als die Täter schließlich eindrangen, flohen Jamel und der Koch durch die Dunkelheit in die Küche, wobei sie die Geldbörse mit den Einnahmen in Höhe von etwa 3600 Euro zurücklassen mussten. Die Angreifer durchwühlten den Laden und flohen dann, kurz bevor die Polizei eintraf. Ermittler untersuchten den Tatort und der Bürgermeister erschien, um seine Hilfe anzubieten.

Innerhalb weniger Tage ergriff die Polizei mehrere Täter. Gegen vier von ihnen, die nach Polizeiangaben einem örtlichen Neonazi-Netzwerk angehörten, wurde Anklage erhoben. Die Beamten erklärten, die Männer seien früher am Abend zu einer Geburtstagsfeier zusammengekommen, wo sie laut Rechtsrock gehört hätten. Einer der Beschuldigten war schon einmal wegen Körperverletzung verurteilt worden. In dem Gerichtsverfahren gegen die Skinheads entschied der Richter, dass keine ausreichenden Beweise vorlägen, um zweifelsfrei eine rassistische Motivation bei der Tat festzustellen, und sprach lediglich Bewährungsstrafen aus. Darüber hinaus verwies er Jamels Entschädigungsforderungen in Höhe von 8000 Euro an ein Zivilgericht, was für Jamel bedeutete, dass er für ein weiteres Verfahren Anwaltskosten in Höhe von 600 Euro hätte aufbringen müssen. »Ich habe keine Gerechtigkeit erfahren«, sagt er, »und das tut weh.«

Jamel, von Geburt Tunesier, kam 1999 nach Deutschland und lebte zunächst in Berlin, wo er eine deutsche Frau heiratete und in der Gastronomie arbeitete. »In Berlin hatte ich keine Probleme«, erzählt er. In den zwei Jahren nach dem Vorfall, so Jamel, sei er nicht noch einmal angegriffen worden. Dennoch habe er wiederholt rassistische Verunglimpfungen erfahren, mehrmals sei ihm von jungen Männern der Hitlergruß gezeigt worden.

Auch wenn Jamel sagt, seine Furcht habe nachgelassen, bleibt er wachsam, besonders nachts. »Ein bisschen Angst ist immer da. Ich habe das in Deutschland nicht erwartet«, sagt er. Es gibt Hinweise darauf, dass einige der Jugendlichen aus der rechten Szene anfangen, ihn zu tolerieren. Der eine oder andere käme sogar zu ihm zum Essen. »Manche gucken immer böse. Andere sagen: ›Jimmy, wir mögen keine Ausländer, aber Du bist okay.‹ Das ist ein bisschen komisch«, erzählt er achselzuckend.

Lohmeyers

»Das Dorf gehört nicht euch«

Stolz führt Horst Lohmeyer einen Besucher über sein Grundstück, vom Backstein-Bauernhaus und der daran angrenzenden Scheune hinunter zu einer lichten Wiese. An einem Ende ist eine Bühne aufgebaut, wo verschiedene Bands im Rahmen eines Musikfestivals spielen, das Horst und seine Frau Birgit jedes Jahr aufs Neue organisieren. Zwischen den Bäumen stehende Skulpturen zeugen noch von einem Kunstwochenende, das hier kürzlich stattgefunden hat. Die Durchführung solcher Kulturveranstaltungen ist den Lohmeyers zu einer Leidenschaft geworden, jedoch nicht allein mit dem Ziel künstlerischer Befriedigung. Sie haben die Kultur als wirksames Mittel in einem Kampf entdeckt, den sie nicht aufzugeben gedenken: den Kampf um ihr kleines Dorf Jamel, in dem Neonazis mittlerweile in der Mehrheit sind.

Die bezaubernde Wirkung des Lohmeyerschen Grundstücks bildet einen krassen Gegensatz zum Rest von Jamel. Das Dörfchen endet in einer Sackgasse, wo ein großes, verlassenes Herrenhaus steht. In unmittelbarer Nähe gibt es einige moderne Zweifamilienhäuser – eintönige Flachbauten, an deren Umzäunungen Schilder vor bissigen Hunden warnen. Auf einem Grundstück, gleich neben den Überresten eines Hauses, das vor Jahren abgebrannt zu sein scheint, steht ein weißes Kreuz mit einer ostfriesisch-plattdeutschen Inschrift: »Lever dood als Slaav«, auf hochdeutsch: »Lieber tot als Sklave«. Auf dem Firmengrundstück von »Abriss Krüger« hängt an einem Baucontainer ein verblichenes

Abzeichen der NDP, an der Garagenwand eines weiteren Grundstücks ist das Bild einer fünfköpfigen, blonden Familie aufgemalt. Daneben prangt ein Schriftzug: »Dorfgemeinschaft Jamel. Frei. Sozial. National.«

Als die Lohmeyers im Jahr 2004 zum ersten Mal das idyllische Grundstück besichtigten, wussten sie, dass einer der Anwohner, Sven Krüger, ein bekannter Neonazi war. »Das nahmen wir in Kauf«, erinnert sich Birgit. Die Lohmeyers kamen aus dem eher linksgerichteten Künstlerviertel St. Pauli hierher, wollten der Großstadt den Rücken kehren und auf dem Land ein neues Leben anfangen.

Krüger ist in Jamel aufgewachsen. In den 1990er Jahren hatte er sich bereits als Gewalttäter mit Gefängniserfahrung einen Namen gemacht. Krüger, Mitglied der NPD, die in Mecklenburg-Vorpommern im Landtag sitzt, wollte Jamel zu einem Nazi-Drehkreuz aufbauen. Er veranstaltete Wochenendtreffen von Neonazis aus der Region, zu denen Lagerfeuer im Dorfzentrum, Kriegsspiele mit scharfer Munition im nahegelegenen Wald und Rechtsrock-Partys in der Nacht fest dazugehörten. Medienberichten zufolge war Jamel in den 1990ern und in den Jahren nach der Jahrtausendwende eine Hochburg der Einschüchterung und Gewalt. Eine Familie gab auf, nachdem ihr Grundstück mehrfach mutwillig beschädigt worden war. In einem anderen Fall kauften und sanierten Neuankömmlinge ein Haus, obwohl es kurz zuvor einer Brandstiftung zum Opfer gefallen war.

Im Jahr 2007 wurde bekannt, dass Krüger leerstehende Häuser in Jamel aufkaufte, um sie an befreundete Neonazis zu vermieten. Die Lohmeyers waren von Überschriften wie »Jamel fest in brauner Hand« in der Lokalpresse schockiert und entschlossen sich, aktiv zu werden. Damals veranstalteten sie zum ersten Mal ihr Festival »Rockmusik für Demokratie und Toleranz«, das von nun an jedes Jahr stattfinden sollte. »Wir wollten zeigen: Das Dorf gehört nicht euch«, erzählt Birgit.

Zuerst versuchten sie, mit ihren Nachbarn ins Gespräch zu kommen, indem sie sie zu ihrem Festival einluden. Ein Zwischenfall im Jahr 2010, als ein Festivalbesucher von zwei Skinheads geschlagen wurde, bewegte die Lohmeyers, ihre Haltung zu ändern. »Unser Grundstück ist jetzt tabu«, sagt Birgit, und Horst ergänzt, dass der Versuch eines Brückenbaus zwecklos sei: »Jedes Entgegenkommen würde uns als Schwäche ausgelegt werden«, beschreibt er die Geisteshaltung der Neonazis. Eine Reihe von Vorfällen zeigt, dass die Lohmeyers durchaus Eindruck machten. Mal fanden sie eine tote Ratte in ihrem Briefkasten oder andere Tierkadaver auf ihrem Grundstück, dann wurde ihr Zaun beschädigt oder Müll auf ihrer Einfahrt deponiert. Sie bekamen Drohanrufe und wurden von Passanten angepöbelt. Birgit erzählt, wie ein Nachbar, der Vater eines örtlichen NPD-Funktionärs, sie fragte, ob sie nicht ihr Haus verkaufen wolle, »so lang ich noch kann«.

Als sich der Widerstand der Lohmeyers herumzusprechen begann, wurden auch die regionalen und bundesweiten Medien auf ihre Geschichte aufmerksam. Anstatt sich aus dem Scheinwerferlicht zurückzuziehen, wie es so viele von Rechtsextremismus betroffene Menschen tun, begrüßten die Lohmeyers das Medieninteresse und gaben nach und nach über 90 Interviews. »Die Anerkennung wurde eine Art Schutz«, sagt Birgit. Ihre Geschichte lief im Fernsehen, sie bekamen Besuch vom früheren Bundestagspräsidenten Wolfgang Thierse und wurden vom damaligen Bundespräsidenten Christian Wulff empfangen. 2001 wurde ihnen vom Zentralrat der Juden in Deutschland der Paul-Spiegel-Preis für Zivilcourage verliehen.

Auch die Ortschaft selbst ist aktiver geworden, vor allem durch den Ankauf anderer leerstehender Häuser in Jamel, um einen weiteren Nazi-Zuzug zu verhindern. Die Polizei stellt Beamte zur Verfügung, um das Festival zu schützen. 2011 stattete der Polizeipräsident dem Ehepaar einen Besuch ab, um ihnen persönlich seine Unterstützung zu bekunden.

Dennoch räumen die Lohmeyers ein, dass ihre Unternehmungen bisher kaum einen Anwohner aus den umliegenden Gemeindeteilen dazu bewegt hätten, sich ihnen anzuschließen. »›Wir wollen unsere Ruhe‹, das ist das beliebte Statement«, sagt Birgit über die Bewohner der umliegenden Dörfer, von denen nur wenige das Festival oder die Kunst-Workshops besuchen. Sie berichtet, einer der »neutralen« Bewohner Jamels habe sogar schlecht über sie geredet und sie hinter ihrem Rücken als »Unruhestifter« bezeichnet.

Uwe Wandel, Bürgermeister der Gemeinde, zu der Jamel gehört, ist skeptisch, ob die Lohmeyers etwas bewegen können: »Es ist nicht einfach, da was zu gestalten«, denkt er über Jamel, und auch wenn er die Lohmeyerschen Bemühungen für lobenswert hält, ist er der Ansicht, dass Veränderungen in Jamel erst nach Jahren eintreten könnten. »Ich hoffe, die Lohmeyers halten durch«, sagt Wandel.

Auch wenn sie die Absicht haben, in Jamel wohnen zu bleiben, wissen die Lohmeyers, dass sie wachsam sein müssen. Obwohl Krüger 2011 wegen illegalen Waffenbesitzes und wegen Handels mit gestohlenen Baumaschinen zu einer Haftstrafe von vier Jahren verurteilt wurde, fühlen sie sich nicht besonders sicher. Sie verreisen nicht oft und lassen ihr Grundstück nur selten unbeaufsichtigt. »Wir wissen, wenn wir eine Flanke bieten, dann wird eingeschlagen«, sagt Horst.

Doch sie bleiben zuversichtlich. Birgit erzählt, sie hätten ein neues Projekt gestartet, das mit einer interkulturellen Woche der örtlichen Kirchen zusammenfallen soll. Außerdem hoffen sie, Geldgeber zu finden, um ihre Scheune in ein Kunstzentrum umzuwandeln. Das wichtigste ist jedoch, dass die Lohmeyers ihren Humor nicht verloren haben. Birgit bemerkt, alle Neonazis in Jamel hielten Hunde: »Wir haben dreizehn Katzen«, sagt sie mit einem Lächeln.

Olaf Bonk

» ... was mich zutiefst belastet, dass ich eigentlich alleine hier stehe «

Nur wenige ostdeutsche Politiker zeigen den Mut, das Engagement und die Entschlossenheit von Olaf Bonk, dem früheren Vorsitzenden der FDP im Muldentalkreis in Sachsen. Bonk, selbständiger Heizungsbauer und Vater dreier Kinder, zog im Jahr 2000 in den kleinen Ort Poischwitz und engagierte sich schon bald in der Lokalverwaltung. Seine erste eigene Erfahrung mit der rechten Szene machte er 2005, als Neonazis ein Rechtsrock-Konzert in einem Jugendclub im nahegelegenen Dürrweitzschen organisierten. Einer von ihnen war Jörg W., der bereits eine Haftstrafe für die Misshandlung eines polnischen Gastarbeiters im Jahr 1998 abgesessen hatte. Bonk, damals Mitglied im Ortschaftsrat Zschoppach, stand an der Spitze einer Initiative, die die Überprüfung und Schließung des Clubs forderte sowie die Gründung eines örtlichen Jugendausschusses vorschlug, der mit Hilfe eines auf die Eindämmung von Rechtsextremismus spezialisierten Beratungsteams realisiert werden sollte. Hauptaufgabe dieses Jugendausschusses sollte es sein, die Arbeit der Jugendclubs in der Region zu organisieren, die sich bis dahin mehr oder weniger selbstverwalteten. Bonks Anstrengungen sorgten dafür, dass sich die örtliche Naziszene am Ende ohne geeignete Versammlungsorte wiederfand.

Schon bald wurde Bonk belästigt. So fand er eines Abends nach einer Veranstaltung, bei der es um die Machenschaften und Erscheinungsbilder von Neonazis ging, seinen Wagen demoliert vor. Kurze Zeit später, berichtet er, tauchten Flyer der »Nationalen Sozialisten« in den Briefkästen der Gegend auf, in denen Bonk als »Nestbeschmutzer« und als »Messias« bezeichnet wurde, der die Bevölkerung gegen die Jugend aufhetze. Während eines Frühlingsfestes, so Bonk, sei ein Graffito an der Wand eines Supermarktes in Dürrweitzschen aufgesprüht worden, mit dem Inhalt: »Heuchler, Lügner, Betrüger, Bonk & Co.«. Später, im Februar 2007, verschandelten Täter die Fassade von Bonks Haus, indem sie kleine, mit Motoröl befüllte Plastikbeutel darauf warfen. Nach der Attacke, erzählt Bonk, habe sein neunjähriger Sohn Tom sich gefürchtet, ins Wohnzimmer zu gehen, das zur Vorderseite des Hauses zeigt. Bonk installierte einen Feuermelder, und er sagt, Tom habe regelmäßig geprüft, ob das Gerät aktiviert sei. »Er hatte Angst, jemand könnte einen Molotowcocktail ins Zimmer schmeißen«, erzählt Bonk. Sein ältester Sohn sei auf einer Hochzeit von zwei Neonazis attackiert worden.

Im Jahr 2008 bewarb sich Bonk auf das Bürgermeisteramt in Thümmlitzwalde, das auch die Gemeinden Poischwitz, wo Bonk lebt, und Dürrweitzschen umfasst. Während des Wahlkampfs klopfte er an viele Haustüren und er erzählt, er sei stets wohlwollend empfangen worden und zuversichtlich gewesen, bei der Wahl gut abzuschneiden. Dann, etwa einen Monat vor der Wahl, erhielt er einen Brief vom Gemeindeamt, in dem behauptet wurde, dass die Wahlkampfbestimmungen die Anzahl der Wahlwerbeplakate für Bonk auf 25 beschränkten. Daher fordere man ihn auf, die überzähligen Plakate, die er bereits in der Region aufgehängt hatte, innerhalb einer kurzen Frist zu entfernen. Bonk wusste, dass diese Bestimmungen nicht existierten, und wandte sich an die Wahlkommission, die ihm zustimmte und das Gemeindeamt informierte. Doch innerhalb von Stunden nach Ablauf der Frist, so Bonk, seien über 100 seiner Plakate beschädigt oder beschmiert worden. Er erzählt, ein Augenzeuge habe sich das Autokennzeichen der Täter notiert und bei der Polizei Anzeige erstattet. Halter des Wagens sei Michael V. gewesen, Chef der Dürrweitzschener Kameradschaft. Es wurden auch anonyme Flyer verteilt, die dazu aufriefen, nicht für Bonk zu stimmen und die seine Rolle in der Reorganisation der Jugendclubs aufs Korn nahmen. Als Bonk am Wahltag seine Stimme abgeben wollte, erzählt er, hätten Jugendliche, die er als Mitglie-

der der Kameradschaft erkannte, ihn von der gegenüberliegenden Straßenseite aus angepöbelt und die Menschen dazu ermuntert, gegen ihn zu stimmen. Obwohl Bonk den ersten Wahlgang überstand, verlor er im zweiten und im letzten Wahlgang am 22. Juni stark an Boden. Er selbst erklärt den ungewöhnlich hohen Stimmenverlust mit einem weiteren gegen ihn gerichteten Flyer, der in der Nacht zuvor in den Briefkästen der Wähler gelandet war.

Die Wahl erschütterte Bonks Vertrauen in den Stadtrat. Er sagt, nicht ein einziges seiner Mitglieder habe auf die Beschädigung seiner Wahlplakate oder auf die Verteilung der gegen ihn gerichteten Flyer hingewiesen. Auch hätten weder seine Konkurrenten bei der Wahl noch die Wahlkommission die gegen ihn eingesetzten Methoden angeprangert. »Das ist es, was mich zutiefst belastet«, sagt er, »dass ich eigentlich alleine hier stehe«. Außerdem sei er von seiner Partei, der FDP, enttäuscht, die ihn in seinem Ringen gegen die Neonazis weder unterstützt noch ermuntert habe.

Trotz allem setzt sich Bonk weiterhin gegen die neonazistischen Einflüsse in der Region ein. Im nahegelegenen Colditz, einer Stadt, in der Konfrontationen zwischen linken und rechten Jugendlichen zur Tagesordnung gehören, ist Bonk Vorsitzender des Vereins »Club Courage e.V.«, der unter anderem mit Fördermitteln des Landkreises und Bundes eine Sozialraumanalyse anfertigte, um zu ergründen, warum die Rechtsextremen so viele Jugendliche in dem Ort für sich gewinnen konnten und sich die gegenteilige Einflussnahme der Eltern und anderer Bevölkerungsteile so in Grenzen hält.

Bonk kämpft unter widrigen Umständen. Er erinnert sich an einen Diskussionsabend, den er mitorganisiert hatte und der unter der Leitung von Michael Ankele stattfand, einem Sozialarbeiter, der Jugendlichen dabei hilft, aus der Neonaziszene auszusteigen. Von den etwa 25 anwesenden Personen, so Bonk, waren 20 Neonazis, und sie weigerten sich, an der Diskussion teilzunehmen. »Sie hatten einen Anführer, der hieß Schober«, erzählt Bonk, »und der saß da und sagte: ›Diskussion ist Demokratie. Demokratie lehnen wir ab.‹ Da lief es mir eiskalt den Rücken runter.«

»Sturm 34«

»Sie waren wie eine paramilitärische Einheit«

»Er hat geblutet wie ein Schwein«, erinnert sich Alexander Friedrich daran, wie 2006 ein schwarz vermummtes Mitglied der Neonazi-Kameradschaft »Sturm 34« während eines Dorffestes in Breitenborn in Sachsen ein Bierglas auf dem Kopf eines schlafenden Punks zerbrochen hatte. Es war kurz nach Mitternacht, und Friedrich war einer von etwa 150 Gästen in einem Bierzelt, als während der alljährlichen Zusammenkunft des Dorfes plötzlich 15 bis 20 schwarz gekleidete Männer, manche vermummt, manche mit kahl rasierten Köpfen, manche mit Handschuhen, eintraten und sich geradewegs auf einen Tisch mit fünf Punks zubewegten. »Sie waren wie eine paramilitärische Einheit«, erzählt Friedrich.

Als Gäste an den benachbarten Tischen aus Protest aufstanden, wandten sich die Männer gegen sie, schmissen Bänke um und teilten Schläge aus. Doch Friedrich sagt, er und einige andere hätten es geschafft, die Angreifer aus dem Zelt hinauszudrängen. »Ich glaube, die waren erschrocken, dass wir Widerstand leisteten«, so Friedrich. Das Handgemenge ging vor dem Zelt weiter, bis jemand »Geordneter Rückzug!« rief, wie Friedrich sich erinnert. Einen Augenblick später fuhren die Angreifer davon und ließen neun verletzte Gäste zurück, darunter ein junges Mädchen, das einen Schock erlitten hatte, nachdem es hatte zusehen müssen, wie die Neonazis ihren Vater geschlagen hatten.

Der »Sturm 34« hatte seinen Sitz in einer Garage im nahegelegenen Mittweida, die zu einem Treffpunkt für Skinheads und andere Rechtsextreme geworden war.

Nach Angaben des Magazins Der Spiegel stellte sich am 4. März 2006 ein junger Mann unter den Flaggen des Deutschen Reichs und der »Blood & Honour«-Bewegung auf einen Tisch, um die Gründung des »Sturm 34« auszurufen. Dieser habe das Ziel, eine »national befreite Zone« zu errichten, die frei von Linken, Ausländern und Andersdenkenden sein sollte. Der Name »Sturm 34« ist an eine vormals in Chemnitz stationierte Brigade der »Sturmabteilung« (SA) angelehnt, jener paramilitärischen Organisation, die die Aufgabe hatte, jeden gewaltsam einzuschüchtern, der sich dem Aufstieg der Nationalsozialisten entgegenstellte.

Unter der Führung des 19-jährigen Skinheads Tom W. (fotografiert auf dem Weg in den Gerichtssaal in Dresden 2008) gehörten dem »Sturm 34« zwischen 40 und 50 Mitglieder und etwa 100 Sympathisanten aus Westsachsen an. Nach Polizeiangaben ist »Sturm 34« für mindestens 70 Delikte verantwortlich, von nazistischen Schmierereien über Brandstiftung bis hin zu Körperverletzung. 2007 wurde die Gruppe verboten. Bei Razzien fanden Beamte Schreckschusspistolen, Helme und Masken, Nunchakus, Flaggen und rechtes Propagandamaterial.

Auch wenn manche Einwohner Mittweidas sagen, sie hätten erst aus den Medien von »Sturm 34« erfahren, sprechen andere von einem Klima der Angst und waren erleichtert, als die Gruppe verboten wurde. Einer von ihnen ist Mike Weiderer, 29, der berichtet, Mitglieder des »Sturm 34« hätten ihn eines Nachts verfolgt, und sein Bruder sei zweimal von der Gruppe angegriffen worden. »Es war egal wie man aussah«, sagt Weiderer, »Hauptsache, die konnten jemandem auf die Muppe hauen.«

Die Staatsanwaltschaften in Dresden, Chemnitz und Hainichen erhoben Anklage gegen insgesamt 31 Mitglieder, gegen fünf führende Köpfe der Gruppe wegen der Bildung einer kriminellen Vereinigung. Unter ihnen war Tom W., der bereits wegen der Angriffe auf einen Studenten aus Kamerun und einen Autohändler in Chemnitz vorbestraft war. Am ersten Verhandlungstag wurde er in Handschellen von Polizeibeamten in den Gerichtssaal geführt. Auf seinem Hinterkopf hatte er das Wort »Skinhead« und seitlich am Hals »No Remorse« (Keine Reue) tätowiert. »No Remorse« hieß auch eine englische Rechtsrockband, die zu den Mitbegründern des »Blood & Honour«-Netzwerkes gehörte. Tom W. trug Khaki-Hosen im Camouflage-Look und Plug-Ringe in den Ohren. Sein älterer Bruder Peter, der ebenfalls unter Anklage stand, hatte einen dämonischen Clown und das S-Logo der britischen Rechtsrock-Band »Skrewdriver« als Tattoos auf dem Hinterkopf. Unter den Unterstützern von Tom W. im Gerichtssaal gab es einige Skinheads mit ähnlichen Tattoos und Ohrringen, wie ihr Anführer sie trug. Die anderen Sympathisanten von »Sturm 34«, begleitet von einer formell gekleideten Frau mittleren Alters, sahen wie ganz normale Teenager aus.

Während des viermonatigen Prozesses berichteten Augenzeugen von Zwischenfällen wie dem an einer Tankstelle in Stollberg im Mai 2006, als zwei links-alternative Jugendliche schwer misshandelt wurden. Aus den Zeugenaussagen geht hervor, dass »Sturm 34«-Anhänger den Geburtstag eines ihrer Kameraden feierten, wobei offenbar auch ein Kreuz nach Ku-Klux-Klan-Manier verbrannt wurde. Einige von ihnen fuhren dann an die besagte Tankstelle, um für Alkoholnachschub zu sorgen, wo ihnen die beiden Jugendlichen über den Weg liefen. Die Neonazis griffen sofort an. Einer der Augenzeugen beschreibt, wie einer der Männer sein Opfer zu Boden schlug und dann gegen seinen Kopf trat, »wie gegen einen Fußball.« Ein anderer erinnert sich, wie die Angreifer blutverschmiert zu ihrer Feier zurückkehrten.

Richter Martin Schultze-Griebler wies zwar den Anklagepunkt der Bildung einer kriminellen Vereinigung ab, verhängte jedoch höhere Strafen als von der Staatsanwaltschaft gefordert und begründete dies damit, dass die Angeklagten keine Reue gezeigt hätten. Am letzten Verhandlungstag trug Tom W. ein T-Shirt mit der Aufschrift »All Cops Are Bastards«. Er wurde wegen Körperverletzung zu einer dreieinhalbjährigen Jugend-Haftstrafe verurteilt. Nachdem der Bundesgerichtshof die Urteile aufgehoben hatte, wurde der Prozess im

Skinhead
All

Jahr 2012 neu aufgerollt. Tom W. und Alexander G. wurden nun auch der Bildung einer kriminellen Vereinigung für schuldig gesprochen und erhielten Bewährungsstrafen.

Auch wenn die NPD, die im sächsischen Landtag sitzt, die von »Sturm 34« verübten Gewalttaten verurteilt hat, so bestanden doch eindeutige Verbindungen der Gruppe zu örtlichen NPD-Funktionären in Mittweida, etwa zu Rudolf Schlotter, der der Kameradschaft auf seinem Grundstück den Aufbau eines Hauptquartiers ermöglichte. Einer der Mitgründer von »Sturm 34« ist aktives NPD-Mitglied. Tom W. pflegte laut polizeilichen Mitschnitten von Telefongesprächen, die der Zeitung taz vorliegen, ein enges Verhältnis zu Harald Nieher, dem damaligen Kreisvorsitzenden der NPD in Mittweida. In einem Telefonat im Dezember 2005 sagte Nieher zu W.: »Tom, mach in Mittweida Unruhe, brüll ›Sieg Heil!‹ und schlag die Ausländer zusammen.« »Sturm 34« übernahm zudem Sicherheitsdienste auf örtlichen NPD-Veranstaltungen und auf von der NPD gesponserten Konzerten.

Der »Sturm 34«-Gruppe wurde aufgrund des neu aufgerollten Prozesses eine besonders große Medienaufmerksamkeit zuteil. Dabei war sie bei weitem nicht die einzige Neonazi-Kameradschaft in der Region. So wurden im Jahr 2000 bei Razzien gegen Mitglieder der »Skinheads Sächsische Schweiz« (SSS) Waffen und Sprengstoff sichergestellt, woraufhin gegen 82 Mitglieder der Kameradschaft Anklage erhoben wurde. Für das Jahr 2011 zählte der sächsische Verfassungsschutz 1692 Straftaten mit rechtsextremistischer Motivation, darunter 84 Gewaltdelikte. Einen Spitzenwert in dieser Statistik gab es 2008 mit 2421 Straftaten (126 Gewaltdelikte). In dem Bericht von 2011 werden außerdem rund 1000 Personen in Sachsen als Neonazis sowie etwa 800 Personen als gewaltbereite Rechtsextremisten eingestuft.

Alexander Friedrich sagt, dass es in Breitenborn seit dem »Sturm 34«-Übergriff von 2006 ruhiger geworden sei. Dennoch gehen er selbst und andere Breitenborner auf Nummer sicher: Seit dem Vorfall engagieren sie eine Sicherheitsfirma für ihr alljährliches Dorffest.

Thanh Nguyen

»Meine Frau schrie nach Hilfe, doch die Lichter in den Nachbarhäusern gingen allesamt aus«

Als Thanh Nguyen, 44 Jahre alt und Besitzer eines Geschäftes für Textilien und Asia-Importe in der ostdeutschen Stadt Beeskow, am 26. August 2007 mit seiner Frau und seinen beiden Kindern spätabends nach Hause kam, warteten dort drei Männer auf ihn. Er erkannte einen von ihnen, da dieser einige Tage zuvor in der Nähe seines Geschäfts herumgelungert hatte. »Sie waren Skinheads, einer hatte ein Tattoo. Sie haben geschrien: ›Ausländer raus!‹«, erzählt Thanh. Die Männer griffen ihn an, schlugen ihm gegen die Brust und mit einer Flasche gegen den Kopf. Einer trat auch seinen damals fünfjährigen Sohn Toni gegen das Bein. Seine Frau schrie nach Hilfe, doch die Lichter in den Nachbarhäusern gingen allesamt aus, erzählt Thanh. Er sagt, er habe als Junge in Vietnam Selbstverteidigung gelernt und den Kampf mit den Männern aufgenommen, woraufhin diese geflüchtet seien.

Thanh rief die Polizei, die schnell am Tatort eintraf, und einen Krankenwagen. Er erzählt, die Polizisten hätten ihn in ihrem Wagen mitgenommen und gemeinsam mit ihm zwei der Täter aufgespürt, die dann sofort festgenommen wurden. Der Hauptangreifer, Ronny S., 25, war der Polizei als Teil der kleinen Beeskower Neonaziszene bekannt und bereits mehrfach vorbestraft. In den folgenden Tagen kamen Bewohner des Ortes zu Thanh, um ihm ihre Sympathien zu bekunden und ihn ihrer Unterstützung zu versichern, so auch der Bürgermeister. Thanh erzählt, die Eltern von Ronny, die in einem Haus am Ende von Thanhs Straße leben, seien mit Blumen und Süßigkeiten zu ihm gekommen, um sich für die Tat ihres Sohnes zu entschuldigen. Thanh sagt, er habe Ronny am Rande des Gerichtsprozesses die Hand zur Versöhnung hingestreckt, doch Ronny habe abgelehnt. »Er hat mich mit Hass angeguckt«, sagt Thanh.

Die Attacke an jenem Abend war nicht die erste Konfrontation mit Gewalt, die Thanh in Beeskow erlebt hat. Eine Woche zuvor war er mitten in der Nacht von einem lauten Krachen geweckt worden. Jemand hatte einen großen Stein durch das Schaufenster seines Ladens geworfen. Ein ähnlicher Angriff hatte bereits ein Jahr zuvor stattgefunden, und einmal hatte jemand ein Graffito mit den Worten »Ausländer raus!« in seinem Warenlager an die Wand gesprüht. Thanh sagt, er und seine Familie hätten während ihrer Zeit in Beeskow insgesamt sechs fremdenfeindliche Zwischenfälle erlebt. Er weist auch darauf hin, dass andere von Asiaten betriebene Geschäfte, darunter ein Restaurant, mutwillig beschädigt worden seien.

Thanh kam noch zu DDR-Zeiten nach Deutschland, um in einer Schuhfabrik in Dresden zu arbeiten. Damals lernte er auch seine Frau kennen, sie ist ebenfalls aus Vietnam. »In Dresden hatten wir keine Probleme«, sagt er über die 18 Jahre, die er in der Stadt verbrachte.

Zwei Jahre nach der Attacke vor seiner Haustür ist Thanh wieder zufrieden mit seinem Leben in Beeskow. Es sei seither zu keinen weiteren Zwischenfällen gekommen. Auch habe sich der Kontakt zu seinen Nachbarn verbessert, die ein Auge auf sein Wohlergehen hätten, und die lokalen Behörden seien ebenfalls hilfsbereit. Seine beiden Kinder, Phuong und Toni, der in Beeskow geboren wurde, besuchten örtliche Schulen und hätten dort keine Probleme mit Rassismus, so Thanh. Er wolle in Beeskow bleiben und habe keinerlei Zweifel an seinem Leben in Deutschland. »Deutschland ist wie meine zweite Heimat«, sagt Thanh.

Die Opfer des NSU

»

Enver Şimşek.
Abdurrahim Özüdoğru.
Süleyman Taşköprü. Habil Kılıç.
Mehmet Turgut. İsmail Yaşar.
Theodoros Boulgarides.
Mehmet Kubaşık. Halit Yozgat.
Michèle Kiesewetter.

«

Im Februar 2012 versammelte sich Deutschlands politische Elite, darunter Kanzlerin Angela Merkel, ihr gesamtes Kabinett, die Ministerpräsidenten, der Präsident des Bundesverfassungsgerichts und andere Würdenträger in der großen Halle des Konzerthauses am Gendarmenmarkt in Berlin, um gemeinsam mit den Hinterbliebenen der Opfer von Uwe Böhnhardt und Uwe Mundlos zu gedenken. Zusammen hatten die beiden Neonazis zwischen 2000 und 2007 neun Einwanderer und eine Polizistin ermordet.

Drei Monate zuvor hatte die Polizei die beiden in ihrem Wohnwagen in Eisenach umzingelt, nachdem sie eine Bank in der Nähe überfallen hatten. Anstatt sich zu ergeben, zündeten die beiden Männer den Wohnwagen an und begingen Selbstmord. In den verkohlten Überresten des Wohnwagens und der gemeinsamen Wohnung der beiden, die von ihrer Komplizin Beate Zschäpe in Brand gesteckt worden war, fanden die Beamten Waffen, die die Männer mit den Morden in Verbindung brachten, sowie Beweise dafür, dass sie zu einer bis dahin unbekannten Gruppe namens »Nationalsozialistischer Untergrund« (NSU) gehörten.

Die Morde stellen eine neue, tragische und mörderische Dimension rechter Gewalt in Deutschland dar und werden wohl als eines der dunkelsten und beschämendsten Kapitel in die Geschichte der deutschen Strafverfolgungsbehörden eingehen. Aufgrund falscher Annahmen und schlampiger Ermittlungen übersahen die Ermittler die rechtsextremistische Motivation, die die Morde miteinander verband. Stattdessen wurde vermutet, die Morde seien von anderen Einwanderern verübt worden oder die Opfer hätten Verbindungen zu kriminellen Milieus.

Mundlos und Böhnhardt lebten jahrelang unter falschem Namen mit Beate Zschäpe zusammen, und dies, obwohl sie bereits mehrfach festgenommen worden waren, Haftbefehle im Zusammenhang mit dem Fund von Rohrbomben im Jahr 1998 vorlagen und obwohl die beiden enge Verbindungen zu verschiedenen Nazi-Gruppen pflegten. Im Thüringer Landtag wurde ein Untersuchungsausschuss gebildet, um Vorwürfe gegen einzelne Beamte zu prüfen, diese hätten eine Razzia bewusst gestoppt und Beweismaterial vernichtet, um das Trio zu entlasten.

Ismail Yozgat war der erste der Hinterbliebenen, der bei der Gedenkveranstaltung für die Opfer der Mordserie das Wort ergriff. Am 6. April 2006 betrat er das Internet-Café seines 21-jährigen Sohnes Halit. Er fand ihn hinter dem Tresen liegend mit zwei Schussverletzungen am Kopf. Halit sei in seinen Armen gestorben, erzählt er. Sein Sohn war das neunte NSU-Mordopfer. Auf Türkisch sprach Ismail der Bundesregierung seinen Dank aus für das Angebot einer finanziellen Entschädigung, er und seine Familie wollten diese jedoch nicht annehmen. Stattdessen bat er um »seelischen Beistand« und darum, eine Straße in Kassel nach seinem Sohn zu benennen.

Semiya Şimşek war noch ein Teenager, als ihr Vater Enver Şimşek, ein 38-jähriger Blumenhändler in Nürnberg, im Jahr 2000 erschossen wurde. Die Polizei konfrontierte zunächst Envers Witwe mit dem Verdacht, sie habe ihren Mann umgebracht. Danach wurden die Ermittlungen auf einen Onkel und andere Familienmitglieder ausgeweitet. Die Ermittler waren der Ansicht, Enver habe in den Drogenhandel verstrickt sein müssen. »Von einem Tag auf den anderen änderte sich für uns alles, für mich alles. Das alte Leben gab es nicht mehr. Mein Vater war tot«, erzählte Semiya den Teilnehmern der Gedenkveranstaltung. »Elf Jahre durften wir nicht mal reinen Gewissens Opfer sein. Immer lag da die Last über unserem Leben, dass vielleicht doch irgendwer aus meiner Familie, aus unserer Familie, verantwortlich sein könnte für den Tod meines Vaters. Und auch den anderen Verdacht gab es noch: mein Vater, ein Krimineller, ein Drogenhändler. Können Sie erahnen, wie es sich für meine Mutter angefühlt hat, plötzlich selbst ins Visier der Ermittlung genommen zu werden? Und können Sie erahnen, wie es sich für mich als Kind angefühlt hat, sowohl meinen toten Vater als auch meine ohnehin schon betroffene Mutter unter Verdacht zu sehen? Dass all diese Vorwürfe aus der Luft gegriffen waren und völlig haltlos waren, das wissen wir heute. Mein Vater wurde von Neonazis ermordet. Soll mich diese Erkenntnis nun beruhigen? Das Gegenteil ist der Fall. In diesem Land geboren, aufgewachsen, fest verwurzelt, habe ich mir über die Integration nie Gedanken gemacht. Heute stehe ich hier, trauere nicht nur um meinen Vater und quäle mich auch mit der Frage: Bin ich in Deutschland zu Hause? Ja klar bin ich das. Aber wie soll ich mir dessen noch gewiss sein, wenn es Menschen gibt, die mich hier nicht haben wollen und die zu Mördern werden, nur weil meine Eltern aus einem fremden Land stammen?«

Auf der Bühne standen 12 Kerzen, eine für jedes der zehn Opfer, eine stellvertretend für alle Opfer rechtsextremer Gewalt und eine für die Hoffnung. Semiya Şimşek und Gamze Kubaşık, Tochter des NSU-Mordopfers Mehmet Kubaşık, nahmen die Kerze der Hoffnung und trugen sie aus dem Saal. Kubaşık sagte mit Bezug auf ein türkisches Gedicht: »Es drückte aus, wie wir alle empfinden und wie wir gemeinsam leben wollen. Nâzım Hikmet benutzte das Bild des Waldes und der Bäume. So wollen wir auch leben: auf der Suche nach Einheit in der Vielfalt [...]. Leben wie ein Baum, einzeln und frei und brüderlich wie ein Wald. Das ist unsere Sehnsucht.«

Angela Merkel stellte in ihrer Rede die Frage danach, wie es zu den NSU-Morden hatte kommen können: »Manchmal rütteln uns Berichte über skrupellose rechtsextremistische Gewalttäter auf. Für einige Tage bestimmen sie die Schlagzeilen der Nachrichten. Manchmal bleibt auch der Name einer Stadt als Tatort im Gedächtnis. Doch oft genug nehmen wir solche Vorfälle eher nur als Randnotiz wahr. Wir vergessen zu schnell – viel zu schnell. Wir verdrängen, was mitten unter uns geschieht; vielleicht, weil wir zu beschäftigt sind mit anderem; vielleicht auch, weil wir uns ohnmächtig fühlen gegenüber dem, was um uns geschieht. Oder auch aus Gleichgültigkeit? Gleichgültigkeit – sie hat eine schleichende, aber verheerende Wirkung. Sie treibt Risse mitten durch unsere Gesellschaft. Gleichgültigkeit hinterlässt auch die Opfer ohne Namen, ohne Gesicht, ohne Geschichte. Deshalb setzen wir hier ein Zeichen.«

Rick

»... durch feige und sinnlose Gewalt aus unserem Leben gerissen«

An einem bewölkten Samstagnachmittag versammeln sich schwarz gekleidete junge Frauen und Männer an einer behelfsmäßigen Gedenkstätte hinter einem Supermarkt in einem Außenbezirk Magdeburgs. Viki, Uta, Eugen, Flo und Anja kommen von der Beerdigung ihres Freundes Rick Langenstein, 20, wollen Kerzen anzünden und ihm an dem Ort, wo er drei Wochen zuvor ermordet wurde, ihre letzte Ehre erweisen.

Ein Passant fand Ricks Leiche am 16. August 2008, teilweise von Büschen verdeckt in der Nähe einer Bushaltestelle. Nach Polizeiangaben war er so schwer misshandelt worden, dass er an seinem eigenen Blut erstickte. Innerhalb weniger Tage verhaftete die Polizei einen 20-jährigen Magdeburger Neonazi namens Bastian O., den Augenzeugen am Abend des Mordes in einer nahegelegenen Diskothek gesehen hatten. Nur Monate zuvor war Bastian O. aus einer 18-monatigen Haft entlassen worden, zu der er für die Misshandlung eines togolesischen Studenten im Jahr 2006 verurteilt worden war. Nach Angaben des Magazins Der Spiegel fanden die Ermittler Habseligkeiten von Rick in Bastians Wohnung sowie DNA-Spuren des Opfers auf Bastians Kleidung.

Am Abend seines Todes hatte Rick mit Freunden die Diskothek Funpark besucht. Verschiedene Medien behaupten, Rick habe Bastian provoziert und ihn »Nazi« genannt, andere schreiben, Bastian habe Rick nach einer Zigarette gefragt. Während Bastian zu den Ereig-

IM GEDENKEN AN
RICK
RICK WURDE AM 16.08.2008 AN DIESER
KREUZUNG DURCH FEIGE UND SINNLOSE GEWALT
AUS UNSEREM LEBEN GERISSEN.
IN UNSEREN HERZEN WIRST DU IMMER WEITER LEBEN
FAMILIE UND FREUNDE VON RICK

nissen des Abends schweigt, gilt es als sicher, dass Rick sich zum Zeitpunkt des Aufbruchs von der Gruppe trennte und allein zur Bushaltestelle begab.

Ricks Freunde bezweifeln, dass Rick irgendwen aktiv provoziert haben könnte. Sie beschreiben ihn als klein, dünn, ja sogar als »schwächlich«: »Er war so klein und süß«, sagt Viki, eine seiner besten Freundinnen. Rick hatte gerade erst seinen Zivildienst an der nahegelegenen Hugo-Kükelhaus-Schule für geistig behinderte Menschen abgeleistet. Im Herbst wollte er sich an einer Kunsthochschule in Braunschweig einschreiben, wozu ihn seine Leidenschaft für Kunst bewegt hatte.

Die Tötung erregte nicht besonders viel Aufsehen in Magdeburg. Am Tag von Ricks Beerdigung kamen weniger als 200 Menschen zu einem Protestzug gegen Ricks Ermordung. »Das Interesse ist nicht sehr groß«, meint Thomas Weber vom Bündnis gegen Rechts, das den Protestmarsch organisiert hatte. Er spricht auch von einer Häufung von Attacken und Beleidigungen gegen Ausländer in öffentlichen Verkehrsmitteln, darunter im Jahr 2007 ein Angriff gegen eine schwangere Irakerin, die daraufhin ins Krankenhaus musste.

Rick war nicht das erste Mordopfer neonazistischer Gewalt in Magdeburg. Die Morde am 23-jährigen Torsten Lamprecht 1992 und am 17-jährigen Frank Böttcher 1997 waren beide von Skinheads verübt worden. Ebenso wenig handelt es sich um den letzten Vorfall dieser Art in der Region: Nur eine Woche später wurde der 18-jährige Marcel W. in Bernburg von dem Neonazi David B. erstochen, gegen den Marcel in einem Strafprozess aussagen sollte.

Tobias, der Rick aus dem örtlichen Schwimmverein kannte, beklagt die anhaltende Gewalt und die anscheinende Apathie so vieler Magdeburger Bürger: »Ich schäme mich, in Deutschland zu sein.«

Ralph W.

»Die haben eine Perspektive geboten«

»Man fühlt sich so nutzlos«, sagt Ralph im Rückblick auf die drei Jahre, die er in der Arbeitslosigkeit verbrachte. Mit 45 lebte er allein in einem Plattenbau in Ost-Berlin, und wenn er sich mit der Politik und dem Angebot der verschiedenen Parteien auseinandersetzte, so versprach er sich vom Programm der Rechten am meisten. »Die anderen brabbeln ja nur«, sagt er über die führenden Parteien in der Mitte des politischen Spektrums. Die extreme Rechte, sagt er, sei bereit gewesen zu handeln, »mit der Faust auf den Tisch zu hauen«, wie er es ausdrückt.

Er begann, die »Deutsche Stimme« zu lesen, eine Monatszeitschrift der NPD, und nahm Kontakt mit dem örtlichen Büro einer anderen rechtsextremen Partei, der DVU, auf. Zur selben Zeit kam Ralph über einen Nachbarn in Berührung mit einer Neonazi-Kameradschaft, die er weniger als paramilitärische Gruppe, sondern eher als einen Trinkverein beschreibt, dem hauptsächlich arbeitslose Männer zwischen 18 und 27 angehörten.

Ralph wuchs als Sohn eines überzeugten Kommunisten in der DDR auf. Seine einzige frühere politische Aktivität bestand in seiner Zugehörigkeit zur Freien Deutschen Jugend (FDJ), dem sozialistischen Jugendverband, in den nahezu alle Jugendlichen zu Zeiten der DDR eintraten. Er studierte Bauingenieurwesen, machte eine kaufmännische Ausbildung und arbeitete in verschiedenen Jobs, brachte es aber zu keiner langfristigen Anstellung. Als er arbeitslos wurde, hatte er schon eine gewisse Bitterkeit entwickelt, eine Bitterkeit, die durch den Tod seiner Mutter noch verstärkt wurde und ihn schließlich zu seiner neuen politischen Aktivität trieb, wie er meint: »Die Wut war sowieso schon da.«

Nach ein paar Treffen mit einem Vertreter der DVU in einer Kneipe wurde Ralph zu den Diskussionsveranstaltungen der Partei eingeladen. »Die haben eine Perspektive geboten«, sagt Ralph. Er glaubte, die Partei könne ihm sogar eine bezahlte Stelle anbieten, und begann, neue Parteimitglieder zu rekrutieren. Dies sei ihm leicht gefallen, so Ralph, vor allem aufgrund seiner Kontakte zur Kameradschaft und aufgrund der hohen Arbeitslosigkeit in der Gegend.

Sein politisches Engagement sorgte für eine gewisse Bewunderung unter den Mitgliedern der Kameradschaft. Schon bald wurde er zu einem der Anführer der Gruppe und hielt Treffen in seiner Wohnung ab. Ralph sagt, er habe seine neue Rolle und die erhöhte Aufmerksamkeit, die ihm zuteil wurde, genossen. Bei Demonstrationen hätten sich die Mitglieder der Kameradschaft um ihn herum postiert, um ihn vor den linken Gegendemonstranten zu schützen. Ralph änderte auch sein Aussehen: Er rasierte sich den Kopf, trug hoch geschnürte Springerstiefel und T-Shirts von Thor Steinar oder Fred Perry, beides beliebte Marken in der rechtsextremen Szene. Als er eines Tages in seinem neuen Outfit bei seinem Vater vor der Tür stand, sei dieser »aus allen Wolken gefallen«, erzählt Ralph.

Obwohl sein engster Freund bei der DVU und wie dessen Freundin glühender Verfechter der Nazi-Ideologie und des politischen Programms der NSDAP gewesen sei, behauptet Ralph, dass ihn ideologische Fragestellungen nie interessiert hätten. »Die Vergangenheit war nicht wichtig«, sagt er. Und der Holocaust? »Ignoriert.«

Durch seine Tätigkeit für die DVU zog Ralph die Aufmerksamkeit einiger Repräsentanten der NPD auf sich, einer Partei, in der er sich eine glänzendere Zukunft ausmalte. »Die DVU war mir zu lahm«, sagt er, und die größere öffentliche Präsenz der NPD, etwa durch Demonstrationen und Wahlkampfveranstaltungen, habe ihm imponiert.

In dieser Phase entwickelte sich die Kameradschaft in einer Weise, die Ralph immer unangenehmer wurde. Die Trinkgelage wurden immer aggressiver, was laut Ralph noch durch rechte Musik und den Drogenkonsum einiger Mitglieder, die vornehmlich Speed und Kokain schnupften, verstärkt wurde. Die Situation spitzte sich zu, als die Gruppe eines Abends ankündigte, in das von vielen Einwanderern bewohnte Berliner Viertel Wedding ziehen zu wollen, um »Türken zu klatschen«.

Als sie mit der U-Bahn dort ankamen, wartete bereits ein Polizeikordon auf sie, nahm die Personalien auf und machte eine Festnahme, womit der Ausflug jäh zu Ende war. In der Rückschau lacht Ralph und meint, es sei besser gewesen, dass die Kameradschaft es nicht bis in den Wedding geschafft habe, da die meisten so betrunken gewesen seien, dass sie in einem Kampf nicht gut ausgesehen hätten. Er ist überzeugt davon, dass es in der Kameradschaft einen Informanten gab.

Ralph sagt, Gewalt habe ihn nie angesprochen, Demonstrationen habe er meistens gemieden und an Straßenkämpfen sei er nie beteiligt gewesen. Seine Bedenken wurden größer, als seine Kameradschaft immer dreister wurde, und er machte sich Sorgen, irgendwann verhaftet zu werden. Auch waren die Aktivitäten der politischen Parteien und die der Kameradschaft nicht immer klar voneinander getrennt. So hätte die NDP zuweilen die Kameradschaften dazu aufgerufen, Veranstaltungen zu stören und Gegner bei Demonstrationen einzuschüchtern. »Mir wurde die ganze Kiste zu heiß«, sagt Ralph. Seine Zweifel wuchsen, als er sich der Auswirkungen seiner Zugehörigkeit zur rechten Szene auf seine Familie und seinen Freundeskreis bewusst wurde. Das Verhältnis zu seiner Familie war gestört und Freunde aus der Zeit vor seinem politischen Engagement mieden ihn mehr und mehr.

Wissend, dass ein Ausstieg sich als schwierig erweisen würde, kontaktierte Ralph die Organisation EXIT Deutschland, ein deutschlandweites Projekt, das Menschen Hilfe anbietet, die aus der rechten Szene aussteigen wollen. Er wurde in einem geschützten Gebäude in Berlin untergebracht und ein Jahr später in einer anderen Stadt, in der er jetzt in einem Jugendzentrum arbeitet. Ralph erzählt, ehemalige Kameraden hinterließen beleidigende Nachrichten auf seinem Anrufbeantworter, er habe in letzter Zeit jedoch keine Drohungen erhalten. Dennoch passt er darauf auf, dass keine Spur zu seinem neuen Aufenthaltsort führt, und er sagt, nur wenige seiner neuen Mitarbeiter wüssten von seiner rechten Vergangenheit. Daher hat er auch darum gebeten, in dieser Geschichte weder seinen richtigen Namen noch seinen aktuellen Wohnort zu nennen.

Ralph sagt, seine Arbeit mit den Jugendlichen, die aus schwierigen Verhältnissen kommen, erfülle ihn und habe ihm eine neue Lebensperspektive gegeben. Und er versucht, die Erfahrungen aus seiner Zeit in der rechten Szene positiv zu verarbeiten. Seit über einem Jahr nimmt er an einem Präventionsprogramm an Schulen in seiner Region teil, um junge Menschen über die Realität in der rechtsextremen Szene zu informieren. Er sagt, er kläre die meist 14- bis 15-jährigen Schüler über die rechtlichen Probleme auf, die bei einer Verstrickung in das rechte Spektrum entstehen können, und erkläre ihnen die wahren Botschaften hinter bekannten Rechtsrock-Songs. Diese Veranstaltungen endeten meist mit Applaus, sagt Ralph.

Ältere Generationen zu überzeugen, ist eine andere Sache. Ralph erinnert sich an einen von einem Jobcenter in Hoyerswerda gesponserten Abend. Nur wenige der etwa 50 meist arbeitslosen Anwesenden seien offen rechts gewesen, doch die meisten von ihnen hätten die typische Geisteshaltung gezeigt, die Ostdeutschland zu einem so fruchtbaren Boden für Rechtsextremismus gemacht hätten: das Gefühl, vom Staat im Stich gelassen worden zu sein, die Tendenz, die Ausländer für die wirtschaftlichen und sozialen Probleme verantwortlich zu machen, und die Frustration angesichts einer unsicheren Zukunft. »Da stößt man auf Granit«, sagt Ralph.

Michael Leutert

»Einer hat eine Pistole gegen meinen Kopf gedrückt«

Für Michael Leutert, Abgeordneter der Partei Die Linke im Deutschen Bundestag, gehörten Auseinandersetzungen mit Neonazis in seiner Heimatstadt Mittweida zum Alltag seiner Jugendjahre. Als Teenager engagierte sich Leutert in der PDS und in der Antifa. »In Freiberg kamen wir einmal aus einem Konzert raus, da warteten draußen schon die Nazis auf uns. Einer hat eine Pistole gegen meinen Kopf gedrückt«, erzählt Leutert, mittlerweile 38 Jahre alt.

In den 1990er Jahren trafen sich Leutert und andere Linke in einem Jugendclub in Mittweida, einer 15 000-Einwohner-Stadt mit mittelalterlichem Flair zwischen Dresden und Chemnitz. Schon bald waren sie geübt darin, Attacken von Neonazis abzuwehren. »Auf dem Dach hatten wir Steine gesammelt, um sie runterwerfen zu können, und wir haben Feuerlöscher neben die Eingangstür gestellt. Die waren besonders nützlich, um das Eindringen der Nazis zu verhindern«, erinnert er sich mit einem Lächeln.

Nach Spannungen um die Jahrtausendwende nahmen rechte Gewalttaten ab 2004 mit der Gründung der »Sturm 34«-Gruppe wieder zu. »Es wurde so schlimm, dass normale Leute sich nicht trauten, abends auf die Straße zu gehen«, erzählt Leutert. Das Büro der Linken

in Mittweida, in einer Seitenstraße des zentralen Platzes der Stadt gelegen, wurde achtmal angegriffen, die Hauswand mit Hakenkreuzen beschmiert und die Bürofenster eingeschlagen. Die Polizei konnte keine Verdächtigen festnehmen.

Leutert macht die Stadtverwaltung dafür verantwortlich, dass die Gewaltspirale außer Kontrolle geraten ist. Unterstützt wird er dabei von örtlichen Antifa-Aktivisten, die den politisch Verantwortlichen vorwerfen, keine Strategie zur Bekämpfung des Mittweidaer Neonazi-Problems präsentiert zu haben. Leutert beschuldigt das Bürgermeisteramt, die Bedeutung der örtlichen neonazistischen Bewegung verharmlost zu haben. Er sagt, die Behörden hätten sich geweigert, linke Protestaktionen zu genehmigen, und hätten schließlich, im Jahr 2009, auch den linken Jugendclub geschlossen. Er sagt, der Bürgermeister hätte sich ihm sogar bei dem Vorhaben in den Weg gestellt, ein spezielles Aufklärungsprogramm über den Holocaust ins Leben zu rufen. Auch wenn er der Meinung ist, der Bürgermeister habe mit seiner Haltung nur den Einfluss der PDS einschränken, jedoch nicht die Rechten unterstützen wollen, sagt Leutert, dass dieses Verhalten den Nazis Tür und Tor geöffnet habe. »Sie haben uns immer blockiert«, sagt er. Trotzdem seien an keiner Stelle alternative Lösungsansätze präsentiert worden.

Leutert fühlt sich Mittweida verbunden, auch wenn er die meiste Zeit in Berlin und in der Nähe von Chemnitz verbringt. Einmal im Jahr, erzählt er, bringe er Mittweidaer Schüler nach Berlin, um das Holocaust-Mahnmal und die KZ-Gedenkstätte Sachsenhausen zu besichtigen, um den Schülern vor Ort Geschichte nahezubringen.

Romy Bauer

»Es ging um Menschen und an die Substanz«

Als Romy Bauer im Jahr 2008 zur Bürgermeisterin der sächsischen Kleinstadt Geithain gewählt wurde, spielten Neonazis in ihrem Kopf keine große Rolle. Die Stadt befand sich noch in einer wirtschaftlichen Übergangsphase und musste die Schließung einzelner Betriebe und des nahegelegenen Braunkohle-Tagebaus verkraften. Bauer war auf der Suche nach Kapital für öffentliche Bauvorhaben. Darüber hinaus galt es, die Schulden der Stadt abzubauen sowie auf den demografischen Wandel zu reagieren, der die gesamte Region nachhaltig veränderte. Bauer musste Wege finden, den stetigen Rückgang der Geithainer Bevölkerung aufzuhalten, der hauptsächlich der massiven Abwanderung junger Menschen auf der Suche nach Jobs geschuldet war.

Dann, am Tag der deutschen Einheit, wenige Wochen nach Bauers Amtsübernahme, standen 30 Neonazis mit Spruchbändern auf dem Marktplatz, gleich unter dem Fenster ihres Amtszimmers. Linke Aktivisten, von denen viele mit Bussen aus Leipzig angereist waren, kamen zu einer Gegendemonstration zusammen, und eine starke Polizeipräsenz war nötig, um die beiden Gruppen getrennt zu halten. »Es gab so eine Spannung in der Luft, so eine Wucht«, erinnert sie sich.

Noch im gleichen Jahr kam es zu ersten Zwischenfällen mit rechtsextremistisch motivierter Gewalt, als die Fenster eines Dönerladens und eines asiatischen Bekleidungsgeschäfts eingeschlagen wurden. Bauer setzte auf Tourismus als Triebfeder für wirtschaftliches Wachstum, weshalb ihr solche Meldungen natürlich sehr ungelegen kamen. Erschwert wurde die Situation durch die Tatsache, dass ein junger NDP-Mann namens Manuel Tripp bei den Gemeindewahlen 2009 415 Stimmen bekam und auf einem Sitz im Stadtrat landete.

Bauer war über ihr Engagement in der CDU in die Politik gekommen, und sie sagt, dass die christlichen Werte und der hohe Stellenwert der Menschenwürde im Programm der Partei sie angezogen hätten. Wie wenig davon die Neonazis mit ihr teilten, wurde im August 2010 auf schockierende Art deutlich, als eine Gruppe von ihnen einen offenherzigen, links eingestellten 15-jährigen mit gelbem Irokesenschnitt namens Florian K. an einer Tankstelle überfiel. Einer der jugendlichen Angreifer, Albert R., trat Florian mit solcher Brutalität gegen den Kopf, dass Ärzte ihm später eine Titanplatte in den Schädel einsetzen mussten. Unmittelbar nach dem lebensgefährlichen Angriff auf Florian besuchte Romy Bauer seine Familie. Über das Geschehene war sie zutiefst erschrocken. Gleichzeitig fürchtete sie um den Ruf ihrer Stadt. Florians Mutter sagte später, dass die Bürgermeisterin sie gedrängt habe, nicht mit dem Fall an die Öffentlichkeit zu gehen und die Presse zu meiden. Zu dieser Zeit nahm Romy Bauer die Berichterstattung über Geithain oft als verzerrt und manipulativ wahr. »Ich wollte nichts verdecken«, sagt sie, aber die Medienpräsenz schien die Stadt daran zu hindern, einen eigenen Weg im Umgang mit den Neonazis zu finden. »Heute würde ich freier damit umgehen«, räumt sie ein, auch weil sie erkannt hat, dass Publicity ein wichtiges Instrument im erfolgreichen Kampf gegen Neonazis sein kann. Der Angriff gegen Florian steht für eine neue und potenziell tödliche Dimension des Rechtsextremismus in Geithain und gleichzeitig markiert er den persönlichen Wendepunkt im Verhalten Romy Bauers gegenüber den Neonazis in der Stadt: »Hier ging es nicht nur um Kräftemessen und Versammlungsrecht, es ging um Menschen und an die Substanz.«

Einige Monate später erwirkte Bauer im Stadtrat die Schließung eines Jugendclubs im Geithainer Ortsteil Syhra, der zu einem Neonazi-Treffpunkt geworden war. In der Folge wurde sie zum Hassobjekt der rechten Szene. Nur eine Stunde nach dem Ende der Stadtratssitzung, in der der Beschluss gefasst wurde, fand sie ihren Wagen mit eingeschlagenen Scheiben vor. Später erschien ein Poster in der Stadt und auf rechten Internet-Blogs, das ihr Gesicht mit dem Durchschussloch einer Pistolenkugel auf der Stirn zeigte. Manuel Tripp, der Vertreter der NPD im Stadtrat, kritisierte sie in öffentlichen Artikeln und organisierte über Monate hinweg Mahnwachen vor dem Rathaus. Bauer sagt, sie habe sich davon nicht beeindrucken lassen: »Ich hatte keine Angst, im Gegenteil: Nur ran!«

Der Angriff auf Florian hatte nicht nur Bauer betroffen gemacht, sondern den gesamten öffentlichen Diskurs in der Stadt nachhaltig beeinflusst. Angeführt von der Mutter des Opfers, gründeten einige Bürger die Initiative für ein weltoffenes Geithain, um neonazistische Einschüchterungen und Gewalttaten in der Stadt zu protokollieren. Die Initiative organisiert Veranstaltungen, zuletzt beispielsweise einen Vortragsabend mit Günter Wallraff, der schon häufiger rassistische Tendenzen in Deutschland unter die Lupe genommen hat. Doch Bauer weiß auch, dass nicht alle Geithainer Einwohner das Problem verstehen. So hat sie schon öfter die Meinung gehört, Florian hätte die Attacke der Neonazis durch sein Äußeres provoziert. »Ich schäme mich ein bisschen für solche Äußerungen aus der Bürgerschaft«, sagt sie.

Bauer betont, sie sei gerne bereit, die Initiative zu unterstützen wo sie nur könne, so hat sie etwa das Bürgerhaus als Veranstaltungsort angeboten. Dennoch sei sie bestrebt, nicht an vorderster Front zu stehen. »Meine Verantwortung als Bürgermeisterin bremst und bindet«, sagt sie und erklärt, dass sie das Gleichgewicht zwischen ihrem Amt und ihrer Rolle als Bürgerin halten müsse. Auch ist sie davor auf der Hut, zum Sprachrohr irgendeiner bestimmten Gruppe zu werden, besonders der radikalen Linken, die zwar die aktivsten Stimmen gegen Rechtsradikalismus in ihren Reihen hat, jedoch auch eine starke eigene Agenda verfolgt. »Ich bin in der DDR groß geworden, ich habe mein Problem mit den Linken«, sagt sie.

In der Konsequenz musste sie mit starkem Gegenwind leben, sogar mit Rücktrittsforderungen seitens derer, die ihr eine zu lasche Haltung gegen die Nazis vorwarfen. Bauer sagt, viele ihrer Kritiker verstünden nicht, dass sie gesetzliche Verpflichtungen zu erfüllen habe. Als Tripp versuchte, das Bürgerhaus einen Tag für ein rechtes Forum zu reservieren, konnte Bauer die Anfrage aus rechtlichen Gründen nicht einfach ablehnen. Doch sie schaffte es, die öffentliche Wirksamkeit der Veranstaltung abzuschwächen, indem sie diese vom Bürgerhaus auf einen Fußballplatz außerhalb des Stadtzentrums verlegte.

Bauer erklärt, sie bevorzuge eher kreative statt polittaktische Ansätze, um den neonazistischen Einflüssen in Geithain entgegenzuwirken. So reagierte sie auf rechte Graffiti an der Wand eines Supermarktes, indem sie Kinder aus der Umgebung mit Farbe und Pinseln »bewaffnete« und sie die Schmierereien mit einer Blumenwiese und einem hellblauen Himmel übermalen ließ. »Raum nehmen und den anderen keinen Raum lassen«, sagt Bauer, sei ihr zu einem zentralen politischen Credo geworden.

Bauer hält auch Intelligenz und Humor für zentrale Eigenschaften im Kampf gegen Nazipropaganda. Stolz holt sie aus einem Schrank in ihrem Büro ein handbemaltes Banner hervor, auf dem »Geithain lebt« zu lesen ist, laut Bauer eine direkte Antwort auf das rechtsextreme Schlagwort »Volkstod«, das als Ergebnis der deutschen Einwanderungspolitik verstanden werden will. Als eines Tages 50 Blumentöpfe im Geithainer Stadtzentrum verteilt wurden, allesamt versehen mit der Aufschrift »Heimat erblühe« – als Aufruf an die Geithainer Bevölkerung, sich die Stadt von den Einwanderern zurückzuholen – ließ Bauer die Pflanzen von der Polizei einsammeln und sie an das Kinder- und Ju-

gendhaus R9, das auch Ziel von Naziangriffen ist, geben, natürlich ohne den völkischen Slogan. »Es geht darum, Leben Ausdruck zu geben, Werten Ausdruck zu geben«, sagt sie.

Bauer ist bedacht darauf, die Rechtsextremisten nicht zu unterschätzen, besonders im Hinblick auf den NPD-Funktionär im Stadtrat. Auf seiner Internetseite beschreibt Manuel Tripp die Ziele seiner Partei, darunter die Abschiebung von Nicht-EU-Ausländern aus Deutschland, die Verteidigung der »weißen Rasse«, die Würdigung der Waffen-SS sowie die Verteidigung Deutschlands gegen die »Holocaust-Industrie«. »Tripp versucht ganz gezielt, Naziideologie salonfähig zu machen«, sagt Romy Bauer. Sie schöpft alle rechtlichen Möglichkeiten aus, um Tripps Drängen in den öffentlichen Raum zu unterbinden. Den direkten Austausch mit Tripp versucht sie auf ein Minimum zu beschränken, da sie der Überzeugung ist, er würde ihre Äußerungen in verfälschender Weise auf seiner Internetseite wiedergeben. »Ich empfinde mein Amt manchmal als Korsett«, sagt sie, »Ich wünschte, ich hätte manchmal einen Kanal, wo ich ein bisschen pfeffern könnte.«

Nach einer Reihe fremdenfeindlicher Belästigungen explodierte im Mai 2012 ein Sprengkörper in der »Bollywood-Pizzeria«, die ihr pakistanischer Besitzer Mohammad Abid Sayal erst kurze Zeit zuvor eröffnet hatte. Bauer schrieb einen öffentlichen Aufruf im Geithainer Anzeiger, der monatlichen Veröffentlichung des Geithainer Stadtrats, in dem sie dazu aufrief, Sayal zu unterstützen und eine weitere Beschmutzung des Ansehens der Stadt mit aller Kraft zu verhindern: »Nehmen wir die aktuelle Situation zum Anlass, uns bei allen sonstigen Meinungsverschiedenheiten zusammenzufinden im gemeinsamen Äußern und Handeln für Toleranz und Weltoffenheit. Und lasst uns den Undemokraten zeigen, dass sie keine Chance haben«. Und Bauer bleibt zuversichtlich: »Wir haben Kraft und sind clever, wir werden das bewältigen, da bin ich mir sicher.«

NDK Wurzen

» Wir haben immer eine Sicherheitsfirma bei unseren Veranstaltungen dabei «

Der IT-Experte Frank Piotrowski arbeitete am späten Abend des 7. Juli 2007 noch im Gebäude des »Netzwerks für demokratische Kultur e. V.« (NDK) Wurzen, einer Organisation, die sich als eine Gegenbewegung zu den ansteigenden neonazistischen Tendenzen in der Stadt versteht, die östlich von Leipzig liegt und für ihren Marien-Dom bekannt ist. Etwa gegen 23 Uhr erblickte er zwei Männer auf seinem Büroflur. Sie sagten, sie wären auf der Suche nach einer Bar, doch dann setzte sich einer von ihnen auf das Sofa gegenüber seines Schreibtisches. Der Mann streckte den Arm nach dem Bücherregal aus und zog einen Ordner hervor, der die Unterschriften von 1300 Personen enthielt, die sich mit dem NDK solidarisch gezeigt hatten, nachdem die Büros der Organisation im Jahr 2004 mit Rohrbomben angegriffen worden waren.

Piotrowski bemerkte, dass einer der Männer ein T-Shirt mit der Aufschrift »Skrewdriver«, dem Namen einer bekannten Rechtsrock-Band trug. Davon alarmiert, verlangte er die Rückgabe des Ordners und forderte die Männer zum Gehen auf. Einer der beiden habe geantwortet: »Was ist los? Ihr seid doch sonst so tolerant!« Als Piotrowski nach dem Telefonhörer griff, um die Polizei zu rufen, nahm ihn der andere Mann in den Schwitzkasten. Piotrowski glitt zu Boden, und als der Mann seinen Griff lockerte, rannte er zur Tür hinaus.

Er kam an einer Gruppe von Jugendlichen vorbei, von denen einige Bomberjacken trugen und die sofort wegliefen. Piotrowski rannte zum nahegelegenen Haus eines Kollegen. Als sie einige Minuten später zurückkamen, waren die beiden Männer verschwunden, und mit ihnen der Ordner mit der Unterschriftenliste, ein Laptop und die Kaffeekasse des Büros.

Dies war nicht der erste Zwischenfall in den Räumlichkeiten der Organisation. Nach einem vom NDK organisierten Hip-Hop-Konzert im Jahr 2003 hielten mehrere Autos vor dem Büro, aus denen etwa ein Dutzend Männer ausstiegen und die auf der Straße stehenden Konzertbesucher zurück in das Gebäude jagten, das sich damals noch im Bau befand. Dann warfen die Männer Steine und Baumaterial durch die neuen Fenster und skandierten dabei rechte Pöbeleien.

Ein Jahr später explodierten zwei an den Fenstern des Büros angeheftete Rohrbomben, die zwar die Scheiben zum Bersten brachten, ansonsten jedoch nur oberflächliche Schäden anrichteten und niemanden verletzten. 2005 verhöhnten etwa 30 Personen, die meisten mit Bomberjacken oder rechten Sprüche-T-Shirts bekleidet, Konzertbesucher bei einer Kulturveranstaltung des NDK. Die Polizei schritt ein, jedoch erst nachdem die Gruppe ein Spruchband des NDK verbrannt und vor dem Gebäude stehende Fahrräder beschädigt hatte. »Seitdem haben wir immer eine Sicherheitsfirma bei unseren Veranstaltungen dabei«, sagt NDK-Mitarbeiterin Melanie Haller. 2006 entdeckte sie ein Hakenkreuz auf einem Laternenmast vor dem Büro.

Foto nächste Seite:
Frank Piotrowski, NKD Mitarbeiter Benny Srock und Melanie Haller (v. l. n. r.)

Der NDK wurde 1999 von Menschen aus Wurzen als Antwort auf die wachsende rechte Gewalt in der Stadt gegründet. Haller berichtet, dass die Situation in den späten 1990er Jahren besonders kritisch war, dass die Rechtsextremisten jeden ins Visier nahmen, der nicht wie sie war, darunter Ausländer, Linke und Punks. Laut einer Chronik von Amal, einer auch in Wurzen vertretenen Beratungsstelle für Opfer rechtsextremer Gewalt in ganz Sachsen, griffen Neonazis 1994 eine Gruppe portugiesischer Bauarbeiter in Wurzen mit Eisenstangen, Schlagstöcken und Steinen an. In den beiden Folgejahren gab es zwei Brandanschläge auf die Villa Kuntabunt, einen Treff für links-alternative Jugendliche, sowie schwerwiegende Übergriffe auf Ausländer, Linke, Obdachlose und Jugendliche.

Die Polizei, die laut Aufzeichnungen von Amal 1995 noch häufig die Augen vor der rechten Gewalt verschlossen hatte, wurde in den Folgejahren aktiver. Razzien wurden durchgeführt, Waffen beschlagnahmt und Angreifer festgenommen. Doch der rechte Einfluss blieb weiter spürbar. Wurzen war lange Hauptsitz von »Front Records«, einem der größten Online-Shops für rechte Musik und Bekleidung in Deutschland. Die NPD sitzt mit zwei Mitgliedern im Wurzener Stadtrat. Auch wenn der NDK Unterstützer in der Stadtverwaltung finden konnte, verdreht Haller bei der Frage nach dem Bürgermeister die Augen. »Er kam zu unserer Eröffnung. Aber nur, weil Wolfgang Thierse dabei war. Sonst ignoriert er uns. Er glaubt, wir geben Wurzen einen schlechten Ruf.«

David

»Der dachte, es wäre nur eine Phase. Aber da war es schon zu spät ...«

In der Aula der Heinrich-Zille-Mittelschule in der sächsischen Kleinstadt Radeburg nehmen 30 Neuntklässler ihre Plätze ein, um David zuzuhören, der ruhig auf einem Stuhl vor ihnen sitzt. David ist 20, doch er sieht nicht viel älter als die Schüler aus. Er ist gekommen, um ihnen von fünf Jahren seines Lebens zu erzählen, die er nun, so sagt er selbst, tief bereut; fünf Jahre, in denen er tief in der rechtsextremen Szene verwurzelt war.

Nach einer Einführung in das Thema durch Michael Ankele, der junge Männer wie David zu Auftritten an Schulen in ganz Sachsen bewegt, um dem steigenden Zulauf zur rechtsextremen Szene entgegenzuwirken, dürfen die Schüler David Fragen stellen. Die Fragen drehen sich um seine persönlichen Erfahrungen, um Gewalt und um die Kameradschaft, in der er aktiv war. Als eine Schülerin ihn nach der Rolle der Frauen in der Neonaziszene fragt, lacht David und antwortet: »Um Kinder zu gebären und die Kotze nach den Partys aufzuwischen.«

David ist im Süden Sachsens aufgewachsen. Nach der Scheidung seiner Eltern zog er im Alter von zehn Jahren mit seinem Vater in eine kleine Ortschaft um, wo er der Jugendfeuerwehr beitrat. Dort traf er einen anderen Jungen, dessen älterer Bruder aktiver Neonazi war. Sein neuer Freund brachte ihm die Musik von rechten Bands wie »Landser« näher. Sie machten Radtouren und verbrachten viel Zeit im Schwimmbad, einem der Lieblingstreffpunkte der örtlichen Skinheadszene.

Der Einfluss von Davids neuem Freund weitete sich innerhalb der Jugendfeuerwehr aus. David berichtet, nach einiger Zeit seien sie schon ein halbes Dutzend gewesen. »Wir hingen zusammen ab und gingen auf Partys«, erzählt David. »Der Leiter der Feuerwehr dachte, es wäre nur eine Phase. Aber da war es schon zu spät, um noch etwas daran zu ändern.« David rasierte sich die Haare vom Kopf und erzählt, er habe es genossen, wenn Menschen durch ihn und seine Kameraden eingeschüchtert waren. Davids Gruppe nannte sich selbst »Freie Kameradschaft«, eine gängige Bezeichnung für unabhängige Neonazi-Gangs.

Mit 14 zog David zurück zu seiner Mutter, und bei einer Demonstration gegen Hartz IV lernte er einen Jungen kennen, der sich in der örtlichen NPD-Gruppe engagierte. Er nahm David mit in das Büro der Ortsgruppe, wo ihm ein warmer Empfang bereitet wurde. Er wurde zu den monatlichen Treffen in der Stammkneipe eingeladen und bekam rechte Musik-CDs und Propagandamaterial, das er an Schulen verteilen sollte.

David war zu dieser Zeit immer noch in seiner freien Kameradschaft aktiv, die jetzt etwa 50 Mitglieder zählte und ein eigenes Haus hatte. Doch die beiden Gruppen waren zerstritten, weshalb David sein Engagement in der NPD nach einem Jahr beendete. Heute amüsiert er sich über den Leiter der NPD-Ortsgruppe, der, so David, seinen Dönerkonsum damit rechtfertigte, man müsse »den Feind besser kennenlernen«.

Die Hauptbeschäftigungen der Kameradschaft waren das Feiern von Partys – Komasaufen war dabei natürlich ein absolutes Muss – und das Hören von Hassmusik. Manchmal, so David, besuchten sie auch Skinheads in der nahegelegenen Tschechischen Republik oder nahmen an Demonstrationen teil, vor allem am alljährlichen Neonazi-Gedenkmarsch zur Zerstörung Dresdens am 13. Februar. Einmal, erzählt David, hätte seine Kameradschaft sogar eine Bücherverbrennung nach Nazi-Art durchgeführt, wobei er heute darüber lachen muss, welche Titel dabei in Flammen aufgegangen waren: »Schneewittchen und die Brüder Grimm, das war herrlich.« David behauptet, er habe wenig Interesse für die Ideologie der Nazis oder den Ku-Klux-Klan aufgebracht, erinnert sich aber, von dem Film American History X, der die Geschichte eines amerikanischen Rassisten erzählt, begeistert gewesen zu sein.

Als David immer tiefer in die rechte Szene hineinrutschte, verschlechterten sich seine schulischen Leistungen zusehends, ebenso das Verhältnis zu seiner Familie. David erzählt, sein Vater, ein Polizeibeamter, habe ihn und einen anderen Jungen in die KZ-Gedenkstätte Buchenwald mitgenommen, um sie über die Realität der deutschen NS-Vergangenheit aufzuklären, aber die Wirkung sei gering gewesen. »Ich bin noch einmal mit einem Freund hingegangen, der tiefer in der rechten Szene war als ich, und wir haben einfach gelacht, als wir da durchgelaufen sind«, erzählt David. Auch die Rückkehr ins Haus der Mutter machte die Dinge nicht besser: »Meine Mutter hat's nicht mehr durchgehalten«, sagt David, und nachdem sie ihn mehrmals zum Jugendamt gebracht hatte, um eine Beratung zu erhalten, drohte sie ihm damit, ihn aus dem Haus zu werfen, wenn er nicht mit dem Trinken aufhöre und die Treffen mit seiner rechten Clique einstelle. Sein Vater hatte kein Verständnis für Davids paramilitärisches Outfit und forderte ihn auf, normale Sachen anzuziehen, wenn er ihn besuchen kam.

Reibereien zwischen der freien Kameradschaft und der linken Jugendszene kamen häufig vor, und obwohl David beteuert, er habe nur selten an solchen Prügeleien teilgenommen, verlor er eines Tages bei einem Faustkampf drei Zähne, nachdem seine Skinhead-Freunde geflüchtet waren und ihn allein zurückgelassen hatten. »Sie haben mich im Stich gelassen«, sagt David. Er war 17 und schwor sich selbst, einen neuen Weg einzuschlagen.

Das Verhältnis Davids zu seinen Eltern ist nun wieder besser. Er ist froh, von den ideologischen Zwängen seiner früheren Kameraden befreit zu sein. »Ich kann essen was ich will, machen was ich will«, erzählt er. Sein wichtigstes Ziel ist jetzt, das Abitur zu schaffen. Er ist noch immer bei der Freiwilligen Feuerwehr, allerdings in einer Wache ohne rechtsextreme Mitglieder. Im Rückblick auf seine fünf Jahre als Skinhead sagt David: »Ich bin einfach mitgezogen.« Zurück in der Aula der Heinrich-Zille-Schule in Radeburg, wo David eine kurze Denkpause einlegt, bevor er auf die Frage antwortet, wie er sich seinen weiteren Lebensweg vorstelle: »Ich versuche, das jetzt richtig zu machen, was ich damals versaut habe.«

Strafverfolgungsbehörden und NSU

»Der Staatsschutz versagte aufgrund von fragwürdigen Taktiken und verpassten Chancen«

Am 5. Juli 2012 trat der scheidende Präsident des Bundesverfassungsschutzes (BfV), Heinz Fromm, vor den Bundestags-Untersuchungsausschuss zu den Terrorakten des »Nationalsozialistischen Untergrunds« (NSU). Das Neonazi-Trio Uwe Böhnhardt, Uwe Mundlos und Beate Zschäpe hatte zwischen 2000 und 2007 insgesamt zwei Bombenanschläge und zehn Morde verübt. Der Vorsitzende des Ausschusses, Sebastian Edathy, bat Fromm, auf einem Stuhl Platz zu nehmen, hinter dem ein Rollcontainer mit Akten des BfV zum »Thüringer Heimatschutz« stand. Fromm wirkte sichtlich erschöpft und angespannt, rutschte auf seinem Stuhl hin und her und blickte sich ständig im Saal um. Nur wenige Tage zuvor hatte er die Verantwortung für die Vernichtung von Akten aus den NSU-Ermittlungen durch einen Angestellten des Verfassungsschutzes übernommen und seinen Rücktritt erklärt.

Auch wenn nur wenige Kritiker Fromm persönlich für die Aktenvernichtung verantwortlich machen, unterstreicht seine Demission die Bedeutung dieses Vorgangs. Aufgrund von fragwürdigen Taktiken und verpassten Chancen versagte der Staatsschutz sowohl bei der Verhinderung der Verbrechen des NSU als auch dabei, die rechtsextremistische Motivation hinter den Taten zu erkennen.

Jahrelang hatte die SOKO »Bosporus« in den Mordfällen ermittelt, allerdings unter der falschen Annahme, die Mörder würden aus einem kriminellen Einwanderermilieu kommen. Acht der neun Mordopfer mit Migrationshintergrund stammten aus der Türkei, und die Ermittler gingen von Drogendeals oder Erpressung als Gründen für die Tötungsverbrechen aus. Am 4. November 2011 begingen Böhnhardt und Mundlos in Eisenach Selbstmord, nachdem sie nach einem Banküberfall von der Polizei eingekesselt worden waren. Erst danach fanden die Ermittler Beweise für die Verwicklung der beiden Männer und Beate Zschäpes in die Mordserie.

Die Entwicklung von normalen Kindern zu Mördern und Terroristen vollzog sich bei dem Trio in zwei Phasen. In den 1990er Jahren in Jena aufgewachsen, wurden sie im Teenageralter zu Skinheads und schlossen sich dem »Thüringer Heimatschutz« an, dem aktivsten Neonaziverband in Thüringen. Ihre ersten militant-revolutionären Aktionen bestanden im Bau von Paketbomben-Attrappen, die sie an örtliche Polizeireviere und Zeitungsredaktionen verschickten oder in Aktentaschen mit Hakenkreuzen in der Stadt verteilten.

1998 entdeckte die Polizei bei einer Razzia in einer von Zschäpe gemieteten Garage mehrere mit TNT befüllte Rohrbomben. Die drei tauchten unter und lebten fortan unter falschen Namen in Chemnitz und Zwickau, wobei ein ganzes Netzwerk von Unterstützern sie mit Waffen und falschen Papieren versorgte. Ihren ersten Mord – den an Enver Şimşek – begingen Böhnhardt und Mundlos im September 2000. Sie finanzierten sich die nächsten elf Jahre durch insgesamt 14 Banküberfälle in Ostdeutschland. Im Jahr 2003 stellte die Polizei die Ermittlungen bezüglich der Garagen-Razzia ein – aufgrund mangelnder Hinweise, wie es hieß.

Zoller
BMJ

Die Liste der Versäumnisse seitens der Ermittler ist lang. Einer der spektakulärsten Patzer war die Vernichtung von Akten im Hauptsitz des BfV, kurz nachdem die Existenz des NSU bekannt geworden war und Fromm die Zusammentragung aller Unterlagen zum »Thüringer Heimatschutz« veranlasst hatte. Interne Ermittlungen ergaben, dass es sich um den unabsichtlichen Fehler eines Mitarbeiters handelte, der den Inhalt der Akten falsch bewertet habe. Die Dossiers enthielten jedoch wichtige Informationen, etwa die Identitäten der V-Leute des BfV im »Thüringer Heimatschutz«.

Die Rolle der V-Leute gehört zu den umstrittensten Aspekten der NSU-Ermittlungen. Interne Berechnungen der Untersuchungsausschüsse von Bundestag und Landtagen, die sich mit dem NSU beschäftigen, haben ergeben, dass bis zu 40 der etwa 140 aktiven Mitglieder des »Thüringer Heimatschutzes« in der einen oder anderen Form V-Leute des BfV, des Militärischen Abschirmdienstes (MAD) oder des thüringischen Verfassungsschutzes waren. Letzterer hatte über Jahre sogar Tino Brandt auf seiner »Gehaltsliste«, der als führender Kopf des neonazistischen Verbands galt. Zwar beteuert die Behörde, Brandt habe wertvolle Einblicke in die Neonaziszene geben können, doch nach seiner Enttarnung teilte Brandt mit, er habe insgesamt etwa 200 000 D-Mark für seine Dienste erhalten, die er ausschließlich dem »Heimatschutz« zukommen ließ. Die Polizei verdächtigte die Behörde sogar, Brandt geschützt zu haben, indem sie ihn vor einer bevorstehenden Razzia gewarnt habe.

Andere V-Leute der Strafverfolgungsbehörden standen dem NSU-Trio noch näher. Unter ihnen war auch Thomas S., prominentes Mitglied des sächsischen Verbands der »Blood & Honour«-Bewegung. In den 1990er Jahren versorgte er den NSU mit Sprengstoff, verschaffte dem Trio 1998 einen Unterschlupf und war sogar ein Jahr lang mit Zschäpe liiert. 2012 räumte die Polizei ein, dass Thomas S. zwischen 2000 und 2011 V-Mann des Berliner Landeskriminalamts (LKA) gewesen sei. Wenngleich er behauptet, nach 1998 nicht länger in Kontakt mit dem Trio gestanden zu haben, hat Thomas S. die Polizei – Medienberichten zufolge – mit Hinweisen über die Existenz und sogar über die Aufenthaltsorte des Trios versorgt, und dies bei mindestens fünf Gelegenheiten. Dennoch unterließ es das Berliner LKA, die Informationen an die Behörden in Thüringen oder an das Bundeskriminalamt weiterzugeben.

Ein weiterer V-Mann, dessen Informationen zu einer Entdeckung des NSU hätten führen können, war Thomas R., Deckname »Corelli«. Er war Mitgründer des deutschen Ablegers der Organisation »European White Knights of the Ku-Klux-Klan« und hatte Verbindungen zum »Blood & Honour«-Netzwerk. Er schrieb Essays für das rechte Fanzine »Der Weisse Wolf«, das im Jahr 2002 in seiner 18. Ausgabe einen einfachen, aber erschütternden Satz abdruckte: »Vielen Dank an den NSU.« Zu diesem Zeitpunkt hatten die drei Neonazis bereits vier Morde auf dem Gewissen. Ermittler hatten 1998 den Namen und die Telefonnummer von Thomas R. bei der Razzia in der Bombenwerkstatt des NSU auf einem Fetzen Papier gefunden. Berichten zufolge versäumten sie es dennoch, Nachforschungen über den NSU oder die anderen Namen auf dem Zettel anzustrengen.

Der Verfassungsschutz ist in Bundes- und Länderbüros aufgegliedert, Kritiker fordern seit langem eine Zentralisierung der Behörde. Als das thüringische LKA 1998 den Hinweis erhielt, das NSU-Trio könnte sich in Chemnitz aufhalten, wurden die zur Festnahme entsandten Einsatzkräfte plötzlich aus unerklärlichen Gründen zurückbeordert. Aufgebrachte Beamte beschwerten sich bei ihren Vorgesetzten, und ein Untersuchungsausschuss des Thüringer Landtages ging der Frage nach, ob der thüringische Verfassungsschutz für den Abbruch der Aktion verantwortlich war. Im selben Jahr bekam auch der MAD einen Tipp zum Aufenthaltsort des Trios, doch auch diese Behörde handelte nicht und gab die Informationen auch nicht an die Polizei weiter.

Das vielleicht bizarrste Kapitel innerhalb der NSU-Ermittlungen handelt von Andreas T., einem Mitarbeiter des hessischen Verfassungsschutzes, der Kontaktperson eines V-Manns im »Thüringer Heimatschutz« war. Die Polizei fand heraus, dass T. sich am 6. April 2006 in einem Internetcafé in Kassel aufhielt, Minuten bevor Böhnhardt und Mundlos den Laden betraten und Halit Yozgat umbrachten. Andreas T., in Überwachungstechnik ausgebildet und mit Feuerwaffen vertraut, behauptet, er habe vom Mord nichts mitbekommen und beim Hinausgehen Geld auf dem Tresen liegengelassen. Er habe seinen Aufenthalt in dem Café zunächst verschwiegen, damit seine Frau nichts von dem Internet-Dating-Service erfahren konnte, den er von dem Café aus genutzt haben will. Die Polizei hielt ihn zunächst für den Täter, und die Ermittler halten es weiterhin für fragwürdig, dass er von den Blutspuren auf dem Tresen, den gedämpften Schüssen oder dem Geruch des Schießpulvers nichts wahrgenommen haben will. Den V-Mann von Andreas T. zu befragen, wurde der Polizei vom damaligen hessischen Innenminister Volker Bouffier untersagt.

In Thüringen gibt es Hinweise, die auf Kontakte zwischen einem Polizisten und dem NSU hindeuten. In einem Fernsehinterview behauptet Brigitte Böhnhardt, die Mutter von Uwe Böhnhardt, dass ein Polizeibeamter ihren Sohn davor gewarnt habe, dass er am Tag der Garagenrazzia festgenommen werden würde, wodurch er und seine beiden Komplizen noch Zeit zur Flucht gehabt hätten. Sie behauptet außerdem, ihr Mann und sie hätten sich dreimal in einem Park in der Nähe ihrer Wohnung in Jena mit dem Trio getroffen, wobei sie überrascht gewesen sei, dass die Polizei nicht eingegriffen habe, wo sie doch der Überzeugung gewesen sei, dass sie und ihr Mann unter Beobachtung gestanden hätten. Der Untersuchungsausschuss im Thüringer Landtag hat festgestellt, dass mindestens ein Polizeibeamter eine enge Verbindung zum »Thüringer Heimatschutz« gehabt und örtliche Neonazis vor Polizeieinsätzen gewarnt habe.

Die Untersuchungsausschüsse in Berlin und in Thüringen haben mehrfach Unglaube und Bestürzung darüber zum Ausdruck gebracht, dass die Strafverfolgungsbehörden, ob wissentlich oder nicht, mögliche relevante Beweismittel zu den NSU-Morden zurückgehalten haben. In der Konsequenz wurden die Leiter der Verfassungsschutzbehörden in Sachsen, Thüringen, Berlin und Sachsen-Anhalt entweder entlassen oder sie traten selbst von ihren Posten zurück.

In seiner letzten Pressekonferenz als Präsident des BfV warnte Fromm davor, dass andere in die Fußstapfen des NSU-Trios treten könnten. Diese Sorge ist keineswegs unbegründet: Am 22. März 2012 fand die Polizei Jörg Lange, einen Neonazi mit entfernten Verbindungen zu einem der NSU-Unterstützer, tot in einem Hotelzimmer in Herzberg auf, wo der Mann einem Herzinfarkt erlegen war. In seinem Rucksack fanden die Beamten eine 7,65-mm-Handfeuerwaffe, ein Scharfschützengewehr und 300 Schuss Munition.

Agbor Tekere

»Mal lachen sie mit dir und du denkst, alles ist gut, aber es ist eine Lüge«

Agbor Tekere kam 1999 auf der Suche nach politischem Asyl nach Deutschland, nachdem er aus seinem Heimatland Kamerun hatte fliehen müssen. Aufgrund seiner Rolle in der politischen Opposition war er von der Polizei verhaftet und misshandelt worden. Afrikanischstämmige Asylbewerber stellen die wahrscheinlich am häufigsten durch deutsche Neonazis geschmähte Bevölkerungsgruppe dar, und Tekere sollte dies schon bald zu spüren bekommen.

Der erste Zwischenfall, erzählt Tekere, habe sich eines Abends im Jahr 2000 ereignet, als er auf dem Rückweg von einem Treffen in einer evangelischen Kirche eine Bahnstation betrat. Eine Frau und vier Männer, manche mit kurz rasiertem Haar, näherten sich ihm. »Einer von ihnen fragte mich: ›Warum bist Du hier, Nigger?‹ Sie sagten, Deutschland sei nur für Deutsche bestimmt und dass ich nach Nigeria zurückgehen soll«, erzählt Tekere. Sie hätten den Hitlergruß gemacht und daraufhin angegriffen.

Sie drückten Tekere zu Boden und traten auf ihn ein, bis die Frau in der Gruppe eingriff. Als sie einen der Männer zurückhielt, konnte Tekere aufstehen und aus der Station hinausrennen, wo er sofort versuchte, die Polizei zu rufen. In seiner Aufregung rief er die Feuerwehr an, schaffte es dann aber, in einen Zug zu steigen, der gerade ankam, und konnte fliehen, mit schweren Schrammen an Gesicht und Körper.

Weitere Zwischenfälle sollten folgen. In Müncheberg stieß ihn ein Mann 2001 vom Fahrrad. 2003 nannte ihn ein tätowierter Mann von einem Balkon aus »Nigger« und drohte, ihn zu ermorden. 2005 attackierte ihn eine Gruppe von Skinheads in den Zwanzigern, er wurde getreten, bespuckt und mit einem Fahrrad beworfen. Zu dieser Zeit war Tekere bereits im Besitz einer Aufenthaltserlaubnis, die ihm die deutschen Behörden aufgrund der andauernden gesundheitlichen Probleme infolge der Misshandlungen durch die Polizei in Kamerun ausgestellt hatten, obwohl sein Asylantrag zuvor abgelehnt worden war. Die Drangsalierung durch örtliche Skinheads – man zeigte ihm etwa den Hitlergruß oder beschimpfte ihn als »Nigger« – bewegte ihn schließlich dazu, von Rudersdorf nach Berlin umzuziehen.

Anders als viele andere ausländische Opfer rechter Gewalt, die von einem Hilfeersuchen bei den Behörden häufig absehen, hat Tekere jeden einzelnen Fall, in dem er tätlich angegriffen wurde, der Polizei gemeldet. Auch wenn es Jahre dauerte, so wurden doch fast alle Angreifer für schuldig befunden.

Tekere sagt, er fühle sich sicher in Berlin, obwohl er Viertel wie Marzahn und Lichtenberg eher meide. Auch hält er die meisten Deutschen für mindestens unterschwellig rassistisch. »Mal lachen sie mit dir und du denkst, alles ist gut, aber es ist eine Lüge«, sagt Tekere. Er werde sofort wachsam, wenn Menschen ihm Fragen darüber stellten, warum er in Deutschland sei und wann er zurück nach Afrika zu gehen gedenke. Obwohl er selbst in Berlin bleiben und eine Ausbildung zum Programmierer machen will, rät er Menschen aus Kamerun davon ab, nach Deutschland zu gehen. »Sie sollen nicht dieselben schmerzvollen Erfahrungen machen wie ich«, sagt Tekere.

»Stürmer«

»

›Mein Kampf‹ als persönliche Inspiration und Leitfaden

«

»Denn wie einst die SA [Abkürzung für Sturmabteilung], sehen auch wir uns als ideologische Frontkämpfer. Damals säumte die SA mit Fahnen und Standarten die Demonstrationen, machte damit erst auf Adolf Hitlers NSDAP aufmerksam und schützte später die Großveranstaltungen im Wahlkampf. So sind auch wir heute in einer ähnlichen Rolle«, sagt Stürmer, 21. Er beschreibt hier die Neonazi-Gruppe »Sturm 34«, die er in der Region um Mittweida in Sachsen mitgegründet hat. Stürmer war eine von fünf Führungsfiguren von »Sturm 34«, denen 2008 und nach einer Revision nochmals 2012 der Prozess gemacht wurde. Sie wurden der Bildung einer kriminellen Vereinigung sowie schwerer Körperverletzung für schuldig befunden und zu Bewährungsstrafen zwischen sechs Monaten und zwei Jahren verurteilt. Stürmer will seinen richtigen Namen in dieser Geschichte nicht erwähnt wissen und bat stattdessen darum, »Stürmer« genannt zu werden, mit Bezug auf den Rang des Sturmführers in der SA.

Stürmer bezeichnet sich selbst als einen »deutsch denkenden Deutschen«, der in einem konservativen, nationalistischen Elternhaus im Südwesten Deutschlands aufgewachsen ist. Einen Türken mit nach Hause zu bringen wäre in seiner Familie »undenkbar« gewesen. Er hat eine Ausbildung zum Einzelhandelskaufmann absolviert und zuletzt für ein Fuhrunternehmen gearbeitet. Nach einigen Monaten der Arbeitslosigkeit nimmt er derzeit an einem Bewerbungstraining teil. Er hat eine Freundin und einen Sohn aus einer früheren Beziehung. Sein Vorstrafenkatalog umfasst Anstiftung zum Rassenhass, die Verwendung verfassungsfeindlicher Symbole und Widerstand gegen einen Vollstreckungsbeamten. Stürmer ist auch Mitglied in der NPD. Nachdem er die Neonazi-Kameradschaft SRO, die »Skinheads Ravensburg Oberschwaben«, geleitet hatte, kam er 2005 nach Sachsen, wo er, wie er sagt, die Skinheads in und um Mittweida in einer politischen Interessensgemeinschaft namens »Sturm 34« vereinen wollte.

In einem Gespräch nach dem vorläufigen Freispruch im Jahr 2008 beschreibt Stürmer seine Sicht auf Deutschland und die deutsche Gesellschaft und was seiner Meinung nach schief gelaufen ist. »Die deutsche Gesellschaft stinkt zum Himmel«, sagt er. »Alles, was wir mal hatten, der Sozialstaat, worauf wir stolz sein konnten als Deutsche in der Bundesrepublik, bröckelt weg, bröckelt Stück für Stück weg.« Die kränkelnde Wirtschaft gehört seiner Meinung nach zu den größten Problemen. »1937 haben wir Vollbeschäftigung erreicht. Das wäre heute undenkbar«, sagt er. Nicht nur, dass die Löhne im Vergleich zur wachsenden Produktivität nicht stiegen, auch das vielgelobte, von Bismarck eingeführte soziale Sicherheitssystem sei im Begriff, den Geist aufzugeben.

Stürmer erzählt, er wisse von einem Arbeiter, der nach 40 Jahren entlassen wurde und nun von 350 Euro staatlicher Unterstützung lebe, obwohl er sein gesamtes Arbeitsleben über in die Arbeitslosenversicherung eingezahlt habe. Und er erwähnt eine 70-jährige Witwe, die von einer spärlichen Rente lebe und nicht in der Lage sei, ihre Medikamente zu bezahlen. »Da läuft was nicht richtig«, sagt Stürmer. Er beklagt außerdem eine größer werdende Kluft zwischen Staat und Gesellschaft: »Fragen Sie doch mal die Jugendlichen auf der Straße, oder die Menschen zwischen 25 und 45, wer von ihnen weiß, wie der Bundespräsident heißt, welcher Partei er angehört und welche Parteien im Bundestag sitzen. Es identifiziert sich, meiner Meinung nach, kaum jemand mit dem Staat.«

Stürmer beschreibt, was er als mangelnden gesellschaftlichen Zusammenhalt ansieht, »wie die Volksgemeinschaft doch untereinander nachlässt, wie sich der eine dem andern nicht mehr verantwortlich fühlt, wie es möglich ist in Deutschland, dass Kinder umgebracht werden und in Gefrierschränken verschwinden und kein Nachbar will es gesehen haben. Also so etwas finde ich erschreckend, dass da das Volk nicht zusammenhält. Oder genauso, wenn Deutsche auf offener Straße von ausländischen Banden angegriffen werden. Die Deutschen schauen weg, wie mit Scheuklappen, nach dem Motto: selber nichts abbekommen, wird schon passen.«

Viele Probleme Deutschlands, meint Stürmer, könnten durch die Ausweisung von Türken, Arabern, Afrikanern und Einwanderern aus der früheren Sowjetunion vermindert werden. Ihr Anteil an der Kriminalität in Deutschland sei unverhältnismäßig hoch, und sie zeigten wenig Willen zur Integration. »Die leben in ihren Parallelgesellschaften, bekommen in ihren Vierteln ihre Dinge auf türkisch und auf russisch. Wer nicht mitmachen will, soll gehen«, meint er. Er glaubt auch, dass manche Einwanderergruppen niemals voll in Deutschland integriert werden könnten. Ein Schwarzafrikaner, sagt Stürmer, »wird sich aufgrund seiner Art, anhand von seiner Genetik und seiner Traditionen, die er ja auch mit in die Wiege gelegt bekommt, meiner Meinung nach nie wirklich zurechtfinden. Wenn andere Leute reinkommen, Kindergeld kassieren, ihren Kindern dann aber nicht einmal Deutsch lehren und sie lehren, dass die Deutschen nur Bastarde sind, dann in muslimischen Schulen, diesen Koranschulen gelehrt wird, dass die deutschen Frauen Huren sind und nur zu benützen sind, [...] aber so jemand Geld aus unserem Sozialstaat bekommt, da fass ich mir an den Kopf, dann frag ich mich: Dieses Geld könnte man einsparen und an der richtigen Stelle ausgeben.«

»Die deutsche Regierung sollte sich systematisch Gedanken machen über eine Rückführung der hier lebenden Ausländer«, sagt Stürmer und meint damit vor allem, was er als Problemgruppen bezeichnet, darunter Kurden und Kosovo-Albaner. »Wenn ich sehe, wie andere Menschen, die hier reinkommen ins Land, das Volk, das ich liebe, unterwandern und diesem Volk Schaden zufügen, kann ich ja nicht zuschauen, dann habe ich laut Artikel 20 des Grundgesetzes Recht zum Widerstand«, meint Stürmer.

Stürmer ist insgesamt der Ansicht, dass die deutsche Regierung genauer überprüfen sollte, wofür sie ihr Geld ausgibt, um ihre eigenen Interessen besser wahren zu können. Zunächst sollten die deutschen Truppen aus Afghanistan abgezogen werden, da der Einsatz, so Stürmer, die deutschen Interessen nicht berühre. Kindergeld sollte außerdem nur für deutsche und nicht wie bisher auch für ausländische Kinder ausgezahlt werden, meint Stürmer, und ist der Ansicht, das dadurch gesparte Geld sollte deutschen Arbeitslosen zugeführt werden, vor allem jungen deutschen Müttern. »Man wird heute fast dafür bestraft, dass man als Deutscher ein Kind in die Welt setzt. Dabei sollten wir sagen: ›Okay, deutsche Mutter, Du hast diesem Land ein Kind geschenkt – 500 Euro Kindergeld.‹ Das wäre finanzierbar«, so Stürmer.

Adolf Hitlers »Mein Kampf« hat er zweimal gelesen, ein Werk, dass Stürmer »persönliche Inspiration und Leitfaden« sei, das ihm »auch zu vielen Fragen im Alltag Antworten gibt, wo ich mir halt sag', würde es einen Staat geben, der wie damals nach diesem Buch handeln würde, dann ging einiges anders.« Auch wenn er einräumt, die Verbrechen der Nazis seien »nicht in Ordnung« gewesen, ist er der Meinung, dass Geschichtsbücher, die sich mit der Nazizeit befassen, den Holocaust zu sehr in den Mittelpunkt stellen. »Ich kann mich ganz genau daran erinnern, wie meine Großeltern erzählt haben, nach dem 31. Januar 1933 ging's bergauf, und dann war es irgendwann mal möglich, zweimal in der Woche Fleisch auf dem Tisch zu haben. Opa hatte Arbeit, der Aufschwung war erkennbar.«

»Ein autoritärer Staat wäre meiner Meinung nach kein Fehler«, glaubt Stürmer, »wo der Führer zwar autoritär gewählt wird, also ich sag jetzt einfach mal das Wort Führer oder Kanzler oder nennen wir's wie wir wollen, also der Führer wird gewählt und hat dann Handlungsfreiheit. Das Problem bei uns ist, dass alles immer zehntausend Mal in Ausschüssen, Kabinetten, Bundestag, Bundesrat diskutiert werden muss, was der Politik Handlungsfreiheit nimmt.«

Auf seinem Oberarm trägt Stürmer einen tätowierten Totenkopf als Symbol für »die damalige Schutzstaffel aus der NS-Zeit, und dort waren halt eben Werte wie Ehre, Treue, Kameradschaft, der eine für den andern, in religiöser Form da«, meint Stürmer. Die Schutzstaffel oder SS war die paramilitärische Elitetruppe, die Hitlers Machtergreifung durch Brutalität und Einschüchterung erleichterte und die während des Zweiten Weltkrieges viele der grausamsten Verbrechen in den besetzten Staaten Europas verübte. Um seinen Hals trägt er Odins Kreuz, eines der Hauptsymbole der White-Supremacy-Bewegung in den USA.

Vorbild der »Sturm 34«-Gruppe war laut Stürmer eine während der 1930er Jahre in Chemnitz stationierte Brigade einer anderen Elitetruppe Hitlers: der SA. »Es war ja mein Baby, das ich in tragender und leitender Rolle mitgegründet habe«, sagt Stürmer. »Anlass war, dass es dort eine enorme Masse an Kameraden gab, Nationalisten, Skinheads. Die einen saßen am Supermarkt, die anderen saßen in der Stadt, und jeder war unzufrieden, wie's ist. Also hatten sie sich mal Gedanken gemacht, diese ganzen Leute zusammen zu bekommen, um einfach auch eine Lobby zu kriegen.« Seine Ziele? »Naja, das darf ich Ihnen so jetzt nicht sagen. Das wäre volksverhetzend. Dass wir kein Verband waren, der es sich zur Aufgabe gemacht hat, den Marxismus wieder einzuführen, dürfte jedem klar sein«, sagt er und lächelt dabei. Obwohl er bestreitet, dass »Sturm 34« eine Kameradschaft oder eine Organisation war oder auch nur eine zusammenhängende Mitgliederschaft hatte, räumt er ein, dass seine Anhänger sich in Mittweida getroffen und Gruppenaktivitäten unternommen hätten, etwa die gemeinsame Teilnahme an Demonstrationen oder Konzertbesuche.

Stürmer erzählt, »Sturm 34« hätte sich in einer Weise entwickelt, die er so nicht beabsichtigt hatte. Polizeiberichten zufolge, machten sich Mitglieder des »Sturm 34« verschiedenster Straftaten schuldig, darunter schwere Körperverletzung. Im Mai 2006 seien die Zustände »chaotisch« geworden und er habe die Gruppe nur noch widerwillig angeführt: »Ich werd' mal sagen, wenn sich jeder, auch im damaligen ›Sturm 34‹ so verhalten hätte, wie ich es propagiere, hätten wir nicht von April bis heute vor Gericht gesessen, mit Sicherheit. Dann wäre ›Sturm 34‹, wenn er jemals so zustande gekommen wäre, als ordentliches und effektives Organ im Wahlkampf gewesen. In Sachsen sind demnächst Wahlen. Wie viel Prozent, glauben Sie, wird die NPD in Mittweida mit diesen Schlagzeilen erreichen? Es ist kontraproduktiv.«

Stürmer will zurück nach Schwaben ziehen, da er sich dort bessere Chancen ausrechnet, einen Job zu finden. Er hofft außerdem, bei der NPD politisch aktiv werden zu können, der Partei, die, wie er sagt, am besten in der Lage ist, Lösungen für die sozialen, politischen und wirtschaftlichen Probleme in Deutschland zu finden. Er beteuert auch, mit Gewalt nichts zu tun haben zu wollen: »Ich möchte jeden anständigen Nationalisten klar aufrufen, keine sinnlosen Gewalttätigkeiten anzustellen. Es dient der Sache nicht. Wir haben dadurch mehr Gegner als Befürworter. Durch Gewalt erreiche ich die Menschen nicht, durch Gewalt wählt mich keiner. Auch der alte Chef wurde nicht gewählt, weil seine SA-Truppe Angst und Schrecken verbreitet hat, sondern weil er seine politischen Ziele herausgebracht hat.«

Aufgrund der aktuellen politischen und wirtschaftlichen Situation sieht Stürmer große Zukunftschancen für die Rechte in Deutschland: »Da sehe ich Parallelen zum Jahre 1929, und wer hätte 1928 gedacht, dass die NSDAP fünf Jahre später stärkste Kraft werden? Und daher: Sag niemals nie!«

Mo Asumang
geb. 1963 in Kassel, ist das Kind einer Deutschen und eines Ghanaers. Mit nur fünf Wochen kam Mo ins Kinderheim. Aufgezogen wurde sie von Pflegeeltern und ihrer deutschen Oma. 1996 wurde Mo Deutschlands erste Afro-Deutsche TV-Moderatorin in der Sendung »Liebe Sünde«. Seitdem arbeitet sie als Moderatorin, Filmemacherin, Synchronsprecherin, Dozentin und Schauspielerin. In der Rolle als US-Außenministerin Condoleezza Rice in Roman Polanskis Politthriller »The Ghostwriter« wurde sie 2010 auch international bekannt. In den letzten Jahren befasste sich Mo Asumang zunehmend mit dem Thema Rassismus. Ihr Film »Roots Germania« (2007) wurde für den »Grimme-Preis« nominiert. In ihrem Dokumentarfilm »Road to Rainbow« (2010) hinterfragt Mo den südafrikanischen Traum von der Gleichberechtigung nach dem Ende der Apartheid. Neben ihrer künstlerischen Tätigkeit besucht Mo weltweit Schulen und Universitäten, um über die Themen Rassismus und Integration zu referieren und sich für Menschenrechte und Toleranz einzusetzen.

Elmar Brähler | Prof. Dr. rer. biol. hum.
geb. 1948 in Fulda, ist Leiter der Abteilung für Medizinische Psychologie und Medizinische Soziologie der Universität Leipzig und unter anderem Mitglied im Rat für Sozial- und Wirtschaftsdaten und Mitglied des Hochschulrates der Universität Leipzig.

Oliver Decker | PD Dr. phil.
geb. 1968 in Gengenbach, lehrt als Vertretungsprofessor Sozial- und Organisationspsychologie an der Universität Siegen, ist Mitarbeiter der Abteilung für Medizinische Psychologie und Medizinische Soziologie der Universität Leipzig und Fellow am Birkbeck College der Universität London. Seit 1998 ist Oliver Decker Herausgeber der Zeitschrift »Psychoanalyse – Texte zur Sozialforschung« und seit 2011 Mit-Herausgeber der Zeitschrift »Psychotherapie & Sozialwissenschaft«.

Johannes Kiess | M. A.
geb. 1985 in Rocksville, MD (USA), ist Politologe und Mitarbeiter am Institut für Soziologie der Universität Leipzig. In seinem Dissertationsprojekt beschäftigt er sich mit der Rolle von Verteilungskonflikten für die Herausbildung einer europäischen Gesellschaft.

Lutz Körner
geb. 1958 in Dresden, arbeitete von 1985 bis 1994 im operativen Tatorteinsatzdienst (Spezialrichtung Kriminaltechnik) der Dresdner Polizei. Seit seinem Studienabschluss an der Hochschule der Polizei Sachsen (FH) im Jahr 1997 bekleidet Lutz Körner verschiedene Führungsfunktionen innerhalb der sächsischen Polizei, u. a. als Kommissariatsleiter Kriminaltechnik in den Polizeidirektionen Dresden und Oberes Elbtal-Osterzgebirge und seit Dezember 2012 als Fachbereichsleiter im Kriminalwissenschaftlichen und -technischen Institut des Landeskriminalamtes Sachsen.

Harald Lamprecht | Dr. theol.
geb. 1970 in Dresden, studierte evangelische Theologie in Leipzig, Göttingen und Halle und war wissenschaftlicher Mitarbeiter bei Prof. Dr. Helmut Obst am Seminar für Ökumenik, Konfessionskunde und Religionswissenschaft an der Martin-Luther-Universität zu Halle-Wittenberg. 2001 promovierte er über die neuen Rosenkreuzerorganisationen (veröffentlicht unter dem Titel »Neue Rosenkreuzer. Ein Handbuch«, Göttingen 2003). Seit 1999 ist Harald Lamprecht Beauftragter für Weltanschauungs- und Sektenfragen der Evangelisch-Lutherischen Landeskirche Sachsens und Geschäftsführer des Evangelischen Bundes, Landesverband Sachsen. Harald Lamprecht ist Herausgeber der Zeitschrift »Confessio« und Mitglied der Arbeitsgemeinschaft »Kirche für Demokratie – gegen Rechtsextremismus« in Sachsen.

Claudia Luzar | Dipl.-Pol.
geb. 1975 in Hamm (Westfalen), ist Konfliktforscherin mit dem Schwerpunkt Rechtsextremismus, Traumaforschung und Viktimologie. 2011 wurde Claudia Luzar wissenschaftliche Leiterin der Beratungsstelle Back UP-Beratung für Opfer von rechter Gewalt in NRW. Sie ist zudem wissenschaftliche Mitarbeiterin am Institut für interdisziplinäre Konflikt- und Gewaltforschung (IKG) an der Universität Bielefeld und im Themencluster »Präventions- und Bildungsangebote für die Einwanderungsgesellschaft« im Rahmen des Bundesprogramms »Vielfalt tut gut«. Im Auftrag der Amadeu-Antonio-Stiftung evaluiert sie das XENOS-Projekt »Chancengleichheit für alle – Ausbildung von Vielfalts- und Gleichwertigkeitscoaches«.

Winfried Nachtwei | Studienrat
geb. 1946 in Münster, arbeitete, nach seinem Wehrdienst 1965–1967, 19 Jahre als Lehrer für Geschichte und Sozialwissenschaften. Er gehörte zu den Gründungsmitgliedern der Grünen in Münster und war zwischen 1994 und 2009 Mitglied des Deutschen Bundestages (Verteidigungsausschuss, Unterausschuss Abrüstung), ab 2002 sicherheits- und abrüstungspolitischer Sprecher von Bündnis 90/Die Grünen. Er ist Mitglied im Beirat »Zivile Krisenprävention« der Bundesregierung (Co-Vorsitzender) und im Beirat »Innere Führung« des Verteidigungsministeriums sowie Vorstandsmitglied der Deutschen Gesellschaft für die Vereinten Nationen und des Vereins »Gegen Vergessen – Für Demokratie«. Rund 40 Mal (Stand Dezember 2012) besuchte Winfried Nachtwei die Einsatzgebiete der Bundeswehr, davon 17 Mal in Afghanistan, Berichte unter www.nachtwei.de.

Gorch Pieken | Dr. phil.
geb. 1961 in Sanderbusch/Oldbg., arbeitete von 1995 bis 2005 als wissenschaftlicher Mitarbeiter und Kurator am Deutschen Historischen Museum in Berlin. 1998 wurde er mit dem Aufbau und der Leitung einer Abteilung für neue Medien betraut. Seit 1999 produzierte er zahlreiche Dokumentarfilme zu historischen Themen und aus der Museumswelt für ZDF/Arte, ARD/Arte und 3Sat. Von 2006 bis 2011 war er als Projektleiter für die grundlegende Neukonzeption und Neuausrichtung des Militärhistorischen Museums der Bundeswehr (MHM) verantwortlich. Seit 2011 ist Gorch Pieken Wissenschaftlicher Direktor und Leiter Ausstellung, Sammlung und Forschung am MHM.

Johannes Radke | M. A.
geb. 1981 in Berlin, studierte Politik und Publizistik in Berlin. Seit 2003 beobachtet er als freier Journalist unter anderem für den Tagesspiegel und Zeit Online den »rechten Rand«. Sein besonderes Augenmerk gilt seit Jahren den »Autonomen Nationalisten«. 2008 war er einer der Aufbauredakteure des Onlineportals www.netz-gegen-nazis.de der ZEIT. Für ZEIT Online betreut er das Watchblog www.stoerungsmelder.org. 2009 hat er am »Buch gegen Nazis« mitgeschrieben. 2012 veröffentlichte er gemeinsam mit Toralf Staud das Buch »Neue Nazis«. Als freier Journalist arbeitet Johannes Radke unter anderem für die taz, den Tagesspiegel, Die Zeit, Fluter und die Bundeszentrale für politische Bildung.

Andrea Röpke | Dipl.-Pol.
geb. 1965, ist freie Journalistin und Buchautorin mit dem Spezialgebiet Rechtsextremismus. Ihre aufwendigen Inside-Recherchen im Neonazi-Milieu wurden veröffentlicht unter anderem in Fernsehmagazinen wie Monitor, Panorama oder Spiegel-TV, in der taz oder bei Süddeutsche- und Spiegel-Online. Sie schreibt regelmäßig für das Fachportal »blick nach rechts«. Sie veröffentlichte unter anderem die Bücher »Neonazis in Nadelstreifen« 2008 und »Mädelsache – Frauen in der Neonazi-Szene« 2011. Ausgezeichnet wurde Andrea Röpke unter anderem als »Journalistin des Jahres 2011« vom MediumMagazin und mit dem Preis »Das unerschrockene Wort« der Lutherstädte 2009. Sie ist Sachverständige in den NSU-Untersuchungssausschüssen im Bundestag sowie im sächsischen und bayrischen Landtag 2012.

Matthias Rogg | PD Dr. phil.
geb. 1963 in Wittmund, begann nach dem Abitur eine Ausbildung zum Offizier und durchlief anschließend wechselnde Stabs- und Truppenverwendungen, zuletzt als Kompaniechef einer Unteroffizierlehrkompanie. 1998 promovierte er über die bildliche Darstellung von Kriegsleuten im 16. Jahrhundert. Er habilitierte 2008 mit der Arbeit über Militär und Gesellschaft in der DDR. Nach unterschiedlichen Verwendungen im Militärgeschichtlichen Forschungsamt in Potsdam, vor allem in der Grundlagenforschung, war er zwischenzeitlich Referent im Planungsstab im Bundesministerium der Verteidigung und Redenschreiber des Ministers. 2010 übernahm er als Direktor die Leitung des Militärhistorischen Museums der Bundeswehr in Dresden. 2011 wurde er zum Oberst ernannt. Seit 2013 lehrt er an der Helmut-Schmidt-Universität der Bundeswehr.

Markus Ulbig | B. B. A.
geb. 1964 in Zinnwald, ist ausgebildeter Funkmechaniker/Elektroniker und war mehrere Jahre in diesem Beruf tätig. Danach studierte er an der Verwaltungs- und Wirtschaftsakademie in Dresden und erwarb seinen Abschluss als Verwaltungs- und Betriebswirt. Ein berufsbegleitendes Studium an der Hochschule Zittau/Görlitz schloss er mit dem Bachelor of Arts »Unternehmensführung« ab. 1990 trat er in die Christlich Demokratische Union (CDU) ein. In der Zeit von 1990 bis 1992 war er Büroleiter des Bürgermeisters von Pirna und zwischen 1992 und 1999 Leiter des Bauordnungs-/Bauverwaltungsamtes in Pirna. In den Jahren von 1999 bis 2001 arbeitete er als Referent im Sächsischen Staatsministerium des Innern. Anschließend war er acht Jahre lang Oberbürgermeister von Pirna. Für sein Engagement gegen Rechtsextremismus, Gewalt und Fremdenfeindlichkeit wurde er im Jahr 2009 mit dem Theodor-Heuss-Preis »Demokratie lokal gestalten« ausgezeichnet. Markus Ulbig ist seit dem 30. September 2009 Sächsischer Staatsminister des Innern.

Hans-Jochen Vogel | Dr. jur.
geb. 1926 in Göttingen, nahm ab Juli 1943 als Freiwilliger am Zweiten Weltkrieg teil, zuletzt im Rang eines Unteroffiziers der Wehrmacht. Nach Kriegsende trat er 1950 in die Sozialdemokratische Partei Deutschlands (SPD) ein. Von 1960 bis 1972 war Hans-Jochen Vogel Oberbürgermeister von München. 1972 wurde er Bundesminister für Raumordnung, Bauwesen und Städtebau im Kabinett von Bundeskanzler Willy Brandt, 1974 Bundesminister der Justiz im Kabinett von Bundeskanzler Helmut Schmidt und 1981 Regierender Bürgermeister von Berlin. Von 1987 bis 1991 war Hans-Jochen Vogel Parteivorsitzender der SPD und von 1983 bis 1991 Vorsitzender der SPD-Bundestagsfraktion. Hans-Jochen Vogel ist Mitbegründer des Vereins »Gegen Vergessen – Für Demokratie«, dessen Vorsitzender er von 1993 bis 2000 war. Zielsetzung des Vereins mit mittlerweile 2000 Mitgliedern in zahlreichen regionalen Arbeitsgruppen ist die »Stärkung der Demokratie in Deutschland und die Auseinandersetzung mit den nationalsozialistischen Verbrechen sowie dem Unrecht des SED-Regimes«.

Sean Gallup | B. B. A, M. A.
geb. 1968 in Kalifornien, studierte Politikwissenschaft am Williams College und später Journalismus/Fotojournalismus an der University of Texas in Austin. Nach einem Praktikum bei der Los Angeles Times zog Sean Gallup 1995 nach Prag, wo er als freier Fotograf tätig war, hauptsächlich für die Nachrichtenagentur Reuters und verschiedene US-Medien. Im Jahr 2001 begann er, mit der Bildagentur Getty Images zusammenzuarbeiten und siedelte (deswegen) 2003 nach Berlin über. 2011 wurde Sean Gallup Cheffotograf im Bereich News von Getty Images Deutschland. Er ist Autor des Buches »Journeys into Czech-Moravian Texas«.

AG Amtsgericht **AKT** Antikriegstag **AN** Autonome Nationalisten **Antifa** Antifaschismus/Antifaschistische Aktion **B&H** Blood & Honour **BfV** Bundesverfassungsschutz **BKA** Bundeskriminalamt **BVB** Borussia Dortmund **C 18** Combat 18 **CDU** Christlich Demokratische Union Deutschlands **CSU** Christlich-Soziale Union **CUA** Computerunterstützte Ausbildung **DDR** Deutsche Demokratische Republik **DGB** Deutscher Gewerkschaftsbund **DNA** Deoxyribonucleic acid **DVU** Deutsche Volksunion **e.V.** Eingetragener Verein **EU** Europäische Union **FAP** Freiheitliche Deutsche Arbeiterpartei **FDJ** Freie Deutsche Jugend **FDP** Freie Demokratische Partei **GG** Grundgesetz **HD** High Definition **HNG** Hilfsorganisation für nationale politische Gefangene und deren Angehörige e.V. **IKG** Institut für interdisziplinäre Konflikt- und Gewaltforschung **IMK** Innenminister Konferenz **ISAF** International Security Assistance Force **IT** Informationstechnologie **JN** Junge Nationaldemokraten **JVA** Justizvollzugsanstalt **KFOR** Kosovo Force **KPD** Kommunistische Partei Deutschlands **KS** Kameradschaft **KWV** Kommunale Wohnungsverwaltung **KZ** Konzentrationslager **LG** Landgericht **MAD** Militärischer Abschirmdienst **MC** Motorrad/Motorcycle Club **MDR** Mitteldeutscher Rundfunk **MG** Maschinengewehr **NKD** Netzwerk für demokratische Kultur **NPD** Nationaldemokratische Partei Deutschlands **NRW** Nordrhein-Westfalen **NS** Nationalsozialismus/nationalsozialistisch **NSDAP** Nationalsozialistische Deutsche Arbeiterpartei **NSU** Nationalsozialistischer Untergrund **NVA** Nationale Volksarmee (Streitkräfte der DDR) **NWDO** Nationaler Widerstand Dortmund **PDS** Partei des Demokratischen Sozialismus (1989–2007) **PMK** politisch motivierte Kriminalität **PR** Public Relations = Öffentlichkeitsarbeit **RAF** Rote-Armee-Fraktion **REP** Die Republikaner **SA** Sturmabteilung (uniformierte und bewaffnete politische Kampf- und Propagandatruppe der NSDAP) **SED** Sozialistische Einheitspartei Deutschlands **SFD** Skinhead Front Dorstfeld **SFOR** Stabilisation Force **SJD** Sozialistische Jungend Deutschlands – Die Falken **SMS** Short Message Service **SOKO** Sonderkommission **SOWI** Sozialwissenschaftliches Institut der Bundeswehr **SPD** Sozialdemokratische Partei Deutschlands **SRO** Skinheads Ravensburg Oberschwaben **SRP** Sozialistische Reichspartei **SS** Schutzstaffel (ursprünglich Organisation zum Schutz Adolf Hitlers und anderer NSDAP-Führer, nach 1933 wichtigstes politisches Sicherheits- und Terrorinstrument des NS-Regimes) **SSS** Skinheads Sächsische Schweiz **StA** Staatsanwaltschaft **StGB** Strafgesetzbuch **StPO** Strafprozessordnung **TAZ** die tageszeitung **TNT** Trinitrotoluol (ein Sprengstoff) **U-Haft** Untersuchungshaft **UNO** United Nations Organization/Vereinte Nationen **USA** United States of America **V-Mann/Frau** Verbindungsmann/frau bzw. Vertrauensmann/frau **VN** Vereinte Nationen **WAR** White Aryan Rebels **WDR** Westdeutscher Rundfunk **WG** Wohngemeinschaft

Essayteil

ddp images/AP: S. 111

Otto Belina: S. 38, 96–97, 99

Bundeswehr: S. 113

Buntes Bürgerforum für Demokratie: S. 59–62

Andreas Seidel: S. 56

Institut für Rechtsmedizin, Medizinische Fakultät Carl Gustav Carus, Technische Universität Dresden: S. 41, 42

Sean Gallup S. 3, 5

Joachim Gern: S. 53

Karwasz: S. 94

Lutz Körner (Mit freundlicher Genehmigung der Polizeidirektion Dresden, Dezernat Staatsschutz): S. 39

Landeskriminalamt Sachsen, Abteilung 5 – Polizeilicher Staatsschutz: S. 44

MA Motion Filmproduktion: S. 48, 49

Mo Asumang: S. 51, 52

Open Content License: S. 80

picture alliance/dpa/Jan Woitas: S. 93

picture alliance/ZB/Carolin Lemuth: S. 89

picture alliance/dpa: S. 31, 79, 92

picture alliance/UPI: S. 106

Der Planitzer: S. 100

Privatbesitz: S. 86

Ruhr Nachrichten/Aloys Reminghorst: S. 69

Theo Schneider: S. 29, 30, 77, 83

ullstein bild – dpa: S. 105

WAZ FotoPool/Franz Luthe: S. 73

WAZ FotoPool/WR/ Franz Luthe: S. 74

WAZ FotoPool/Helmut Vossgraff: S. 71

WAZ FotoPool/Knut Vahlensieck: S. 67

Youtube.com: S. 85

Lachen Helfen e.V.: S. 114

Fotoprojekt Rechtsextreme Gewalt in Deutschland

Alle Fotos © Sean Gallup

Rechtsextreme Gewalt in Deutschland 1990 – 2013
Fotografien von Sean Gallup

Militärhistorisches Museum der Bundeswehr, Dresden
1. Februar bis 2. April 2013

Bundeswehr

Direktor:
Oberst PD Dr. Matthias Rogg

Wissenschaftlicher Direktor:
Dr. Gorch Pieken

Museumsmanagement:
Oberstleutnant Heiko Grätz

Chefrestaurator: Volkmar Stimpel

Leiter Sammlung: Fred Koch

Leiterin Museumspädagogik:
Avgi Stilidis

Leiter wissenschaftliche Programme und Kinemathek:
Jan Kindler

Katalog

Herausgeber: Gorch Pieken, Matthias Rogg

Redaktion: Tobias U. Müller, Gorch Pieken

Bildredaktion: Almut Hoffmann, Jutta Schäfer

Bildrecherche und Lizenzierung:
Almut Hoffmann, Jutta Schäfer

Übersetzungen der Texte von Sean Gallup: Tillmann Neusser

Wissenschaftliche Recherchen:
Steffen Liebscher, Tillmann Neusser, Oberleutnant Jakub Szczepanski

Lektorat: Tobias U. Müller (i. A. des MHM)
Christine Jäger (Sandstein Verlag)

Gestaltung: Michaela Klaus (Sandstein Verlag)

Satz und Reprografie: Gudrun Diesel, Jana Neumann (Sandstein Verlag)

Druck: Grafisches Centrum Cuno GmbH & Co. KG, Calbe

Dieser Katalog erscheint in der Reihe

Forum MHM
Schriftenreihe des Militärhistorischen Museums der Bundeswehr, Band 3
Herausgegeben von Gorch Pieken und Matthias Rogg

Sandstein Verlag, Dresden
www.sandstein-verlag.de

ISBN 978-3-95498-014-7

Ausstellung

Projektleitung: Gorch Pieken

Redaktion und Übersetzung Ausstellungstexte: Tillmann Neusser

Ausstellungsgestaltung: Elke Schüler

Konservatorische Betreuung und Rahmung: Caroline Wintermann

Ausstellungsmanagement: Sven Birke

Registrar: Katja Senf

Museumspädagogik: Avgi Stilidis (Leitung), Michael Ankele, Susann Lachmann

Veranstaltungsprogramm
Jan Kindler (Leitung), Almut Hoffmann, Tillmann Neusser, Jutta Schäfer

Marketing: Christoph Lehmann

Presse- und Öffentlichkeitsarbeit:
Oberstleutnant Alexander Georgi, Hauptmann Martin Nagel

Veranstaltungs- und Medientechnik:
Andreas Liebscher, Tilo Meissner

Elektrik/Beleuchtung:
Michael Schneider, René Horn, Jürgen Rudolph (Bundeswehrdienstleistungszentrum)

Multimedia:
ZEIT-Online-Datenbank zu »Todesopfern rechter Gewalt 1990 – 2011«
www.zeit.de/themen/gesellschaft/todes-opfer-rechter-gewalt/index

Ausstellungsproduktion und -aufbau:
Andreas Stasiak, Katrin Korritter, Katrin Micklich, Jens Wohllebe, Sebastian Neubert, Jan Schäfer, Hartmut Bork, Norbert Fehlhaber

Unterstützt wurde diese Ausstellung vom

LandesPräventionsrat Sachsen
Einer mit Allen!

Carl Gustav Carus 1789 – 1869